Discusiones de economía de la educación

Biblioteca Pedagógica
Colección fundada por Lorenzo Luzuriaga
Director: Emilio Tenti Fanfani

DISCUSIONES DE ECONOMÍA DE LA EDUCACIÓN

Alejandro Morduchowicz

 Losada
Buenos Aires - Argentina

1ª edición: marzo 2004

© Alejandro Morduchowicz
© Editorial Losada S.A.
  Moreno 3362,
  Buenos Aires, 2003

Tapa: Producción editorial
Ilustración: Michel Tcherevkoff

ISBN: 950-03-9331-X
Queda hecho el depósito que marca la ley 11.723
Marca y características gráficas registradas en la
Oficina de Patentes y Marcas de la Nación
Impreso en Argentina
Printed in Argentina

*A mi madre y a la memoria de mi padre,
que no necesitaron de tantas palabras para
transmitirme que la inversión en la educación de sus hijos
era la mejor herencia que nos podían legar*

Agradecimientos

Este libro es, en esencia, una adaptación de diversos trabajos escritos en diferentes ámbitos y circunstancias durante los últimos años. Buena parte de las reflexiones que aquí se vuelcan se originaron en el Programa Estudio de Costos del Sistema Educativo del Ministerio de Educación de la Argentina. Ese ámbito, y la libertad que nos brindaron las autoridades de entonces para emprender cualquier análisis que quisiéramos, constituyó un estímulo ideal para profundizar mis conocimientos y comprender la complejidad del sistema educativo.

Por su parte, el IIPE-UNESCO, Buenos Aires me ofreció la posibilidad de escribir, compilar y/o adaptar, según fuera el caso, los distintos capítulos que integran este volumen. Su origen fue el de un curso a distancia. Sin embargo, la idea de la insuficiencia de la versión preliminar amplió el proyecto hasta constituir este material. Aquí tampoco tuve ningún tipo de restricción respecto del contenido.

En cuanto a las personas, no son pocas las que a lo largo de estos años han ido leyendo, comentando, fomentando y criticando fructíferamente los documentos en los que se sustenta el libro. Mi agradecimiento consta en cada uno de esos trabajos. Para el presente, tuve la precaución de valorar más su amistad que su profesionalismo y opté por no obligarlos a leer, nuevamente, algunas de las ideas que ya me han escuchado en numerosas ocasiones. No obstante, Gustavo Iglesias y Luisa Duro no pudieron evitarme y han comentado y propuesto correcciones que mejoraron el contenido final.

Debo un agradecimiento particular a Victoria Campán: colaboró activamente en la ardua tarea de compilación e hilación de los distintos capítulos. Además de sostenerme frente a mis dudas, leyó estoicamente numerosas veces cada uno de ellos. Sin su ánimo y buena disposición, difícilmente hubiera finalizado el proyecto.

Naturalmente, la responsabilidad por las expresiones vertidas es enteramente mía. Por otra parte, como es usual, los análisis y opiniones que aquí se presentan no comprometen, necesariamente, a las instituciones en las que me desempeño. No obstante, creo, algunas de las convicciones que aquí se vuelcan son las que las ha animado para permitir que, orgullosamente, forme parte de ellas. A todos, una vez más, muchas gracias.

A. M.

Prólogo

Este libro es excepcional en más de un sentido. En primer lugar porque la educación no es un campo muy frecuentado por los economistas. No es fácil explicar este desinterés relativo, pero de cualquier manera es sintomático. Pero también lo es el desinterés de los pedagogos por las dimensiones económicas de las instituciones educativas. Esperamos que un libro como éste contribuya a llenar vacíos y a tender puentes necesarios entre especialistas.

A primera vista la economía y la educación son campos con lógicas bastante alejadas la una de la otra. La economía es el reino del interés y el cálculo. El mundo de la educación tiende a presentarse como dominado por la solidaridad, el amor a los niños y el desinterés. En la economía reina la figura del empresario que persigue fines egoístas (pero en muchos casos está convencido que al hacerlo contribuye indirectamente al interés general). En el mundo de la educación el protagonista es el maestro. Este tiende a definir su actividad como una vocación, es decir como algo que se hace por deber y no por interés. ¿Cómo juntar estos dos mundos? ¿Cuáles son las dimensiones económicas de las prácticas e instituciones educativas? ¿Ellas deben interesar sólo a los economistas profesionales o también a los pedagogos?

Digamos en primer lugar que la educación como práctica dirigida a desarrollar sistemáticamente conocimientos en las personas "cuesta", es decir, que no es gratuita. Hay una economía de la educación porque son muchas más las necesidades de aprendizaje que los recursos necesarios para satisfacerlas. En el mundo actual aquellas crecen de un modo exponencial ya que la educación comienza en edades cada vez más tempranas y tiende a durar toda la vida. Las nuevas necesidades tienden a convertirse en demandas. Prácticamente todos los grupos sociales, de los más privilegiados a los más excluidos, todos demandan cada día más y mejor educación para sus hijos e incluso para ellos mismos.

Este crecimiento desmesurado y continuo de las necesidades de aprendizaje contrasta con las dificultades que enfrentan nuestras sociedades para garantizar procesos sostenidos de creación de riqueza. La situación es aún más grave si se considera otro dato fundamental: en América Latina no sólo no se ha resuelto el tema del crecimiento sostenido sino que la riqueza que se produce tiende a concentrarse en pocas manos. El contraste entre la necesidad de aprender y la escasez de recursos para satisfacerla tiende a volverse cada día más dramático. Y no existe una fórmula "científica" y objetiva que determine el monto ni la orientación de los recursos que cada sociedad debe destinar a la finalidad educativa. Sin embargo existe una exigencia de eficiencia y de eficacia que hay que saber articular. Por eso la asignación de recursos para la educación es siempre una cuestión política y una cuestión técnica al mismo tiempo.

Estas son las condiciones objetivas que están detrás de la centralidad de las preguntas que se plantea la economía de la educación y que organizan el contenido del libro que aquí presentamos. Ellas tienen que ver con la lógica de la asignación de recursos para la educación, con los costos de prácticas y modalidades educativas diversas, con la parte que se asigna a los "gastos corrientes" y la que se destina a la "inversión" y con todos los intereses, mecanismos y procesos que presiden estas asignaciones y proporciones. En este campo es tan importante preguntarse por la estructura de costos de cada uno de los niveles o modalidades de la educación como por los mecanismos explícitos e implícitos de asignación. La discusión acerca de estos últimos es fundamental. Mientras algunos sostienen la existencia de dispositivos "automáticos" y "objetivos" de distribución de recursos (el mercado, la oferta y la demanda, el interés privado, etc.) otros prefieren asignaciones sociales, es decir, conscientes, colectivas, es decir, fruto de la discusión pública y democrática y orientada por valores universales tales como los de la justicia y la integración social.

Si es cierto que hoy el saber se ha convertido en un capital, los procesos de producción y distribución de conocimientos en las personas debería ocupar un lugar de privilegio en la agenda de los economistas. Esto va mucho más allá del clásico tema de la producción y reproducción de "recursos humanos". Los productores no existen sólo como competencias productivas directas sino que éstas están profundamente imbricadas con otras "competencias" o cualidades que se expresan mejor mediante conceptos tales como actitudes, predisposiciones, valores, etc. que constituyen un todo integrado y contribuyen a conformar una "personalidad". En otras palabras, en la condiciones actuales formar productores es mucho más difícil que formar recursos humanos y como problema requiere un tratamiento integral y por lo tanto interdisciplinario.

La economía fue siempre una ciencia descriptiva y prescriptiva. Su interés nunca fue la simple descripción y explicación del mundo. En este sentido la economía siempre fue política, en la medida en que siempre se interesó por el Estado y las políticas públicas. Y no puede ser de otra manera, pues la economía tiene que ver con la reproducción y bienestar de las sociedades. No puede ser entonces una ciencia desinteresada y neutral.

Este libro de Morduchowicz discute algunos problemas centrales de la economía de la educación. Y lo hace de un modo claro, ordenado y sobre todo sin esos dogmatismos que sistemáticamente obturan la discusión y el análisis racional de los argumentos y las posiciones. Pero no por eso es un libro neutral, como esos manuales que pretendían presentar, resumir y a lo sumo clasificar todas las corrientes y doctrinas que estructuran un campo intelectual determinado. Por el contrario, se trata de un libro que hace discutir y dialogar a las principales posiciones que se presentan alrededor de ciertas cuestiones fundamentales de la economía de la educación. Y en muchos casos, el autor no duda en tomar posición. En otros sólo se plantean problemas y perplejidades. Pero en todos los casos predomina una lectura abierta y crítica de los aportes recientes de la economía de la educación.

Por último, todos los lectores, economistas y no economistas, debemos agradecer a Alejandro Morduchowicz su estilo claro y ameno y su manera sencilla de presentar temas complejos. No es un mérito menor el habernos ahorrado esas jergas tan rebuscadas como inútiles que demasiadas veces pueblan los textos supuestamente "académicos" de los especialistas en las múltiples "ciencias de la educación". Parafraseando a Borges diremos que no sabemos si fue un estilo buscado por el autor, pero estamos seguros que hizo algo mejor: lo encontró.

EMILIO TENTI FANFANI
Buenos Aires, enero de 2004.

Introducción

Contrariamente a lo que se suele creer en el ámbito educativo, la Economía de la Educación se encuentra lejos de ser una disciplina con soluciones unívocas para la realidad sobre la que intenta influir. Lejos de eso, a cuatro décadas de existencia y con no pocas controversias en su haber, las respuestas concluyentes a los dilemas sobre la mejor asignación de recursos son más bien escasas. Por otra parte, cuando cree tenerlas, sus implicaciones generan inagotables y no siempre fructíferos debates que muestran que los corolarios de sus planteos no son tan categóricos como el refinamiento matemático en que se apoyan parecerían sugerir.

Su origen es bastante reciente: no siempre los economistas estuvieron interesados en la educación y sólo hace unos años los analistas educativos comenzaron a interesarse en la economía. Si bien la preocupación por el crecimiento económico y las causas que hacen que unos países sean más ricos que otros data del propio origen de la teoría económica (hace más de doscientos años), el *descubrimiento* y estudio sistemático de que la educación juega un rol importante en el desarrollo se inició hace cuarenta.

Quienes así analizaban esto comenzaron a ver los gastos que tanto el Estado como las familias hacen en educación como cualquier otro tipo de inversión. Nada más que en lugar de realizarse en capital físico (infraestructura, maquinaria, etc.) se hace en las personas. Por eso a las discusiones alrededor de este tema se las englobó en lo que se llamó Teoría del Capital Humano. Más allá de la discusión semántica –algunos creen que mirarla de ese modo le quita valor al aporte y los objetivos de la educación–, lo cierto es que esta forma de pensar influyó en economistas y políticos para que prestasen especial atención al presupuesto educativo y todo lo que hay detrás de él.

En plena euforia de la década del sesenta en la que el mundo occidental parecía haber hallado la senda del progreso sin límites, los análisis económicos dedicados a la educación estudiaban especialmente el tipo de inversiones que convenía hacer en ese contexto. El objetivo era más o menos claro: dada la importancia que se le atribuía, había que lograr obtener los mejores resultados del dinero que se le destinaba y orientar el gasto estatal a aquellos insumos y procesos que fueran más efectivos. Así, se investigaba qué tipo de recursos *producían* más y mejor educación. Por eso comenzó a desarrollarse toda una serie de análisis que intentaban dilucidar si más gasto público en el sector mejoraba su calidad; si mayores salarios de maestros y profesores tenían alguna incidencia en el desempeño escolar, si la cantidad de alumnos por docente influía en los logros en el aprendizaje, etcétera.

Sin embargo, al optimismo inicial, le siguió un escepticismo general –a mediados de la década del setenta– que comenzó a cuestionar muchos (o casi todos) los hallazgos de la teoría del capital humano. Por un lado, a pesar de los esfuerzos realizados en materia educativa, no había mejorado la distribución del ingreso. Además, se podía observar que: a) ante iguales niveles educativos los hombres tenían mayores ingresos que las mujeres, b) muchas veces el futuro de una persona en el mercado laboral no se relacionaba con el nivel de estudios alcanzado (por ejemplo, un profesional con el mismo título tiene una menor remuneración en una pequeña empresa que un par suyo en una multinacional), c) el nivel educativo de una persona más que mejorar su productividad sólo es una credencial o filtro que condiciona el puesto de trabajo al que podrá acceder y, d) no siempre está claro si es la educación la que incide en el desarrollo del país o es este último el que promueve la mayor educación.

Como podemos ver, éstas no eran críticas menores para una teoría que apenas tenía quince años de vida. Si a esas objeciones le sumamos la crisis económica mundial desatada a partir de la crisis del petróleo en 1973, podemos entender por qué los mismos estudios que unos años antes intentaban potenciar el rendimiento del gasto educativo, a partir de entonces –y sobre todo en los años ochenta–, comenzaron a ser utilizados pero en sentido contrario. Si la educación no podía brindar todo lo que se esperaba de ella, la *mejor* recomendación de política era limitar y racionalizar el gasto educativo. Así, entre otros, comenzaron a difundirse estudios que señalaban que la menor cantidad de alumnos por curso no necesariamente mejoraba el desempeño escolar de los estudiantes; por lo tanto, podía aumentarse sin mayores consecuencias la relación de alumnos por docente y, por esa vía, obtener sustantivos ahorros de recursos (ya que se necesitarían menos profesores para una cantidad dada de alumnos).

Otras recomendaciones giraban alrededor del salario docente. Los distintos estudios señalaban que las mayores remuneraciones no incidían en los logros en el aprendizaje. Aún más, dado que esos salarios no se encontraban vinculados a ninguna cláusula de productividad, esos análisis señalaban que no existían incentivos para que los docentes se esforzaran en mejorar el rendimiento escolar. De ahí que se sugirieran propuestas de pago por mérito o productividad.

Por último, estaban los estudios que intentaban demostrar que el gasto público en educación era inherentemente ineficiente. Sobre todo en comparación con las escuelas privadas. En medio de una ola privatizadora, quienes llevaban a cabo estos análisis señalaban que esas ineficiencias se debían al monopolio que ejercía el Estado sobre las escuelas. Por eso cobraron impulso las ideas de introducir reglas de mercado entre los establecimientos educativos.

Algunas de estas propuestas se mostraron totalmente ineficaces y fueron abandonadas hace tiempo. Por ejemplo, el pago por productividad fue un fracaso en aquellos lugares donde se puso en práctica. En la actualidad, casi nadie sostiene la conveniencia de ese tipo de medidas. Sin embargo, otras líneas de acción –tales como la de mercantilizar al sistema educativo– se encuentran en pleno debate teórico y con pocos ejemplos prácticos sobre su efectividad.

No es un punto menor señalar que gran parte de estos análisis se originaron en los Estados Unidos y se vinculan, básicamente, a la forma de la estructura educativa de ese país. Lamentablemente, como suele suceder en otros ámbitos, muchas de estas discusiones se importan a los países latinoamericanos sin reparar en la pertinencia o aplicabilidad de esas ideas en nuestro contexto.

Mientras algunas de estas cuestiones continúan debatiéndose –en definitiva, la mejor asignación de los escasos recursos (públicos; es decir, de la sociedad) es y debe ser un punto permanente de la agenda de los políticos–, una nueva preocupación entró en escena: la globalización y la competitividad de los países. En los años noventa los economistas dedicados al desarrollo y sobre todo los educadores comenzaron a preocuparse por los requerimientos que la sociedades y economías basadas en el conocimiento estaban demandando a los sistemas educativos.

Ahora se sabe que la educación: a) es una condición necesaria pero no suficiente para mejorar el nivel de vida y los ingresos de las personas y, b) que si no puede asegurar el empleo de sus egresados, al menos debe orientarse a garantizar su empleabilidad. La educación, es bueno recordarlo, no basta por sí misma si el contexto socioeconómico no acompaña los esfuerzos que desde allí se realizan. Pero en la actualidad, cuando cada vez es menor el margen de acción de las políticas económicas para incidir en el destino del país en un mundo globalizado, la política educativa –y lo que los educadores hacen– es una de las pocas herramientas que le queda a los Estados Nacionales para influir en el futuro laboral y social de sus habitantes.

Por eso el renovado y necesario interés del vínculo entre la Economía y la Educación. En primer lugar, esto por sí solo parecería justificar este libro en el que se repasan algunas de las cuestiones mencionadas. No obstante, existe un segundo motivo, no menos importante: la escasez de material bibliográfico de carácter introductorio y más o menos actualizado en español.

No obstante, no es un manual en el sentido estricto: carece de la asepsia que suelen presentar la mayoría de ellos en economía. Lamentablemente, esa neutralidad o aparente objetividad no existe o es muy difícil de lograr y, aunque he intentado no hacerlo, en algunas ocasiones no pude menos que involucrarme tomando partido por algunos de los puntos tratados. Quizás decepcionen algunas de las críticas que aquí se formulan: en general he intentado que fueran las que se pueden realizar dentro del propio paradigma dominante y omití las numerosas y valiosas críticas que se han venido formulando por fuera de esta materia. En otras palabras, las limitaciones de la economía de la educación que se discuten en algunas partes del trabajo se formulan desde y en el interior de la propia economía.

Por lo demás, tampoco es un manual tradicional en la medida en que no se incluyen fórmulas y se evitaron, en lo posible, los tecnicismos que importan más a quienes trabajamos sobre estos temas que a quienes se encuentran interesados por comprender de qué se trata la misma y los orígenes de algunas de las discusiones actuales de los analistas de política educativa.

Por eso, finalmente, tampoco es un manual tradicional porque no refleja todos los temas que suelen ser tratados en los textos introductorios de la economía de la educación. Ésta es una disciplina con fuerte tradición estadounidense y la mayor parte de la producción teórica se ha originado en ese país. Por lo tanto, cualquier texto que discuta los temas a los que se dedica aquélla no puede menos que referirse a los debates que se presentaron allí. Sin embargo, en este lugar se siguió el criterio de reflejar solamente las discusiones que tienen interés o son susceptibles de tenerlo en nuestra región.

Esto no significa que a pesar de su pragmatismo y no pocas propuestas, la economía de la educación aporte soluciones concretas a los desafíos actuales de la educación latinoamericana. Tiendo a creer que las ventajas comparativas de los economistas dedicados (o no) a la educación residen en su lógica y forma de tratar determinados temas, en los caminos críticos que construyen frente a los interrogantes que se presentan o, si se quiere en términos más directos, en el modo de (re)plantear –e intentar resolver– los problemas. En otras palabras, lo que pueden ofrecer es una mirada adicional –y desde otro ángulo– a los mismos y viejos dilemas de siempre.

Si ello es así, bien cabría preguntarse por las causas del rechazo o, en el mejor de los casos, la decepción que provocan sus estudios entre los analistas educativos que no son economistas (y aun entre algunos de los que sí lo somos). Para averiguarlo, creo, lo más aconsejable es abandonar la introducción en este lugar y comenzar a interiorizarse sobre esos estudios en los capítulos que siguen.

Capítulo 1

La economía de la educación

Prácticamente, desde la existencia misma de la Economía como disciplina, los economistas estuvieron interesados en conocer las causas que hacían que los países crecieran y se desarrollaran. Durante décadas estuvo más o menos claro que ello dependía de las dotaciones que tuvieran de tierras, máquinas, fuerza de trabajo. Según la cantidad y el tipo de esos factores que dispusiera cada país, se podía explicar una parte de su crecimiento. Sin embargo, a pesar de los análisis –tanto teóricos como empíricos– había una parte de ese crecimiento que no podía explicarse.

En otras palabras, se podía calcular cuánto contribuía la disponibilidad de tierras fértiles al crecimiento, cuánto las industrias y la cantidad de mano de obra. Pero, cuando se consideraban en conjunto, todavía había una parte de ese crecimiento del que no se sabía a qué se debía. En forma más directa, sumando el porcentaje de cada uno de esos factores, no se llegaba al cien por ciento.

Por fin, a mediados del siglo veinte, se pudo comenzar a explicar una porción de la parte no explicada del crecimiento económico. Según los estudios que comenzaron a emprenderse en esa época, la mayor o menor educación de los habitantes podía dar cuenta de un porcentaje de uno de los hasta ese entonces desconocidos elementos que contribuían al crecimiento de las economías. Estas investigaciones impulsarían otros análisis que, en conjunto, darían forma y contenido a una rama de la teoría económica: la Economía de la Educación.

Los alcances de esta disciplina nunca estuvieron del todo claros. Quizás, una de las definiciones más generales sobre ella se encuentra en el clásico libro de Cohn y Geske (1990): "La economía de la educación es el estudio de cómo los hombres y la sociedad eligen, con o sin necesidad del uso de dinero, emplear recursos productivos escasos para producir diversos tipos de formación, el desarrollo de conocimientos, habilidades, carácter, etc. –especialmente por medio de la educación formal– a través del tiempo para ser distribuida entre las distintas personas y grupos en la sociedad."

Como puede verse, la definición, al explicitar que la disciplina puede dedicarse al estudio de la asignación de recursos, intervenga o no el dinero, habilita y legitima a los economistas que se especializan en estos temas para que discutan y analicen prácticamente todas las dimensiones de los sistemas educativos; no sólo aquellas que se vinculan a aspectos financieros. Como veremos más adelante, los corolarios de los estudios sobre lo que va más allá de lo estrictamente presupuestario constituyeron una de las polémicas más duraderas de las últimas décadas entre los propios economistas y entre éstos y los demás cientistas sociales que se dedican al análisis de la educación.

En rigor, desde los tiempos de los economistas clásicos había estado presente la preocupación por el vínculo entre la educación y el crecimiento económico. Sin embargo, no fue sino hasta hace unas décadas cuando comenzó a prestarse especial atención a esta cuestión, con lo que se ha dado en llamar *la revolución de la inversión humana en el pensamiento económico*. La expresión no es exagerada si se considera que la incursión de los economistas en el ámbito educativo no sólo afectaría las discusiones que se darían en su seno sino que contribuyó al resurgimiento de la visión neoclásica de la economía otorgándole un alcance insospechado hasta ese momento a esta disciplina.

Por un lado, permitió destronar a los análisis, vigentes hasta ese momento, sobre el funcionamiento del mercado de trabajo y dominados por economistas y sociólogos institucionalistas (Klees, 1996). Por el otro, permitiría justificar no sólo las inversiones estatales en educación sino que sustentaría y legitimaría teóricamente –bajo el omnipresente criterio de racionalidad– los diferenciales de ingresos en la sociedad en la medida que ellos se originan en las decisiones individuales por adquirir determinado grado de instrucción. Más aún, con posterioridad, este tipo de estudios permitiría ampliar la frontera de la economía neoclásica extendiéndola al campo del análisis de las leyes, de la familia y de cuanto aspecto que los economistas de la corriente dominante considerasen de interés estudiar. Así, la economía se fue tornando en una disciplina imperialista que, poco a poco, iría invadiendo la antropología, la sociología, las ciencias políticas, etc. (Beaud y Dostaler, 1997). Todo esto, *gracias* a los aportes de los teóricos del Capital Humano.

Desde los inicios de los estudios sobre el vínculo entre la educación y la economía, la discusión ha girado en torno a la relación de causalidad entre las dos variables; esto es, si el desarrollo educativo de un país es resultado del crecimiento económico o si, en cambio, la educación contribuye a ese crecimiento. La dirección de causalidad es crítica, en el sentido de que si la expansión educativa es meramente resultado del crecimiento, entonces no puede ser utilizada como un instrumento para el desarrollo económico (Coopers y Lybrand, 1996).

La postura que sostiene que la educación contribuye a ese crecimiento está representada, básicamente, por la escuela de pensamiento del capital humano, iniciada en la década del cincuenta e impulsada en la del sesenta. Uno de los primeros en llamar la atención sobre el valor económico de la educación fue Theodore Schultz en su trabajo "Investment in Human Capital" publicado en 1961. Tres años más tarde, Gary Becker publicó "Human Capital. A theoretical and empirical analysis, with special reference to education" que, junto con trabajos de años anteriores desarrollados por Jacob Mincer –que había sido quien acuñó la expresión *capital humano*– sentaron las bases y dieron impulso a esta nueva corriente dentro del pensamiento económico. En su forma más simple, dicha teoría percibe a los recursos que se destinan a la educación como una forma de inversión que rendirá una corriente de beneficios en el futuro. Para la sociedad, éstos vendrán representados en términos de una mayor productividad de los trabajadores educados.

En este marco de pensamiento la clave para un aumento permanente en el ingreso se encuentra, ya no en el capital físico, sino en el capital humano. La razón para esto es que las personas, a diferencia de las máquinas, pueden aprender. A su vez, este aprendizaje excede a la vida de las personas consideradas individualmente y se acumula. Mientras que la capacidad cognitiva o la memoria están ligadas a individuos particulares, no sucede lo mismo con otras clases de intangibles, como es el caso del conocimiento científico. Naturalmente, la medida en que las inversiones en educación o las destinadas a impulsar el desarrollo de nuevas tecnologías o nuevos descubrimientos impactan sobre el crecimiento dependerán, entre otras cosas, de cómo el conocimiento se utiliza y aprovecha en forma efectiva en los procesos productivos.

La principal implicación de políticas públicas que surge de estos enfoques teóricos es que los países deben invertir en el desarrollo del capital humano. Se recomiendan políticas que promuevan un amplio acceso a las habilidades y competencias y, especialmente, la capacidad de aprender. Esto incluye: a) proveer una educación formal de base amplia, b) establecer incentivos para que las empresas y los individuos se involucren en un entrenamiento y aprendizaje permanentes y, c) mejorar el equilibrio entre la oferta y la demanda laboral en términos de requerimientos de calificaciones.

Como veremos en la segunda parte de este capítulo, la teoría del Capital Humano fue materia de no poca controversia. No sólo por parte de los educadores, que aún hoy se resisten a que se equipare su actividad con la de una inversión en capital físico, sino por parte de los propios economistas que encontraron no pocos flancos débiles en esa teoría.

No obstante la validez que pueden tener las críticas realizadas –algunas de las cuales han sido al menos parcialmente aceptadas por la teoría del capital humano– es claro que la postura representada por esta última ha dominado el debate en torno al vínculo entre educación y crecimiento. Más aún, como consecuencia de las nuevas tendencias económicas, en los noventa se vio acentuado el rol de la educación en el desarrollo económico. En un escenario en el que el avance tecnológico ocupa todos los espacios sociales, se considera que el conocimiento se transformará en el principal factor de productividad. Así, se habla de "economía basada en el conocimiento" para referirse a la dependencia que, ahora más que nunca, los países más desarrollados tienen respecto de la producción, distribución y uso del conocimiento corporizado en seres humanos como *capital humano* y en tecnología (OCDE,* 1996).

En tal sentido, cabe señalar que en las economías de los países más desarrollados, el producto y el empleo se están expandiendo más rápidamente en las industrias de alta tecnología. Durante las últimas dos décadas, la participación de la alta tecnología en la producción manufacturera y exportaciones se ha más que duplicado, alcanzando estas últimas un 25% del total de exportaciones del conjunto de estas economías. A su vez, los sectores de servicios intensivos en conocimiento, tales como educación, comunicaciones e información, están creciendo aún más rápidamente. En este sentido, se estima que en la actualidad más del 50% del PBI en las principales economías desarrolladas se basa en el conocimiento (OCDE, 1996).

A pesar de los pocos avances que ha hecho la teoría del capital humano como tal –o, si se quiere, el giro que ha tenido a lo largo de los años que ha hecho que Blaug (1985) afirmara que pocos reconocerían como parte de la misma disciplina la discusión y los desarrollos teóricos que le siguieron– el sólo hecho de la importancia que en la actualidad se le asigna al conocimiento para el desarrollo de los países, amerita aunque sea un repaso de los orígenes de los hallazgos de los estudios que dieron lugar al análisis del vínculo entre

---

* Organización para la Cooperación y el Desarrollo Económico.

educación y economía. Eso es lo que se hace en la primera parte del capítulo. En la segunda, a su vez, se sintetizan las controversias a que dio lugar la teoría del capital humano tanto por parte de los propios autores enrolados en esta rama de la economía como por parte de quienes se dedican al estudio de la economía laboral.

I. La rentabilidad de la inversión educativa

Como se señaló más arriba, los desarrollos sistemáticos más tempranos del análisis económico aplicado a la educación fueron resultado de la evolución de la teoría de la formación de capital humano, formulada a mediados de los años cincuenta y principios de los sesenta, y cuyos principales exponentes fueron Theodore Schultz, Gary Becker y Jacob Mincer.

En términos del propio Schultz (1961), posteriormente laureado por el Premio Nobel de Economía por sus contribuciones en este campo, "si bien es obvio que las personas adquieren capacidades y conocimientos, no resulta tan obvio que esas capacidades y conocimientos son una forma de capital, que este capital es en una proporción sustancial producto de una inversión deliberada que ha crecido en las sociedades occidentales a una tasa mucho más veloz que el capital convencional, y que este crecimiento puede ser la característica más distintiva del sistema económico."

Becker (1975) –otro premio Nobel por sus aportes en este campo– señala que en sus orígenes, en la segunda mitad de los años sesenta, su propia investigación en torno a la formación de capital humano tuvo como objetivo echar luz sobre dos cuestiones: a) por un lado, la comprobación de que, al menos en los Estados Unidos, el crecimiento del capital físico y de la fuerza laboral no alcanzaban para explicar la totalidad del crecimiento en el ingreso y, b) por el otro, la importancia que diversos economistas otorgaban a la educación como factor de desarrollo económico. Su intención era aclarar estas cuestiones de manera exploratoria, utilizando datos de costos de la educación y de ingresos de las personas con diferentes niveles educativos. La hipótesis era que si la educación tenía un valor económico, sus tasas de rendimiento monetario serían considerables.

Este propósito inicial impulsó el interés del autor por la teoría general de las inversiones en capital humano y su relación con diversos fenómenos económicos. Su trabajo mostró cómo el concepto de inversión en las personas podía ayudar a explicar ciertos patrones de comportamiento y ciertos fenómenos económicos –como la forma de los perfiles edad-retribuciones y edad-riqueza– y también que actividades diferentes, tales como la educación formal o el entrenamiento en el trabajo podían ser analizadas utilizando las mismas herramientas del análisis costo-beneficio.

El sustento teórico para aplicar la técnica del costo-beneficio a la educación es la consideración de la educación como una inversión. Recordemos que en este marco de análisis se define a la inversión en capital humano como las actividades que repercuten sobre las rentas monetarias futuras a través del incremento de los recursos incorporados en los individuos. En realidad, la educación –sea escolarización formal, sea formación en el puesto de trabajo– es una de las diversas formas que puede adoptar la inversión en capital humano; también se consideran como tales a los cuidados médicos, a las migraciones, a la búsqueda de información sobre precios y rentas, etc. Todas estas actividades tienen en común el efecto de mejorar la capacidad, los conocimientos o la salud y, por lo tanto, se considera que elevan los ingresos de los individuos.

Los economistas enrolados en esta vertiente teórica subrayaron, a partir del análisis de numerosa evidencia cuantitativa, la importancia económica del capital humano y, muy especialmente, de la educación. En este sentido, la conclusión empírica más importante de los trabajos desarrollados entre los años cincuenta y los setenta fue que las personas con mayores niveles de educación son las que ganan más; es decir, perciben mayores retribuciones por su trabajo. Si tomamos en particular el trabajo originario de Becker encontramos, además, las siguientes conclusiones:

1) Los rendimientos de la educación disminuyen a medida que se pasa a niveles superiores de educación; esto es, la tasa de rendimiento de la inversión en educación primaria es superior a la de la secundaria y, a su vez, ésta última supera a los rendimientos de la inversión en educación universitaria o superior.

2) La diferencia entre las retribuciones de graduados universitarios con relación a egresados del secundario se debe, en parte, a que los primeros son "más aptos, más ambiciosos y gozan de mejor salud y a que sus padres tienen niveles de educación más altos y son más prósperos" (Becker, 1975). Sin embargo, para el autor, todas estas características explican una pequeña parte de la diferencia retributiva señalada. No obstante, cabe señalar,

que reconocía que tienen una influencia importante en la diferencia de las retribuciones de graduados secundarios *vis à vis* egresados de la escuela primaria.

3) En los Estados Unidos los rendimientos de la inversión en educación secundaria y universitaria, luego de mostrar una tendencia descendente entre 1900 y 1940, aumentaron en forma permanente a partir de entonces (hasta 1973, último año analizado por Becker); en este mismo período, creció constantemente la cantidad de egresados de ambos niveles educativos. El autor encuentra el origen de la simultaneidad de estos dos fenómenos en el desplazamiento de la demanda de trabajo hacia personas con niveles de educación más altos, debido al fuerte crecimiento del gasto en investigación y desarrollo principalmente en tecnología militar (propio de esta etapa de la guerra fría) y también en el sector servicios.

4) Se verifican diferencias entre la tasa de rendimiento de la educación universitaria entre personas de distinta raza y lugar de residencia. Así, por ejemplo, los cálculos de rentabilidad de la educación arrojaron valores más altos para varones blancos con relación a varones negros y personas de ambos sexos que residen en áreas urbanas con relación a aquellas que habitan zonas rurales.

Conforme la teoría del Capital Humano, para evaluar la educación como una alternativa de inversión es necesario obtener una estimación de la contribución esperada de la educación a los futuros niveles de ingreso o producto. Por su parte, la vía más directa a través de la cual se efectiviza esta contribución es la de impartir habilidades y conocimiento a la gente educada, mejorando de este modo la productividad del trabajo. Si la productividad de los trabajadores educados supera a la de aquellos que no lo son (o que tienen un menor nivel de educación), esto se verá reflejado en un incremento del producto. Bajo el supuesto (cuya validez se discute más adelante) de que a mayor productividad se corresponde una mayor retribución por el trabajo, la diferencia señalada se verá reflejada en la percepción de mayores ingresos por parte de los trabajadores educados. Por lo tanto, es necesario estimar las remuneraciones adicionales que tendrán estos últimos a lo largo de su vida laboral.

Inversión en Educación ⟶ Mayor Productividad ⟶ Mayores Ingresos

La forma ideal de medir los diferenciales de las remuneraciones –y, por esta vía, los de la productividad– sería utilizar series de tiempo de las remuneraciones de una muestra de trabajadores con diferentes niveles educativos en cada año sucesivo de trabajo. Con esta información se construirían los perfiles edad-retribuciones para una vida laboral completa. Sin embargo, debido a que este tipo de datos no está disponible en la mayoría de los países, se utilizan datos de corte transversal, es decir, recolectados en un único momento del tiempo. Éstos muestran las retribuciones corrientes de trabajadores de edades sucesivas y, por ende, permiten estimar perfiles promedio edad-educación-ingresos para trabajadores con distintos niveles educativos. Así, el supuesto que subyace a esta técnica es que la relación entre las retribuciones corrientes de un trabajador de edad X y otro de edad Y es igual a aquella que se verificará en el futuro entre las retribuciones que un único trabajador percibe a la edad X y a la edad Y.

Más recientemente, siguiendo la metodología de cálculo basada en datos de corte transversal, se han estimado perfiles edad-retribuciones para más de 60 países desarrollados y en desarrollo (Psacharopoulos, 1994). La principal conclusión de este análisis empírico es la misma a la que había llegado Becker durante los sesenta:

a) en todos esos países –desarrollados y en desarrollo– se ha observado una relación fuerte entre ingresos y educación;
b) el promedio de los ingresos a lo largo de la vida de los trabajadores educados es mayor que el promedio de los ingresos de los trabajadores sin educación o con bajos niveles educativos;
c) los ingresos promedio tienden a alcanzar un máximo hacia la mitad de los años productivos o un poco después y luego se estabilizan o inclusive llegan a declinar un poco hasta la edad de retiro.

En efecto, la experiencia muestra que los perfiles típicos edad-retribuciones tienen las siguientes características (Psacharopoulos y Woodhall, 1987 y Woodhall, 1992):

a) los ingresos están altamente correlacionados con la educación; para cada edad, los que detentan mayores niveles de instrucción ganan más que los menos educados;
b) a medida que aumenta la edad –y hasta alcanzar un máximo– los ingresos de las personas con educación superior aumentan más rápidamente que los que tienen menor nivel educativo;

c) los ingresos alcanzan un punto máximo y después se aplanan o caen hasta la edad de retiro y;
d) cuanto mayor sea el nivel educativo, mayor será la edad a la que los ingresos alcanzan su punto más alto.

En general, la evidencia empírica disponible muestra que los países latinoamericanos no son ajenos a esas características: el promedio de los ingresos a lo largo de la vida de los trabajadores con mayores niveles educativos supera al promedio de los trabajadores con menos educación formal.

En síntesis, algunas de las conclusiones a las que arribó Becker mediante los cálculos de costo-beneficio más de tres décadas atrás han sido corroboradas por numerosos estudios posteriores; sin embargo, otras fueron objeto de fuertes críticas y aún hoy forman parte del debate en torno a las implicancias económicas de la educación.

Más aún, esos estudios iniciales impulsaron el desarrollo de numerosas investigaciones empíricas dirigidas a identificar el impacto de la educación sobre el desarrollo económico. Estas han contribuido a fortalecer la postura de la teoría del capital humano y de los enfoques teóricos más recientes sobre el crecimiento. Entre las diversas categorías de estudios que se han venido llevando a cabo desde mediados del siglo XX, cabe resaltar las que se refieren a:

- *estudios de contabilidad del crecimiento, que buscan medir la contribución del desarrollo educacional al crecimiento económico a través del tiempo.* Más de tres décadas atrás, autores como Schultz y Denison trataron de responder a la cuestión de cuánto ha contribuido la educación al crecimiento económico. Denison empleó la función de producción a fin de identificar la incidencia de diferentes factores de producción en el aumento del Producto Interno Bruto (PIB) en los Estados Unidos entre 1910 y 1960. Como los incrementos en la cantidad de trabajo y capital físico no explicaban la totalidad del incremento en el PIB debía haber, entonces, un amplio "factor residual" que diese cuenta de ese hecho. Denison sugirió que las mejoras en la productividad de la fuerza de trabajo, incluyendo una mayor educación, contribuían al mismo junto a otros factores tales como el progreso tecnológico y las economías de escala.

• *cálculos de la tasa de retorno de la educación, para comparar sus beneficios con los costos incurridos en la misma.* El trabajo seminal en este terreno es el de Becker a inicios de los años sesenta, a partir del cual el análisis costo-beneficio se ha convertido en uno de los enfoques más usuales y el preferido por los organismos multilaterales de crédito para que los países orienten sus decisiones relativas a las inversiones en educación. La observación más importante surgida de estos cálculos es que los rendimientos de la educación a cualquier nivel son iguales o superan a aquellos derivados de inversiones productivas alternativas (Coopers y Lybrand, 1996). Una segunda observación central, especialmente para los países en desarrollo, es que las tasas de retorno decrecen a medida que se pasa a niveles superiores de educación. La recomendación de política que se desprende de este resultado es que estos países deben (re)orientar sus inversiones en el campo educativo principalmente a la educación básica (este punto será desarrollado en el segundo capítulo).

• *análisis del impacto de los logros educativos sobre los ingresos relativos.* Casi invariablemente, los estudios llevados a cabo han mostrado que los ingresos medios anuales tienden a aumentar con los logros educativos. Paralelamente, estos beneficios privados de la educación también son beneficios sociales si se acepta el supuesto de que mayores remuneraciones se corresponden con mayores niveles de productividad de los trabajadores y, por lo tanto, un mayor nivel de ingreso para la economía en general.

En cuanto al vínculo entre grado de escolarización, ingresos y grupos ocupacionales, en la mayor parte de los casos se verifica que, para una misma categoría ocupacional, el nivel de ingresos aumenta con el grado de instrucción alcanzado. No obstante, el análisis de esta misma información ha derivado en una de las tantas objeciones a la teoría del capital humano: para un mismo nivel educativo logrado, la diferencia y, por lo tanto, dispersión en los ingresos relativos puede resultar, en algunos casos, muy alta (también volveremos sobre este punto más adelante).

• *análisis de las tendencias de niveles de instrucción y empleo para establecer el vínculo entre ellas.* La evidencia sugiere que existe una correlación muy fuerte entre calificaciones educativas y empleo, aunque es muy difícil establecer relaciones de causalidad.

Como características generales del perfil ocupacional se observa que las ocupaciones de calificación operativa absorben trabajadores con niveles de instrucción media y alta (es decir, los comprendidos entre el nivel primario completo y los estudios superiores incompletos) y los trabajos profesionales y técnicos son, en su mayoría, población con estudios superiores completos.

Un segundo criterio de análisis –complementario del anterior– es el de los niveles educativos predominantes en los ocupados que incorpora/demanda cada grupo ocupacional.

En este caso se puede observar que la población comprendida por los que concluyeron el nivel primario y alcanzaron el nivel superior, pero en forma incompleta, se encuentra concentrada en gran medida en los trabajos no calificados y de calificación operativa y, aquellos que tienen el nivel superior completo, se desempeñan abrumadoramente en ocupaciones de calificación profesional y técnica.

En síntesis, las indagaciones originarias sobre el vínculo entre educación y economía dispararon numerosas dimensiones de análisis de las cuales nosotros sólo comentamos algunas.

En general, las investigaciones coinciden en que la forma más clara y directa mediante la cual la educación beneficia económicamente a un individuo y, por su intermedio y agregación, a la sociedad toda, es el plus de retribuciones que, a lo largo de la vida laboral, la persona educada recibe con relación a otra menos educada. La información cuantitativa es concluyente a este respecto: en todos los países para los cuales se construyeron perfiles edad-retribuciones se ha observado que los individuos más educados ganan más que los menos educados. Por último, desde el punto de vista del conjunto de la sociedad, el beneficio económico de la educación viene dado por su contribución al PIB.

No obstante la imagen idílica que por momentos parecería transmitir el análisis del Capital Humano y la evidencia empírica que lo sustenta, esta teoría no ha sido ajena a las controversias. Al optimismo de la primera generación de economistas dedicados a la educación le siguió una segunda generación –en la década del setenta– que comenzó a cuestionar no pocas de las conclusiones a las que habían arribado sus predecesores.

Gran parte de los embates que ha debido enfrentar también se encuentran apoyados por cuantiosa información estadística –muchas veces, la misma que sostiene los propios corolarios de la teoría–. Así, tanto economistas como expertos en educación han formulado una serie de objeciones al análisis de la relación causal entre educación e ingresos, particularmente en países en desarrollo. Algunos de estos reparos se abordan a continuación.

II. Objeciones teóricas convencionales

II.1. No todos los beneficios son atribuibles a la educación

La evidencia muestra que, a iguales niveles educativos alcanzados, existen distintas escalas de ingresos según sea el trabajador de que se trate. Los diferenciales de ingresos no siempre se deben al nivel educativo alcanzado: quizás, la más evidente sea aquella que muestra que para un mismo grado de escolarización los hombres perciben mayores ingresos que las mujeres.

De este modo, las disparidades en las remuneraciones estarían reflejando diferencias que no se deberían a la educación sino, por ejemplo, a la habilidad natural, el entorno social, sexo, ocupación, educación no formal, etc., de los trabajadores. Por lo tanto, esos diferenciales de ingresos no pueden ser usados como una medida de los beneficios puros de la educación.

Entonces, si las personas educadas difieren de las no educadas en otros aspectos además de la educación, los cálculos de la tasa de retorno pueden atribuir a la educación un diferencial de ingresos que, de hecho, tiene su origen en otras fuentes. Entre los estudiosos enrolados en la teoría del capital humano esta cuestión fue tempranamente considerada. Sin embargo, mientras algunos autores realizaron ajustes para tener en cuenta los factores mencionados otros minimizaron su influencia sobre los diferenciales de ingreso entre las personas más y menos educadas.

Así, en los años sesenta, mientras Denison suponía que sólo el 60% de los diferenciales de retribuciones eran atribuibles a los efectos de la educación, Becker afirmaba que factores tales como las características socioeconómicas del hogar, la educación de los padres, la salud, la aptitud, etc., explican sólo una pequeña parte del diferencial de retribuciones entre los trabajadores con título universitario y aquellos con título secundario (Weale, 1993 y Becker, 1975).

En la actualidad, los teóricos que adscriben al análisis costo-beneficio para la educación reconocen que no es realista usar el total de los ingresos extra de los trabajadores educados como una medida de los beneficios de la educación ya que, claramente, se estarían sobrestimando sus beneficios derivados y, por lo tanto, su tasa de retorno (Woodhal, 1992).

Una serie de estudios dirigidos a aislar el efecto puro de la educación sobre los diferenciales de retribuciones ha sugerido que, manteniendo constantes algunos de los factores mencionados más arriba, la educación igualmente tiene un efecto fuerte sobre las retribuciones de los trabajadores. Algunos de esos análisis de regresión efectuados para los Estados Unidos indican que alrededor de dos tercios de los diferenciales de los trabajadores educados pueden ser explicados por su educación más que por otros factores tales como, por ejemplo, la habilidad innata. Por este motivo, muchos de los cálculos de tasas de retorno han tomado como medida de los beneficios de la educación a las dos terceras partes del diferencial de retribuciones observado, simplemente multiplicando cada diferencial por un coeficiente que ha dado en llamarse "ajuste por habilidad" o "coeficiente alfa" y que es igual a 0,66.

Otra manera de hacer la corrección es estimando funciones de ingresos donde las variables independientes son la educación, la inteligencia (medida por el coeficiente intelectual), las características familiares y la edad, y en las que la variable dependiente es, naturalmente, el ingreso. Tanto los análisis de regresión como las funciones de ingreso en los Estados Unidos y en otros países desarrollados estarían señalando que la inteligencia explica cerca del 20% de los ingresos adicionales de los trabajadores educados y que, cuando se incluyen otros factores como raza, sexo, etc., la educación sigue manteniéndose como el factor más importante para determinar los ingresos.

II.2. Estratificación social y logros educativos

Aun cuando la cuestión de los factores distintos a la educación que influyen sobre los ingresos de algún modo se tiene en cuenta a través del coeficiente alfa, la controversia continuó debido a que se entendió que, no obstante dicho coeficiente, existían algunos aspectos que no se estaban contemplando en el análisis.

En efecto, tempranamente se comprendió que los coeficientes correspondientes a países desarrollados no pueden aplicarse en países en desarrollo y, para éstos últimos, no hay valores estimados del coeficiente alfa. En algunos análisis costo-beneficio de la educación elaborados por el Banco Mundial para algunos países en desarrollo de África se han estimado los efectos de diversas variables sobre los ingresos: ocupación, características de la familia medidas por la ocupación del padre, alfabetismo de los padres, grupo tribal, si el empleo era rural o urbano, tipo de escuela a la que se asistía, resultados de los exámenes, educación medida por número de años y edad. En uno de estos estudios, llevado a cabo en Kenya, se aislaron los efectos de los diferenciales de ingresos por variables de tipo socioeconómico y de experiencia educativa de los padres y el entorno social. Cuando los ajustes se tomaron en cuenta, la tasa de rendimiento de la inversión en educación se redujo. Concretamente, se trata de un análisis costo-beneficio llevado a cabo en ese país por Thías y Carnoy en 1972 (citado por Psacharopoulos y Woodhall, 1987). En este mismo trabajo se encontró que la influencia de algunos de estos factores puede ser central en el diferencial de ingresos entre, por ejemplo, los egresados de secundaria y de primaria, mientras que no lo es a la hora de explicar los ingresos extra de los graduados universitarios.

Así, dentro de la misma corriente neoclásica se reconoce que el coeficiente alfa utilizado para países desarrollados puede conducir a la sobrestimación de los rendimientos económicos de la educación si el acceso a la misma está condicionado por la clase social a la que pertenecen las personas.

En tal sentido, Blaug (1967) señala que "si la educación superior en los países de bajos ingresos es más selectiva en términos de clases sociales que en los Estados Unidos, como parece ser el caso en muchos países latinoamericanos... la proporción de dos tercios puede ser una sobrestimación de la influencia de la educación en los ingresos."

Sin embargo, esa sola observación en torno al acceso selectivo a la educación parece no bastar, al menos en el caso de muchos países en desarrollo. Es necesario también tener en cuenta que el problema en muchos de estos países no es solamente la selectividad en el acceso a la educación universitaria o, aun, a la secundaria: la situación socioeconómica muy probablemente sea un factor condicionante de la forma en que los alumnos se desempeñan en la escuela primaria.

En otras palabras, aunque todos los niños, independientemente de su condición social, tuvieran acceso a la educación básica, es muy probable que aquellos pertenecientes a los estratos sociales más bajos presenten un desempeño más pobre con relación a los niños de estratos sociales más altos. Esto se vería reflejado en mayores índices de repitencia, deserción, menores calificaciones, etcétera.

En los países latinoamericanos donde la cobertura del nivel primario es casi universal, las tasas de escolarización en este nivel permiten observar que el acceso al mismo no establece diferencias significativas entre estratos de ingresos. Sin embargo, se pueden detectar síntomas de inequidad si se analiza la finalización del nivel y el retraso escolar diferencial. En efecto, la incorporación inicial a la escuela primaria presenta una cobertura casi universal, no obstante, su finalización en la edad teórica en que deben concluirse, varía notablemente de acuerdo con el estrato social de pertenencia.

En estos mismos países, otro hito de diferenciación en la población lo constituye el acceso al nivel secundario. En este caso, las diferencias según quintiles de ingresos sí son significativas ya que en tanto al nivel medio sólo accede una parte de la población del estrato de menores ingresos, la cobertura para el quintil más alto es muy superior y, en algunos casos, casi universal.

Estas brechas se amplían en el nivel superior: cuanto mayores los ingresos familiares, la variación en la tasa de escolarización es sensiblemente mayor que en los otros niveles. Como resultado de ello, se tiene que el porcentaje de alumnos respecto de la población de esa franja etaria perteneciente al último quintil es significativamente más alta que la del primero según el caso.

En síntesis, en nuestros países a medida que se asciende en el nivel educativo, se acentúa el acceso diferencial por estrato.

Bajo estas condiciones, cabe plantearse hasta qué punto resulta válido para un país en desarrollo efectuar cálculos de tasas de retorno de los distintos niveles educativos sin considerar la influencia de las características socioeconómicas familiares sobre la totalidad del proceso educativo.

En realidad, a los fines de contar con herramientas útiles para la formulación de políticas, el análisis pormenorizado de la relación entre la condición socioeconómica y la educación debería ser un paso previo a cualquier análisis de costo-beneficio. Adicionalmente, este tipo de análisis debería, idealmente, efectuarse para los distintos estratos socioeconómicos.

Estos datos abonarían a favor de la hipótesis de que existe relación entre clase social y participación en niveles más altos de educación. Aún más, los hijos de padres pertenecientes a estratos más altos de ingresos parecen tener una mayor posibilidad de acceder a niveles superiores de estudios y, por esa vía, a mayores ingresos. No es ocioso destacar que, de no tenerse presente estos hechos, y como afirma Weale (1993), la conclusión del análisis convencional confundiría el rendimiento de pertenecer a la clase media o alta con el rendimiento de la educación superior.

Por eso, cada vez más se ha ido cuestionando el rol de la escuela en tanto vehículo que promueve una mejor distribución del ingreso. Quizás motivado por las observaciones empíricas entre educación-ingresos a las que se hizo referencia más arriba, a partir de la segunda mitad de los sesenta comenzó el debate en torno a si "la escuela hace alguna diferencia" en términos de ingresos. Algunos autores estudiaron el impacto del coeficiente intelectual, el entorno del hogar y la educación formal sobre el ingreso de los adultos. En esta misma época se publicó el conocido Informe Coleman (1966), destinado a evaluar programas lanzados por el gobierno de los Estados Unidos para proveer educación a minorías étnicas y desfavorecidos socioeconómica y culturalmente. La conclusión de todos estos estudios fue que la educación formal era un factor marginal en la explicación de los ingresos de los adultos. Con posterioridad, tanto ese informe como sus corolarios serían fuertemente discutidos, pero el golpe había sido asestado y el cuestionamiento a la influencia positiva de la educación sobre la distribución del ingreso y la movilidad social se había puesto en marcha.

II.3. Los mercados de trabajo segmentados

Como vimos, no pocos analistas respaldaron la idea de que el efecto independiente de la educación sobre las desigualdades sociales existentes es relativamente pequeño y que, en cambio, es el entorno social el que cumple un rol dominante tanto en las oportunidades de empleo de los individuos como en la distribución del ingreso. Esto, como se podrá intuir, tiene implicaciones un tanto más importantes que el cuestionamiento a la lectura que debe hacerse de la tasa de retorno de la educación.

Según Emmerj (1981) siempre ha habido una tensión entre la "demanda social por educación" –es decir, la cantidad de educación que desean las personas– y la demanda económica o capacidad de absorción de destrezas específicas por parte de la economía y que, al menos en las economías de mercado, esta carrera ha sido ganada por la demanda social. En este marco sostiene que, mientras existen restricciones al acceso a un determinado nivel educativo alcanzado, se verifica una relación uno a uno entre un "buen" entorno social, un tipo particular de educación, y un "buen" trabajo. Sin embargo, en la medida que el acceso se generaliza, la educación sale de la escena y permanece la relación uno a uno sólo entre el "buen" entorno social y el "buen" trabajo.

En otras palabras, mientras el acceso a la educación no se encuentra generalizado, el buen desempeño en el mercado laboral puede encontrarse influido por el nivel educativo alcanzado. Sin embargo, cuando la mayor parte o toda la población alcanzó determinado nivel de escolarización, lo que estaría primando en el momento de obtener un buen trabajo es el contexto socioeconómico y cultural del que provienen las personas el que tendría mayor incidencia.

Para algunos analistas esto permite explicar la heterogeneidad en las remuneraciones de la población ocupada que alcanzó el mismo nivel educativo, aun en casos de igual sexo o raza. En efecto, es común observar en las estadísticas sobre empleo que para el promedio y para un mismo nivel educativo alcanzado, mientras los grupos de calificación operativa se encuentran por encima del piso salarial definido por los grupos no calificados, los grupos con calificación profesional y técnica superan aquel promedio de ingresos horarios.

Estas disparidades en el interior de un mismo nivel educativo ponen de manifiesto la incidencia de variables tales como la rama de ocupación, el tamaño del establecimiento, la jerarquía, la calificación y la categoría ocupacional, además del nivel de educación formal alcanzado. Así, por ejemplo, para una misma profesión u ocupación, los ingresos de las personas son diferentes si trabajan en una pequeña o gran empresa, si la firma es de capitales locales o es multinacional, etcétera.

La posibilidad de acceso a estos mercados laborales diferenciados en términos de prestigio, ingresos, desarrollo profesional, etc., estaría dada, entonces, por los distintos ámbitos de pertenencia. En algunos casos, incluso, la diferenciación estaría dada por la propia historia escolar de los individuos; esto es, el tipo de escuela –y la población que asiste a ellas– en que hubieran cursado sus estudios. Más allá de la calidad de la educación recibida e impartida en esos establecimientos, la asistencia a esas unidades estaría permitiendo establecer diferencias entre la futura población laboral.

La existencia de mercados laborales y educativos segmentados según el entorno de las personas no resultó inocua para los analistas educativos (no sólo los del Capital Humano): tradicionalmente, se había considerado que la mayor escolarización podía ser un instrumento eficaz para reducir las disparidades de ingreso entre personas con diferentes niveles educativos. Como consecuencia de la expansión de la demanda social por educación, se produjeron aumentos en la igualdad de oportunidades educativas. No obstante, y esto es lo que resultó paradójico o novedoso, en forma paralela al aumento de la cobertura educativa se produjo una disminución en el valor económico de la escolarización para la mayoría de los niveles. Es decir, la educación pierde su lugar de privilegio para explicar diferenciales de ingreso y ese lugar lo pasa a ocupar el contexto social y la capacidad para vincularse laboralmente a los distintos mercados de trabajo.

Por eso si se incorporara el entorno social al análisis se encontraría que aquellas personas con mayor nivel educativo resultan las primeras en experimentar una degradación en su trabajo y que aquellas que representan a los estratos sociales más bajos, son las primeras en padecer un deterioro en sus ingresos.

En el marco de la teoría a la que hacemos referencia, se sostiene que no existe razón para pensar que una mayor educación tendrá un impacto en el sentido de que pueda modificar la segmentación de los mercados, que hace que determinados grupos (raciales, de género y otros grupos sociales desaventajados) estén prácticamente destinados a permanecer en puestos peor remunerados y más precarios en términos de estabilidad laboral, status, etcétera.

II.4. La teoría de las colas

Íntimamente vinculada a la explicación ofrecida por la teoría de los mercados segmentados y, de algún modo complementaria a ella, se encuentra la hipótesis brindada por Thurow (1972) que también aportó al debate sobre la ausencia de una relación clara entre la educación y los ingresos de las personas.

Este autor parte del hecho comprobado de que los salarios de las personas son fijos y los distintos mercados de trabajo no reaccionan ante la mayor o menor oferta de trabajadores con más o menos educación. Si los mercados funcionaran de acuerdo con los supuestos de la competencia perfecta, la mayor oferta de población con mayores niveles de instrucción debería incidir para que los salarios de esa fuerza de trabajo disminuyera. Éste sería el caso si, por ejemplo, ante un exceso en la oferta de egresados secundarios adecuados para un cierto trabajo, el efecto fuera una disminución de las remuneraciones por ese trabajo. No obstante, como los salarios son rígidos –independientemente del hecho que determine esa inflexibilidad– lo que termina sucediendo es que los empresarios y demás demandantes de trabajo optarán por emplear a las personas que poseen mayores niveles de instrucción.

Así, como consecuencia de la paulatina extensión de la educación en niveles de estudio más altos, las personas que acceden a un mayor grado de instrucción ahora se ofrecen en forma *masiva* para el mismo puesto de trabajo que antes ocupaban empleados con menor educación para un salario determinado. En una situación de esas características, la posibilidad de acceder a un determinado trabajo dependerá de la posición que ocupen en la fila de las oportunidades que ofrece el mercado.

En virtud de la teoría de las colas –tal su denominación– los egresados del sistema educativo compiten no por el mismo trabajo a diferentes salarios sino, por el contrario, la competencia es por diferentes trabajos a salarios fijos. Su salario ya no dependerá entonces sólo de su educación sino de su posición en la cola que, a su vez, depende de varios factores, concurrentes o no, tales como el sexo, la raza, la experiencia y el entorno social. Se trata de "puestos que buscan determinados trabajadores" y no a la inversa. En síntesis, bajo esta hipótesis, ante una expansión en la educación, lo que ocurre es que los educados toman puestos de trabajo antes ocupados por personas menos educadas, mientras que la distribución de retribuciones permanece constante.

Por eso Thurow sostiene que si cambia la distribución de la educación entre individuos, puede variar su posición en la cola pero no por eso se alterará su posición en la distribución de ingresos. Esto, a su vez, contribuiría a explicar por qué ésta no habría cambiado en las últimas décadas. Lo que ocurre es que los que tienen mayores niveles educativos desplazan a los que tienen menos niveles sin variar los salarios. En palabras de Thurow, la educación es un "gasto defensivo" para mantener una posición determinada en el mercado de trabajo. Si esto es así, la necesidad de obtener un mayor título educativo no se vincula, al menos tan directamente, con la mayor productividad que estaría brindando la instrucción lograda sino con la necesidad de diferenciarse en el mercado de trabajo. Esto contribuye a comprender, en parte, la inflación de títulos de los últimos lustros. No obstante, cuando se integran estos análisis al funcionamiento del mercado de trabajo, nunca está del todo claro si lo que está sucediendo es que hay una sobreoferta de mano de obra con niveles más altos de instrucción o si, por el contrario, hay una escasez de empleos para esos recursos humanos más calificados. El punto no es menor en la medida que las políticas públicas que habría que llevar adelante son de una naturaleza totalmente diferente.

Más allá de esto último, la expansión educativa hacia niveles más altos de estudios para diferenciarse en el mercado de trabajo nos lleva a la idea de educación como forma de disponer de una credencial para acceder a aquél. Esta hipótesis, más discutida que verificada en forma empírica, sería la única que amenazaría seriamente con demoler los supuestos y corolarios desarrollados por los teóricos neoclásicos del Capital Humano. Veamos por qué.

II.5. La educación como credencial

Una crítica teórica adicional al análisis costo-beneficio consiste en la afirmación de que la educación no torna más productivos a los trabajadores sino que, simplemente, actúa como un filtro o como un mecanismo de selección que permite a los empleadores identificar aquellas personas a las que ellos atribuyen una habilidad natural superior.

Si los diferenciales de retribuciones reflejaran sólo esa función de la educación, claramente habría un desperdicio de recursos ya que la educación es costosa. Este resultado se alcanzaría debido a la generación de una espiral en la cual los empleadores exigirían cada vez mayores calificaciones para los puestos mejor pagos, siempre con el fin de preservar la función selectiva de la educación, mientras que los estudiantes buscarían en forma permanente mejores calificaciones simplemente para poder acceder a dichos puestos.

La aceptación total de la hipótesis de filtro –tal la denominación de los que le asignan este rol a la educación en el mercado de trabajo– implicaría admitir que lo importante para el estudiante no es lo que aprende en el proceso educativo sino si al final de este proceso obtiene o no un certificado o diploma que acredite cuán capaz es. Si la educación no mejora las habilidades y la productividad de los trabajadores de una manera directa, entonces puede ser una inversión muy rentable desde el punto de vista privado, pero no desde el punto de vista de la sociedad. A su vez, a primera vista, parecería que la negación de que la educación aumenta el potencial productivo de un individuo podría debilitar cualquier análisis costo-beneficio de la educación.

Inversión en Educación ⟶ Mayores Credenciales ⟶ Mayores Ingresos

A diferencia de la figura con la que graficamos la relación Inversión-Ingresos para la teoría del Capital Humano, en ésta desaparece la productividad y es sustituida por la posesión de mayores credenciales.

Ahora bien, estas consideraciones e hipótesis estarían abonando a favor del principal contraargumento por parte de los defensores de la teoría del capital humano respecto del credencialismo: el hecho de que la educación cumpla una función de filtro no es incompatible con sus efectos sobre la productividad. Así, por ejemplo, las nuevas tecnologías son las que estarían requiriendo un mejor capital humano que permita optimizar su productividad.

Por otra parte, se reconoce que, en general, existe un filtro inicial: los empleadores utilizan como un criterio de selección a la calificación, que puede ser una medida de la productividad del individuo. La evidencia empírica sugiere que una vez que los empleadores tienen información acerca de los niveles de productividad de sus empleados –y ya no dependen de la educación como un mecanismo de filtro– continúan pagando más a los trabajadores educados a lo largo de sus vidas (Psacharopoulos y Woodhall, 1987). Es decir, si los empleados permanecieran largo tiempo en sus trabajos, esto implicaría que la educación, como filtro, en algún momento dejaría de tener importancia ya que el trabajador ha podido demostrar la mayor productividad derivada de su nivel de instrucción. Así, la educación podría constituir una señal inicial para obtener empleo, pero luego esa credencial debe ser legitimada en el puesto en que se estuviera desempeñando.

En función de estas consideraciones, esos analistas distinguen entre lo que denominan la versión *débil o inicial* de la hipótesis de filtro y, la versión *fuerte o permanente*. La primera se refiere a la práctica de los empleadores de contratar personal sobre la base una productividad esperada, tal y como lo puede indicar la calificación educativa del candidato. En este sentido, nadie (ni los más fervientes defensores de la teoría del capital humano) discute la existencia del filtro inicial: la educación es un criterio de selección rápido.

La versión fuerte se refiere al pago permanente de salarios más elevados a los trabajadores más educados, aun después de tener la oportunidad de evaluar su desempeño laboral, independientemente de si este desempeño hubiera sido positivo o negativo. Las opiniones al respecto son variadas. Psacharopoulos, por ejemplo, argumenta en contra de la versión fuerte. Dado que los empleadores pueden revisar sus decisiones iniciales de contratar personal sobre la base del desempeño laboral y ajustar los salarios de acuerdo con esta información, sería irracional reforzar errores en la contratación y seguir pagando salarios más elevados a trabajadores menos productivos.

Blaug (1985) por su parte, sugiere que el uso de "credenciales educativas" en la contratación de personal es parte de lo que denomina discriminación estadística, utilizada para reducir los costos en la contratación de personal (esta discriminación estadística utiliza factores como la raza, sexo, edad, etc., como indicadores de predicción del desempeño laboral). Además, incorpora la idea de *mercados laborales internos*, desarrollada por Doeringer y Piore (1971) para justificar la existencia de la versión fuerte de la hipótesis de filtro. La noción de mercados laborales internos sugiere que muchas empresas y organismos públicos cubren vacantes a través de promociones y selección interna. Una vez que se establece el mercado laboral interno, la expectativa de los trabajadores cuando son contratados es que eventualmente serán promovidos. De esta forma, no se contrata para cubrir un puesto laboral sino una carrera profesional y la utilización de la calificación educativa en la contratación se mantiene a lo largo de toda la carrera.

En general, desde la teoría del capital humano se rescata de la hipótesis de filtro el llamado de atención en torno a la forma en que la educación torna más productivos a los trabajadores. En particular, ésta enfatiza que la educación afecta actitudes además de impartir conocimientos y desarrolla capacidades latentes además de crear otras nuevas. En suma, la aceptación –si bien parcial– de la hipótesis de filtro, no invalida el supuesto de que la educación incrementa la productividad, ni muestra inconsistencias con la idea de que la educación es una forma (muy rentable) de inversión, idea central de la teoría del capital humano.

Tan así es que algunos autores críticos del análisis costo-beneficio, sugieren que la teoría del capital humano y la hipótesis de filtro muestran coincidencias de tal importancia que, finalmente, es difícil distinguirlas cuando se analiza evidencia empírica. En este sentido, Sturm (1993) señala dos coincidencias entre ambas teorías: a) mayores salarios para los más educados sólo son posibles si estos trabajadores son más productivos y, b) se observan las mismas correlaciones entre ingresos, productividad y educación.

Los sostenedores del análisis costo-beneficio en general y particularmente aquellos que ven en las políticas educativas un instrumento eficaz para mejorar la distribución del ingreso, encuentran en la evidencia empírica el argumento más poderoso para responder a las críticas provenientes de otras corrientes de pensamiento, entre las que se cuentan el credencialismo y la teoría de los mercados laborales segmentados.

Alrededor de la cuestión del credencialismo, Husén (1981) ve uno de los principales dilemas a los que se enfrenta el modo tradicional de concebir la igualdad en la educación y de diseñar políticas para lograr la igualdad de oportunidades. Se plantea que la escuela tiene objetivos –o, al menos, ha sido utilizada para fines– incompatibles: por un lado, ha sido usada como instrumento para aumentar la igualdad y, por otra parte, se la ha visto como un sistema de selección, inculcando los valores apropiados para estos arreglos. Así, la consecuencia de una sociedad organizada en torno al principio del mérito *materializado* en mayores niveles de instrucción es que tenderá a acumular diferencias en las oportunidades de los individuos.

El autor sostiene que en el tejido social de los países centrales hay un elemento intrínseco de meritocracia, vinculado a la fuerte demanda por expertos con un entrenamiento avanzado en campos de administración, tecnología, ciencia y comunicación. Los niveles superiores de educación son percibidos como mecanismos para mantener una posición competitiva en el mercado laboral. Éste, por su parte, espera que el sector educativo haga la selección, lo cual deriva en un sistema educativo más competitivo. Con un sistema de reclutamiento de empleo hecho sobre la base de certificados y grados, los más educados tienen más chances de ascender –o, al menos, no caer– en la escala social. Más cercanos geográficamente, la corroboración de estas consideraciones en nuestros países ha llevado a algunos analistas a señalar que la educación ya no constituye un "trampolín" a mejores empleos y, por lo tanto, a mayores niveles de ingreso, sino un "paracaídas" que detiene o aminora su caída en la escala social (Gallart *et al.*, 1993).

II.6. Los ingresos relativos y la productividad

Otra objeción es la que formulan quienes sostienen que los diferenciales en las retribuciones no miden adecuadamente las distintas productividades de los trabajadores, de manera tal que esas brechas no proveen una medida de los beneficios económicos directos de la educación.

La teoría económica postula que si los mercados de trabajo son perfectamente competitivos, los salarios serían iguales al valor del producto marginal del trabajador, los diferenciales salariales medirían en forma precisa los diferenciales de productividad y las retribuciones extras de los trabajadores educados podrían, en consecuencia, ser utilizadas para medir su contribución al producto. El análisis costo-beneficio parte del supuesto de que todo esto se cumple, es decir que, efectivamente, los mercados de trabajo funcionan en competencia perfecta y, consiguientemente, las retribuciones reflejan las productividades relativas de los trabajadores.

Claramente, los mercados de trabajo no funcionan de esta forma ni en los países desarrollados ni en los en desarrollo. En general, se acepta que en estos últimos las distorsiones en los patrones de salarios relativos es aún mayor que en los países centrales debido a un serie de factores entre los que sobresale el hecho de que el sector público es uno de los principales empleadores y las escalas salariales en este ámbito se determinan más sobre una base institucional que sobre las fuerzas del mercado.

En general, los autores que defienden el análisis costo-beneficio de la educación han aceptado esta crítica, aunque consideran que levantar el supuesto de mercados competitivos no implica invalidar los cálculos de rentabilidad. Así, Psacharopoulos y Woodhall (1987) plantean que el tema en discusión no es si los mercados de trabajo son o no perfectamente competitivos, sino que la condición esencial para el análisis de las tasas de rendimiento es que, simplemente, existan algunos elementos de competencia, de forma tal que los salarios relativos puedan ser interpretados como una señal de la oferta y la demanda, aunque no sea perfecta. Sin embargo, tanto éstos como otros autores coinciden en señalar que si hay bases para creer que los diferenciales de ingresos observados no ofrecen señales adecuadas debido a distorsiones serias del mercado laboral entonces, para estimar los beneficios de la educación, se deben utilizar las tasas de salario sombra en lugar de las reales.

Cabe señalar que el precio sombra es el valor estimado de un bien que no tiene precio de mercado. De la misma manera, se utilizan los *salarios sombra* para corregir desviaciones en el mercado laboral. Por ejemplo, suponiendo que un director de un programa recibe un salario anual de $30.000, pero que hay pocas personas que reúnan sus talentos, si se desea medir el costo de utilizar un profesional de esa capacidad en otros sitios, debe tenerse en cuenta el hecho de que la escasez de ese talento puede generar costos más altos al aumentar la demanda de personal altamente calificado.

En una economía en la que se verifican los supuestos de competencia perfecta, estos diferenciales geográficos, de ramas y de ocupaciones ante un mismo nivel de escolarización no deberían estar presentes. En otras palabras, la movilidad de mano de obra y la interactuación entre la oferta y la demanda deberían tender a igualar esos ingresos. Entonces, como ello no se verifica, se estaría corroborando la existencia de factores que distorsionan esos ingresos relativos y que no se deben a diferentes productividades relativas derivadas del diferente nivel de instrucción logrado.

Ahora bien, cabe remarcar que el problema salarios relativos-productividades relativas atañe no sólo a los beneficios sino también a los costos de la educación ya que éstos consisten principalmente en los costos de contratar docentes. Como señala Blaug (1967), "una estructura ilógica de sueldos implica frecuentemente que los costos de la educación son también ilógicos". Así, en caso de que se utilicen precios sombra para la mano de obra capacitada, deberían también aplicarse precios sombra para los docentes antes de calcular la tasa de rentabilidad. Sin embargo, el mismo autor señala que la diferencia entre los costos de los distintos niveles de educación es tan grande que el orden de clasificación que muestren es, en realidad, insensible a una amplia variedad de escalas de éstos.

Esto implicaría que los criterios para las inversiones en educación (naturalmente, nos referimos solamente a los criterios que se desprenden del análisis costo-beneficio) no resultarían con frecuencia afectados por el hecho de que los sueldos para ciertas categorías de trabajadores –por ejemplo, los maestros– sean sustancialmente más o menos elevados de lo que deberían ser. Quizás ésta sea la razón por la cual trabajos más recientes de autores que realizan análisis costo-beneficio de la educación solamente traten la cuestión de la vinculación entre salarios y productividad como un problema que afecta a los beneficios económicos de la educación y omitan la influencia de los costos.

Aunque se han realizado varios intentos para usar tasas de salario sombra a los fines de la estimación de las tasas de rendimiento social de inversiones en educación en países en desarrollo, en general, el análisis costo-beneficio de la educación se ha basado en precios y salarios de mercado. En este sentido, pueden considerarse a los diversos ajustes que se hacen sobre los ingresos –para incluir la probabilidad de desempleo o de la influencia de la inteligencia o cualquier otro factor– como intentos por establecer tasas de salario sombra, ya que tratan de mejorar la confiabilidad de los ingresos como una medida del verdadero valor del producto social marginal del trabajo (Psacharopoulos y Woodhall, 1987).

II.7. La educación como bien de consumo

También están quienes cuestionan que las tasas privadas de retorno carecen de significado porque los individuos no realizan elecciones educativas como si estuvieran tomando decisiones de inversión puramente financieras. En este sentido, el análisis costo-beneficio no considera a la educación como un bien de consumo, así como tampoco el hecho de que la educación pueda reforzar el goce del ocio, ni tampoco los factores culturales que puedan influir en las decisiones de educarse por parte de los individuos. En otras palabras, el análisis tradicional no tiene en cuenta que los individuos también pueden elegir –y de hecho lo hacen– no sólo su nivel de escolarización sino qué tipo instrucción, basados en preferencias y gustos personales. Asimismo, algunos autores consideran que la aversión al riesgo, tampoco tenida en cuenta en el análisis, puede tener influencia en estas decisiones (Weale, 1993).

Los defensores del análisis costo-beneficio, apoyados en una serie de investigaciones empíricas, sostienen que, aun en países de bajo nivel de desarrollo en los que predominan las actividades rurales, las percepciones de los individuos acerca de los beneficios y costos económicos de la educación tienen gran influencia en las decisiones de educarse (Psacharopoulos y Woodhall, 1987). Un segundo argumento de defensa del cálculo de tasas privadas de retorno es aquel que, minimizando la relevancia de si los factores económicos influyen poco o mucho en las decisiones de adquirir educación, afirma que el objetivo central del cálculo de las tasas privadas de rendimiento es medir cuán beneficioso es para el individuo gastar dinero en su propia educación como una vía para aumentar su capacidad de generación de ingresos futura (Woodhall, 1992).

II.8. Los efectos externos

Una contribución que había sido omitida en los estudios originarios sobre el análisis costo-beneficio se centra en que la educación genera beneficios económicos indirectos, o externalidades, así como beneficios no económicos, que no se ven reflejados en los diferenciales de retribuciones. El resultado es una subestimación de los beneficios de la educación.

Con respecto a las externalidades, pueden citarse como ejemplos: el aumento de la productividad de trabajadores con poca educación derivado de trabajar en equipo con trabajadores altamente educados; la influencia de la educación de una generación sobre los logros y la productividad de generaciones venideras; etcétera.

Algunos autores como Weale (1993) y Sturm (1993) subrayan que la no consideración de las externalidades se debe a que la tasa de retorno social de la educación en general se calcula a partir de la tasa privada (deduciéndole impuestos y agregándole subsidios). La mayoría de los estudios se ha centrado en la tasa privada porque ésta es más fácil de obtener a partir de datos sobre retribuciones; sin embargo, para el formulador de políticas educativas es más relevante la tasa social, que debería incluir una estimación de los costos y beneficios sociales que se generan para las personas distintas al individuo educado. Es interesante la observación de Sturm acerca de investigaciones recientes que muestran la importancia de la brecha entre el rendimiento privado y social de la educación y su rol sobre el crecimiento económico. De acuerdo con estas investigaciones, por ejemplo, las economías con una alta proporción de estudiantes de ingeniería crecerían más rápidamente que aquellas con una alta proporción de abogados. Sin embargo, al centrar su atención en la rentabilidad media privada de la educación, aspectos como éste se pierden de vista en los análisis convencionales.

Sobre la base de que la tasa de retorno social en el enfoque tradicional está mal formulada, críticos como Sturm consideran que sus hallazgos constituyen una escasa guía para los *hacedores* de política. Este autor propone, directamente, abandonar el marco teórico del capital humano y considera que deberían profundizarse otras hipótesis considerando que la literatura menos ortodoxa sobre la historia del desarrollo económico y la economía del cambio tecnológico pueden constituir un nuevo vehículo para analizar el rol de la educación y la capacitación.

Otros autores, aunque sin rechazar de plano el análisis costo-beneficio, consideran que la evaluación del nivel apropiado de inversión pública en educación requiere un análisis de todos los beneficios y costos derivados de ella, incluyendo los efectos no económicos o extra-mercado. Entre éstos sobresalen (Wolfe y Zuvekas, 1995): a) una relación positiva entre la educación de un individuo y su estado de salud, b) una asociación positiva entre la escolarización y el estado de salud de la familia de la persona educada, c) una vinculación positiva entre la escolarización de un individuo y la escolarización recibida por los hijos del individuo educado, d) la escolarización contribuye a la eficiencia en la adopción de elecciones, tales como las de consumo y, e) la escolarización influiría en las elecciones vinculadas con la fertilidad.

Más allá de estos beneficios de la educación, que afectan en particular a la persona educada y a su familia, hay amplias ganancias para la sociedad que tampoco se tienen en cuenta en los análisis tradicionales. Entre éstas las principales parecen ser la cohesión social y la reducción del crimen, pero también se mencionan la probable influencia de la educación sobre la caridad, sobre los ahorros y sobre el uso de nuevas tecnologías.

Es interesante señalar que en el trabajo mencionado los autores presentan un listado de dieciocho beneficios de la escolarización entre los cuales sólo dos se ven reflejados en las mediciones tradicionales: la mayor productividad (medida a través de los diferenciales de salarios de mercado) y, eventualmente, las remuneraciones no salariales (a partir de algunas investigaciones sobre las condiciones laborales según nivel educativo).

Los autores señalan que, en orden de extender esta serie de beneficios a una guía para las decisiones del sector público sobre la asignación de recursos en la educación, sería de gran utilidad lograr darle un valor a ese conjunto completo y proponen como procedimiento posible uno desarrollado hacia mediados de los años ochenta por Haveman y Wolfe, a partir del cual se había concluido tentativamente que una estimación conservadora del valor de las influencias distintas a las del mercado laboral es de la misma magnitud que las estimaciones de los efectos de un año adicional de escolarización basadas en las retribuciones. En otras palabras, los cálculos tradicionales de tasa de retorno estarían subestimando notablemente el valor de la educación.

¿Cuál es la respuesta que los defensores del análisis tradicional de costo-beneficio ofrecen a estas observaciones? En realidad, es posible observar un amplio rango: desde el rechazo total a la aceptación moderada. En un extremo, Blaug muestra una total desconsideración por los efectos no económicos como una guía necesaria para la planificación y la asignación de recursos en la educación (Blaug, 1967). Por su parte, Becker, adelantándose a las críticas que surgieron con posterioridad a sus primeros trabajos sobre el tema, reconoce que los efectos no económicos de la educación pueden ser tanto o más importantes que los económicos, sólo que su propio trabajo se centra en estos últimos (Becker, 1975). En estudios más recientes, se reconoce que estos efectos, así como las externalidades, son importantes y que las tasas sociales de retorno calculadas a partir de datos de ingresos representan subestimaciones del retorno de la educación (Psacharopoulos y Woodhall, 1987; Woodhall, 1992; Psacharopoulos, 1994).

En esta línea, se ha señalado que puede no haber necesidad de estimar una tasa de retorno para justificar la inversión en educación básica, ya que se da por sentado que la alfabetización de la población es un objetivo que tiene méritos propios por una variedad de razones más allá de las consideraciones económicas. Sin embargo, al mismo tiempo se afirma que a medida que se asciende en los niveles educativos y la escolarización se torna más especializada, es imperativo estimar costos y beneficios de las inversiones (Psacharopoulos, 1994).

Por otra parte, desde este mismo enfoque se señala que la subestimación es importante cuando el objetivo es comparar el rendimiento de la educación con otras formas de inversión social, pero cuando el propósito del análisis costo-beneficio es comparar la rentabilidad de dos formas de educación distintas el problema es menor. El argumento es que mientras que se acepta en general que la educación genera beneficios externos es menos obvio que, por ejemplo, la educación universitaria genere más externalidades positivas en relación con las generadas por la educación primaria. De todos modos, cualquiera sea el propósito del análisis, consideran útil y necesario calcular en primer término los beneficios económicos directos de la educación (Woodhall, 1992).

II.9. Tasas de retorno y calidad de la educación

El análisis costo-beneficio no tiene en cuenta la calidad de la educación, lo cual puede conducir a una sobrestimación de su tasa de retorno. La calidad de la educación es una cuestión a la que tradicionalmente este tipo de análisis ha prestado poca atención. A partir de una serie de estudios llevados a cabo en las décadas de los sesenta y setenta, que encontraron poca o ninguna asociación entre la calidad de las escuelas y los logros de los estudiantes, se ha argumentado que los aumentos en el financiamiento a la escuela pública tiene pocos beneficios importantes para los estudiantes desde un punto de vista económico.

Sin embargo, esta conclusión contradice dos vertientes de evidencia sobre la calidad educativa (Card y Krueger, 1992): en primer lugar, la existencia de una serie de estudios que han encontrado significativa relación positiva entre calidad educativa y retribuciones y, en segundo lugar, el hecho de que gran parte del incremento en los ingresos relativos negros/blancos durante el siglo pasado en los Estados Unidos se ha atribuido al aumento en la calidad de la enseñanza a los negros.

Card y Krueger (1992) analizaron la relación entre remuneraciones y calidad educativa para cohortes de hombres nacidos entre 1920 y 1949 en los Estados Unidos. Usando muestras disponibles desde el censo 1980, estimaron la tasa de retorno de la educación por lugar de nacimiento y cohorte. Luego relacionaron estas tasas con medidas *proxy* de calidad: la relación alumnos/docentes, salarios relativos de los docentes, duración de la escolarización, etc. Como resultado del trabajo se encontró una variación sustancial en la tasa de rendimiento de la educación entre individuos nacidos en diferentes Estados de ese país y en distintas épocas. Las tasas resultaron mayores para los individuos que asistieron a escuelas con menores relaciones alumno-docente y mayor salario relativo de los docentes. También se encontró que los rendimientos en los ingresos de los futuros egresados están ligados a la educación superior de los docentes.

Sumario y conclusiones

1. Sobre la base de la evidencia empírica, algunos autores no dudan en afirmar que la educación es un factor central para el desarrollo y en cuantificar su contribución al mismo (Psacharopoulos y Woodhall, 1987). Mientras tanto, algunos más cautelosos señalan una serie de problemas que presenta el desarrollo de estimaciones precisas sobre la contribución de la educación al crecimiento económico, relacionadas con las dificultades para definir y medir las habilidades y competencias, para calcular el impacto económico de la educación en relación con otros factores condicionantes y también para estimar el propio desempeño económico (OCDE, 1996; Patrinos, 1996).

Otros autores (de Ibarrola, 1996), aunque consideran que la educación es una condición necesaria para el desarrollo económico, hacen hincapié en el hecho de que una mejora en la educación no aumentará automáticamente el crecimiento económico como si se tratara de una variable independiente y lineal del desarrollo; por el contrario, la relación entre ambas variables se percibe como conflictiva en el tiempo y en el espacio. Esto sería especialmente válido para países como los de América Latina, marcados por una desigualdad extrema en lo económico y en lo social y en los que la expansión educativa (aumentos en la matriculación) no ha mostrado una asociación positiva con el desarrollo económico.

La expansión de las últimas décadas en la educación, que ocurrió sobre todo en los niveles medio y universitario, se debió a la conjugación de factores de demanda y oferta educativa. Por un lado, las mejoras en el estándar de vida de la población derivaron en una mayor demanda por educación; por otro, se implementaron políticas tendientes a remover las barreras de tipo económico para el acceso a la educación secundaria y superior y a aumentar la duración de la escolarización básica.

Algunos autores señalaban, como fundamento de estas políticas, la creencia de que más educación y en especial la igualdad de acceso a la educación secundaria y superior, provocarían una igualación en la distribución del ingreso personal (Blaug, 1981), todo en el marco de un período de euforia liberal signado por la búsqueda de igualdad de oportunidades. A su vez, el sustento de esta visión optimista –que identificaba a la educación como el principal instrumento para el progreso social y la prosperidad– habría sido la nueva sociología de la educación junto con la teoría del capital humano que, como se ha visto, considera a la educación como una inversión rentable tanto para el individuo como para la sociedad.

Durante los años sesenta, en el punto más alto de la expansión educativa y del optimismo acerca de su impacto sobre la equidad en general, comenzó la crítica y el replanteo de la cuestión tanto desde la derecha como desde la izquierda. Así, autores enrolados en una u otra corriente llamaron la atención acerca de la relativamente constante distribución del ingreso pese a la explosión educativa y llegaron a la conclusión de que la educación es un factor marginal a la hora de explicar la generación de ingresos (sean o no en forma de retribuciones).

Por un lado, desde la corriente conservadora comenzó a sostenerse que no se habían tenido en cuenta debidamente en el análisis las realidades socio-biológicas, y que el sistema educativo no está para brindar igualdad sino, muy por el contrario, para crear distinciones.

Los *radicals* (véase, por ejemplo, Bowles y Gintis, 1975), por su parte, señalaron que, en su país, las políticas destinadas a lograr un mejor equilibrio entre estratos sociales no dieron los resultados esperados. Se cuestionó el poder del sistema educativo como mecanismo igualador; además, se mostró menos válido de lo que parecía el supuesto de que la igualdad de oportunidades en la educación derivaba en igualdad de oportunidades en la vida.

Otros marxistas (Finkel, 1988), lejos de las consideraciones sobre el mayor o menor impacto de la educación en la generación de ingresos, han venido sosteniendo que el sistema educativo en la sociedad capitalista sirve a los intereses de la clase dominante y reproduce las diferencias de clases existentes. Vinculado a esta postura, se sugiere desde este enfoque una explicación muy distinta de la teoría dominante acerca de las causas de la expansión educativa: de acuerdo con esta visión, la expansión de la matrícula (desde el punto de vista cuantitativo) y el paralelo surgimiento de la Economía de la Educación (como construcción ideológica), evidencian la inoperancia de la economía clásica para solucionar la crisis del desempleo crónico.

Este cambio en las percepciones acerca del impacto de la educación se vio reflejado, también, en la postura de algunos organismos internacionales. En este sentido, informes de la OCDE publicados hacia mediados de los años sesenta alertaban que las oportunidades relativas (entre razas, sexo, regiones geográficas de residencia, etc.) no se vieron modificadas con la educación, pese a la expansión y mejora en términos absolutos. Asimismo, se sostenía que las reformas educativas debían ser acompañadas por otras en las dimensiones sociales, laborales, económicas, fiscales, etcétera.

Aun teniendo en cuenta las observaciones anteriores acerca de las dificultades de medición del impacto de la educación en el crecimiento, de la ausencia de una relación de causalidad lineal educación-crecimiento y también de la necesidad de considerar la realidad socioeconómica de cada país en el momento de diseñar e implementar políticas educativas, en general se reconoce la contribución de las distintas categorías de estudios para esclarecer los vínculos entre la educación, las posibilidades de mejorar las condiciones de inserción de las personas en el mercado laboral, sus capacidades para generar ingresos, el desarrollo de las empresas y el desempeño económico general de los países.

2. A partir de los análisis que se han hecho de la relación entre el crecimiento de la cobertura y la igualdad pueden

identificarse una visión pesimista y una optimista. La primera interpreta que la evidencia disponible –el crecimiento educativo no necesariamente conduce a mayor igualdad– prueba que los esfuerzos educativos han sido en vano. Aún más, algunos señalan que hay un límite a la disminución de la desigualdad en el acceso a niveles de educación superior, por distintas razones, entre las que se encuentran las barreras socioeconómicas.

Por su parte, los *optimistas* consideran que evidencia tal como el aumento en el acceso a la educación (especialmente a nivel primario) prueba que las desigualdades pueden reducirse si las políticas educativas están orientadas a ese efecto.

Dentro de este segundo grupo podemos ubicar a Mark Blaug quien –con ciertos reparos– sostiene que es posible mejorar la distribución del ingreso mediante políticas específicas diseñadas para alterar el patrón de acceso a niveles de educación superior o el patrón de financiamiento de aquellos que acceden a la misma.

El autor, en el marco de la teoría del capital humano y del análisis costo-beneficio, basa su postura en evidencia empírica sobre la relación entre cantidad de escolarización y remuneraciones. La tasa de retorno de la educación es, en este contexto, el nexo principal entre la distribución de la escolarización en la fuerza de trabajo y la distribución de las remuneraciones provenientes del empleo.

En cuanto a los reparos de Blaug, a los que nos referíamos, se vinculan con las diversas complejidades que presenta la predicción de los efectos de las políticas educativas sobre la distribución del ingreso:

En primer lugar, cualquier cambio en la matrícula en los sucesivos niveles educativos derivará en una igualación en la distribución de las remuneraciones si y sólo si no se modifica la tasa de retorno privada de los sucesivos niveles educativos.

A su vez, todo esto dependerá de la medida en que la educación sea un factor de importancia en la generación de ingresos. Cabe recordar que en el análisis costo-beneficio las tasas de retorno se estiman a partir de una "función de ingresos", esto es, sobre la base de información de las retribuciones sobre la escolarización, manteniendo constantes factores tales como entorno familiar, edad, experiencia laboral, habilidad innata, etc. Estas funciones de ingreso presentan diversos problemas de interpretación, entre los que sobresale el referido a la medición satisfactoria de variables críticas tales como el entorno familiar o las habilidades naturales de los individuos. Otros problemas se vinculan a la identificación apropiada en términos econométricos de las funciones de ingresos y a la posibilidad de que los datos de corte transversal utilizados, casi siempre ante la falta de información longitudinal, sean inconducentes.

Por último, una mejora en la distribución de las remuneraciones no necesariamente implica una mejora en la distribución del ingreso. En virtud de esto, cualquiera sea la conclusión acerca de las funciones de ingresos y del efecto "puro" de la escolarización sobre las retribuciones, el hecho es que las políticas educativas en los países en desarrollo pueden afectar en forma directa sólo una parte del total de la distribución de ingresos personales.

En virtud de estas complicaciones en torno a la estimación de los efectos de las políticas educativas sobre la distribución del ingreso, Blaug propone ser muy cautelosos en predecir que un patrón particular de expansión educativa en un país –especialmente los de más bajos ingresos– necesariamente alterará la distribución del ingreso total en ese país en una dirección determinada. Sin embargo, en su visión esto no implica que los efectos de estas políticas carezcan de importancia, o que haya que descartar las aspiraciones igualitarias de quienes diseñan e implementan estas reformas educativas.

3. Entonces, como vimos, al optimismo inicial de la primera generación, le sucedió una serie de análisis que comenzaron a relativizar y a tomar con cautela muchos de los hallazgos originarios. Prácticamente todos los estudios que han calculado la tasa de retorno para distintos países, no han encontrado sino un coeficiente positivo sobre la variable *cantidad de escolarización*. En otras palabras, la asociación escolarización-ingresos no es espúria. Pero también, la mayoría de los estudios ha encontrado que ese coeficiente es positivo pero pequeño, lo que conduce a la consideración de que el crecimiento de la escolarización como tal no es una herramienta poderosa para igualar la distribución del ingreso, en particular cuando se la compara con políticas de impuestos y gastos o con intervenciones directas en el mercado laboral vía políticas de ingresos.

El hecho de no descartarla como instrumento igualador se debería a dos cuestiones: por un lado, en los países en donde se han llevado a la práctica políticas destinadas a mejorar la distribución de la instrucción (por ejemplo, a través del aumento en la cantidad de años de escolarización obligatoria), el resultado fue una disminución en la desigualdad de las remuneraciones (reflejada en una disminución de su varianza); por otra parte, en general, este tipo de instrumentos son más aceptables políticamente que otros más poderosos. (Blaug, 1981.)

Como se señaló al comienzo, a la luz de las investigaciones de los años setenta y ochenta, resulta difícil pensar que las realizadas en la etapa fundacional pertenezcan al mismo corpus teórico. No obstante, elementos de la primera generación aún subsisten y se continúan realizando numerosos estudios en esa misma línea conceptual. Ello no constituiría ningún tipo de problema a no ser porque contribuyen a fijar en el imaginario social la idea de que la educación es el remedio a los males de nuestra época. Y esto tampoco sería un inconveniente si no fuera porque ello no es así... al menos en forma tan contundente y definitiva.

Ahora bien, si la evidencia empírica muestra que: a) no necesariamente más instrucción implica una mayor productividad, b) no siempre más educación mejora los ingresos de las personas, c) de una mayor escolarización no deriva una mejora en la distribución del ingreso, d) a una planificación adecuada no le sigue unívocamente una ampliación en las oportunidades de empleo, e) el mercado laboral discrimina estadísticamente a las mujeres de los hombres a pesar de tener iguales niveles de escolarización, e) las elecciones educacionales también se basan en las preferencias y gustos individuales, h) los factores socioeconómicos son gravitantes en la determinación de la cantidad de escolarización de la gente, i) no sólo la educación es la que incide en el futuro laboral sino la existencia de mercados de trabajo segmentados, etc., ¿qué es lo que se puede decir respecto del vínculo entre educación y economía?

Por el momento, aun cuando debería parecer más obvio que decepcionante después de cuarenta años de investigaciones en este campo, quizás lo único que se pueda afirmar es que no "basta sólo con educación" (Levin y Kelley, 1994). Como cautamente señalan estos autores, lo más probable es que la educación sea potencialmente eficaz en los méritos que se le atribuyen siempre y cuando el marco económico-social, o lo que ellos denominan factores complementarios, sea *apropiado* y acompañe las acciones que se realizan en esta materia.

Es profusa la literatura sobre la influencia de los denominados factores exógenos en el aprendizaje de los niños. También es abundante, como hemos visto, la bibliografía que vincula a la educación con la economía pero desde una perspectiva macro-analítica. Pero son casi inexistentes –y más en nuestro medio– los estudios sobre el entorno y los condicionantes que necesariamente deben estar presentes (y que seguramente lo están en aquellos países, regiones, sectores, etc., donde las *economías basadas en el conocimiento* son exitosas), para que el esfuerzo en la inversión educativa se materialice en los resultados que de ella se esperan. Curiosamente, se espera que la educación influya positivamente sobre la distribución del ingreso cuando todos los indicios estarían señalando que, precisamente, hasta que no se resuelvan los problemas de la distribución del ingreso, difícilmente se solucionen el fracaso y las falencias educativas.

Vista desde una perspectiva negativa, se identifica a la falta de educación como la causa última del subdesarrollo y la pobreza. Muy probablemente ello sea así; lo que no significa que el razonamiento inverso se verifique; es decir, que sea la educación –por sí misma– la que conduzca al crecimiento y el desarrollo económico. Por eso, abandonada a su suerte y anómica, podrá ser una condición necesaria, pero nunca suficiente.

Capítulo 2
La asignación de recursos en educación

Si se repara en los analistas que participaron de la controversia desatada por la teoría del capital humano, se puede observar que las posiciones y recomendaciones que se desprenden de ellas resultan tan intrincadas que la división maniquea realizada en el capítulo anterior entre optimistas y pesimistas, sólo puede revestir un interés didáctico. En el extremo, los corolarios de las posturas de los primeros se refieren, en esencia, a la necesidad de incrementar la inversión en educación. Por su parte, también en el vértice opuesto, las hipótesis contrarias estarían mostrando la futilidad de los esfuerzos realizados durante las últimas décadas para aumentar la cobertura escolar.

Lo paradójico es que los promotores y defensores de la teoría del capital humano se encuentran entre los más destacados economistas neoclásicos y, por lo tanto, favorables al libre mercado. Entre sus principales críticos, en cambio, aun cuando también cuentan con importantes economistas neoclásicos, se pueden hallar economistas y sociólogos más cerca de posiciones radicales e institucionalistas de los Estados Unidos.

Naturalmente, los principales exponentes de estas últimas no se oponen al aumento del gasto educativo ni a la igualdad de oportunidades. Sus críticas y análisis se orientan, más bien, al funcionamiento del mercado –en particular, el de trabajo– y a las dificultades de mejorar la distribución del ingreso. Que la educación esté presente en sus estudios es inevitable en la medida que tradicionalmente se la visualizó como una de las principales fuentes catalizadoras del crecimiento y la movilidad social.

En lo que respecta a los teóricos del capital humano, sus preocupaciones se centran en que si las premisas y conclusiones de sus hallazgos no son válidos, entonces buena parte del edificio neoclásico se derrumbaría. No obstante, si bien han sido permeables a las críticas y, en algunos casos, como en el de la hipótesis de filtro, relativizaron algunas de sus premisas, sus preocupaciones se orientaron hacia otros horizontes. En efecto, si la educación tenía tal influencia sobre la economía y su provisión es básicamente estatal, de lo que se trataba era (y sigue siendo) de garantizar el mejor aprovechamiento de los recursos que se destinaban al sector. En este sentido, podría afirmarse que, prácticamente desde sus orígenes, la Economía de la Educación es una disciplina cuyos corolarios y práctica se vinculan, esencialmente, a la asignación de recursos en el sector. De una forma u otra, las estimaciones de las tasas de retorno, los estudios de las funciones de producción, los análisis y sugerencias de introducción de mecanismos de mercado y los menos ambiciosos diagnósticos y estudios descriptivos sobre el gasto educativo, tienen como común denominador la mejora de la distribución de los recursos destinados a la educación.

En tal sentido, para el paradigma teórico dominante la elección entre las diferentes formas de invertir los recursos es un problema económico básico que enfrentan tanto los individuos como los gobiernos. La elección entre diferentes alternativas depende, en buena medida, de la evaluación de los costos y de los beneficios asociados a la inversión en cuestión.

Se considera que una inversión usa los recursos de una manera lucrativa para el individuo o para la sociedad cuando los beneficios esperados superan los costos. Así, al escoger entre inversiones alternativas, los individuos o los gobiernos tratan de evaluar tanto los costos como los beneficios e identifican las inversiones con las que se logrará el mayor provecho posible en relación con los costos.

En los diferentes sistemas educativos –y de manera especial en los países latinoamericanos, con sus críticos problemas de presupuestos limitados– establecer prioridades para la inversión resulta una cuestión crucial. Existe una enorme variedad de técnicas o métodos para orientar la asignación de recursos en el sector. Los distintos enfoques comprenden aspectos tanto a nivel macroeconómico (para la educación en general) como microeconómico (planeamiento en pequeña escala, basado en unidades más pequeñas).

Este capítulo presenta sintéticamente algunos de los principales enfoques sugeridos en las últimas décadas para potenciar los escasos recursos que se destinan a la educación. El denominador común de todos ellos es que corresponden a criterios de asignación en un contexto estatal de prestación del servicio educativo. Cabe señalar que, como cualquier análisis económico (se refiera o no a la educación), ninguno de los que aquí se incluyen se desarrolló independientemente del contexto histórico y social en que tuvieron lugar los distintos estudios y propuestas. Aún más, ante el fracaso de su puesta en práctica o a partir de los corolarios de algunas de las investigaciones a que se hará referencia más adelante, se han ido presentando diferentes propuestas de asignación de recursos a lo largo del tiempo. Esto explica, en parte, la variedad de criterios existentes para distribuir esos recursos. En el extremo, más recientemente, ha habido un largo debate sobre el abandono del rol del Estado en la prestación del servicio y su sustitución por una asignación de recursos bajo reglas de juego de mercado.

Dada la importancia que ha tenido esa discusión a nivel internacional en los últimos lustros, más adelante se le dedica parte del séptimo capítulo a su análisis. Mientras tanto, en éste, se describen algunos de los métodos señalados. En la primera sección, se exponen los cuatro enfoques que han tenido mayor difusión durante el apogeo de la planificación educativa. En la segunda parte se repasan los estudios sobre las funciones de producción y se discuten algunos de sus controvertidos corolarios.

I. La planificación educativa

Si bien la planificación educativa es casi tan antigua como la educación estatal, la Segunda Guerra Mundial cambió radicalmente sus objetivos. La explosión de la demanda por educación posterior a la guerra, el nuevo interés en el planeamiento económico centralizado y la obsesión por las tasas de crecimiento se combinaron para promover una nueva actitud hacia la administración de la educación. La planificación de la educación para promover objetivos económicos se convirtió en parte de la planificación económica.

A los efectos de asignar recursos al sector, a la planificación o, en el lenguaje más reciente, la programación educativa se le suelen asociar cuatro enfoques diferentes: a) el fundamentado en los requerimientos de mano de obra, b) el derivado de la demanda social por educación, c) el sustentado en la tasa de retorno de la educación y, d) el análisis de costo-efectividad. El primero y el tercero se basan en concepciones teóricas sobre el funcionamiento de la sociedad y la economía. El segundo, en cambio, no puede asociarse a una teoría en particular; más bien, se trata de una cuestión fáctica sobre la que los gobiernos deben operar. En cuanto al cuarto, surgió frente a la insatisfacción y/o imposibilidad de asignar valores monetarios a los resultados educativos. Veamos cada uno de ellos:

I.1. Los requerimientos de mano de obra

Éste fue el modelo más habitual en la primera etapa del desarrollo de la planificación educativa y fue ampliamente utilizado hasta fines de la década del sesenta por la OCDE que la aplicó inicialmente al diseño de los planes educativos de seis países (Grecia, Italia, España, Portugal Turquía y Yugoeslavia), en el marco del Proyecto Regional Mediterráneo.

La creencia básica que sirve de fundamento a este modelo es que la mano de obra capacitada es un insumo crucial en una economía moderna. Así, para fomentar el crecimiento económico y para evitar situaciones críticas de escasez o de abundancia de recursos humanos, los planificadores han tratado de obtener una identificación de los requerimientos futuros de recursos humanos para diseñar los sistemas educativos de forma tal que se pueda producir una fuerza de trabajo con el conocimiento técnico o profesional necesario. Por otra parte, la justificación de este modelo es el tiempo que normalmente se requiere para producir personas profesionalmente capacitadas.

Una forma común de este modelo es efectuar la proyección de las necesidades de mano de obra y capacitación para períodos que oscilan entre cinco y veinte años. Las proyecciones se basan, por lo general, en: a) estimaciones de los empleadores sobre futuras necesidades; b) comparaciones internacionales sobre estructuras educativas y mano de obra en países en diferentes etapas de desarrollo; c) relación entre mano de obra y población y; d) extrapolación de relaciones de insumo-producto.

Esta última es la técnica más ampliamente utilizada. El análisis tiene tres etapas. En primer término se hace una proyección de los resultados del sector en cuestión –por ejemplo, kw por hora o toneladas de carbón– para el período de planificación de la mano de obra. Luego, se aplica un coeficiente –por ejemplo, un ingeniero cada 10.000 unidades producidas– al aumento absoluto de la producción para llegar a la estimación de los requerimientos laborales. Finalmente, se trasladan esos requerimientos a las necesidades educativas.

La idea de que cierto nivel de mano de obra capacitada es necesario para lograr un nivel particular de producción o un objetivo económico descansa en otros dos supuestos: una relación fija entre el insumo de la mano de obra y el nivel de producción, y una relación fija entre las calificaciones educativas de los trabajadores y su productividad. Además, los defensores de esta aproximación no creían que los precios relativos pudieran ser una guía confiable para decidir sobre inversiones futuras y preferían utilizar proyecciones sobre el número de empleados.

De esta premisa partió el debate entre detractores y defensores de las estimaciones de requerimientos de recursos humanos, que gira en torno del mercado de trabajo y de su flexibilidad. Si, como se supone en las estimaciones, hay relaciones fijas entre los insumos de las diferentes categorías de recursos humanos y la producción y si hay una relación estrecha entre las calificaciones educativas y la estructura ocupacional, entonces la demanda futura por recursos humanos se puede predecir sobre la base de una distribución educativa y ocupacional existente y los objetivos de producción o crecimiento económico supuestos. Obviamente, este modelo descree del juego libre de oferta y demanda que supuestamente equilibraría en forma automática el mercado laboral.

Quienes se opusieron teóricamente a este enfoque, contraargumentaron señalando que: a) si hay un alto grado de sustituibilidad entre los insumos de modo que se pueda lograr el mismo nivel de producción utilizando diferentes combinaciones de recursos y, b) si los empleadores pueden elegir entre contratar trabajadores altamente capacitados o proveer capacitación en el trabajo a los menos educados, entonces es menos necesario y más difícil hacer estimaciones a largo plazo.

Otro argumento en contra de esta concepción del planeamiento se basa en su postulado de vincular definitivamente un trabajo con la calificación educativa. En este sentido, Blaug (1970) sugiere que existen tres posibles relaciones entre educación y ocupación:

a) Existe un mínimo de calificación educativa para cada ocupación, por debajo de la cual la tarea no puede realizarse, pero sobre la cual las calificaciones adicionales no tienen valor económico;

b) El desempeño de los trabajadores mejora con sus calificaciones educativas, gradualmente al principio, con una tasa veloz de crecimiento hasta cierto nivel, a partir del cual declina nuevamente;

c) La productividad de los trabajadores aumenta con sus calificaciones en forma constante, a una tasa creciente al comienzo y decreciente luego, pero nunca desciende del nivel alcanzado.

Si el mundo real está correctamente representado por las posibilidades a) o b), tiene sentido hablar de un mínimo de calificación educativa requerida para un determinado trabajo. Pero si la posibilidad c) es la que representa al mundo real, la cantidad óptima de educación para una ocupación depende de las ganancias asociadas con educación adicional: un trabajador con 16 años de escolaridad puede ser dos veces más productivo que uno con 12, pero si le cuesta al empleador tres veces más caro, la cantidad óptima de educación requerida para el trabajo es 12 años.

Por otra parte, el enfoque del requerimiento de mano de obra parece concebir los beneficios económicos de la educación como una cuestión que permite acelerar el crecimiento proveyendo de la mano de obra indispensable con calificaciones particulares. Los costos de producir esta mano de obra educada no influyen en los resultados de estas proyecciones, presumiblemente sobre la base de que el crecimiento excederá los costos. Por eso, no sólo se ignoran los costos sino también los salarios de las personas educadas. Pero si éstos fueran superiores al rendimiento que se obtiene con la mayor instrucción, entonces la proyección y las recomendaciones que derivan de ella podrán tener sentido técnicamente, pero no tendrán sustento económicamente. Además, el enfoque tendría sentido si de hecho no hubiera sustitución posible para determinadas capacidades y si esas capacidades sólo pudieran ser producidas de una manera única y dentro de las escuelas, pero no hay forma de probar esta premisa. Las demoledoras críticas que recibió este enfoque –sobre todo entre los propios economistas neoclásicos– a las que se le sumó la constatación del fracaso de las prácticas planificadoras de largo plazo, hicieron que el enfoque del planeamiento educativo basado en los requerimientos de mano de obra cayera en desuso hace ya varios lustros. En la actualidad, sobre todo en un mundo aceleradamente cambiante en el plano productivo y tecnológico, esta modalidad no se aplica en ningún país.

I.2. La demanda social

El enfoque de la demanda social se basa en la idea de calcular los requerimientos o la demanda de vacantes por parte de los alumnos en los diferentes niveles de la educación. A diferencia del requerimiento de mano de obra, la demanda social intenta incidir en la oferta de mano de obra educada, al margen de la demanda. El objetivo es proyectar la demanda privada de educación de modo tal que el sistema y las instituciones se adapten a la demanda esperada.

Este tipo de proyecciones pueden resultar útiles para planificar las necesidades de formación de docentes, equipamiento, edificios, etc., así como para que la industria conozca el potencial de mano de obra disponible.

Desde la perspectiva del vínculo entre la educación y el mercado de trabajo, la crítica más importante que se ha realizado a este método es, precisamente, el hecho de descartar en el análisis la disponibilidad de puestos de trabajo. En tal sentido, en economías con mercados laborales poco flexibles, la producción en exceso de mano de obra capacitada puede conducir, a la larga, al desempleo.

No obstante, el principal problema de este enfoque es que depende no sólo de factores demográficos, sino también de factores socioeconómicos y acciones directas de los gobiernos tales como políticas de ingresos, ayudas económicas a población carenciada, lugar y tipo de las instituciones educativas, etcétera.

En general, estas proyecciones se hacen sobre la base del análisis de las tendencias. Por ejemplo, la tasa de cobertura de una cohorte dada de población se proyecta para el futuro sobre la base de la tendencia en el pasado. No se suele utilizar un modelo causal (en el que se combinan varios factores para explicar la demanda) dada la escasez o ausencia de los datos necesarios. Por ejemplo, para calcular la tasa de matriculación para determinada cantidad de años, en rigor sería necesario, en primer lugar, proyectar los niveles de las variables explicativas tales como el ingreso familiar, educación y ocupación de los padres, tasas de desempleo, costos, etc., para una cantidad de años dada hacia el futuro.

Estos factores –más allá del problema de la disponibilidad de la información– suelen no tenerse en cuenta. Por eso, los modelos de proyecciones de matrícula devienen en simples cálculos mecánicos en los que a partir de la escolarización actual y las proyecciones sobre el crecimiento vegetativo de la población, se proponen una serie de metas sobre cobertura futura y una evolución estimada (en realidad, deseada) de tasas de repitencia y desgranamiento. Sobre la base de esos cálculos se prevé la cantidad de recursos que serán necesarios para adecuar la oferta (estatal) a esas mayores necesidades.

En la actualidad esas proyecciones continúan realizándose, sobre todo en los países en desarrollo. Sin embargo, comparten algunos de los problemas que se comentaban para el enfoque de la demanda de mano de obra: son de tan largo plazo y omiten tantas cuestiones de contexto socioeconómico, cultural y político que sus metas no sólo no se cumplen sino que, la mayor parte de las veces, ni siquiera se utilizan para la formulación de las políticas. Quizás esos estudios, junto a sus complementarios sobre mapa escolar, para lo único que han sido utilizados es para la autocomplacencia de quienes las realizan y "para no elegir el emplazamiento de una escuela en el lado incorrecto de un río infranqueable" (Klees, 1996).

Más pragmáticamente, sobre todo en países de menor desarrollo, quienes participan en la administración de los sistemas educativos, estiman las necesidades de recursos en función de requerimientos de corto plazo –uno, dos o tres años, a lo sumo– por diversos motivos entre los que se encuentran la dificultad de garantizar la continuidad de las políticas y, lo que no es una cuestión menor, la escasez casi permanente de recursos que condiciona cualquier planificación de largo plazo.

Pero no debemos ser tan escépticos sobre el empleo de las herramientas que se desarrollaron en la época de oro de la planificación educativa: como no pocos de los instrumentos generados décadas atrás, los análisis de demanda pueden adecuarse a las necesidades actuales y, desde esa perspectiva, constituyen un elemento complementario para los análisis de corto plazo sobre los requerimientos de la oferta y los cálculos de costos de las políticas públicas en educación (volveremos sobre este punto en el siguiente capítulo).

I.3. Tasa de rendimiento - Análisis costo-beneficio

El tercer método de planificación educativa es el análisis costo-beneficio. Su enfoque se basa en que el objetivo central de la planificación es maximizar la tasa de retorno de los recursos destinados a la educación o, expresado de otro modo, producir el resultado educativo elegido al más bajo costo posible.

La tasa de retorno se calcula sobre datos de ingresos y costos directos de la educación. Cuando es necesario, se pueden incorporar al cálculo los efectos del desempleo. Como el Pierre Mernard de Borges, se trata de la misma relación que ha sido analizada en el capítulo anterior, pero su interpretación aquí es otra. El rendimiento de la inversión educativa descubierto en los años sesenta interesaba a los efectos de sustentar un nuevo corpus teórico. En este caso, ese mismo indicador fue propuesto para orientar la asignación de recursos en educación.

En general, la utilización de la tasa de retorno como herramienta del planeamiento implicaría calcular para cada programa o nivel (cuando los datos están disponibles) el valor presente o actual neto de los ingresos futuros. Los programas que presenten valores presentes netos positivos, deberían ser estimulados; los que presenten valor cero o negativo deberían recibir menos recursos en proporción al gasto total en educación. Esta política aplicada en forma continua conduciría al resultado final en el cual el valor presente neto de todos los programas de educación, a una determinada tasa de descuento, se aproximaría a cero.

El análisis de costo-beneficio es una técnica por medio de la cual estos factores (costos y beneficios) se pueden comparar sistemáticamente con el propósito de evaluar la ganancia de cualquier inversión propuesta. La técnica del análisis de costo-beneficio se ha desarrollado para hacer esta evaluación tan confiable y comprensible como sea posible. El valor de este esquema de análisis es que no sólo evalúa los costos y beneficios sino también su distribución en el tiempo.

Hay tres métodos básicos para desarrollar el análisis costo-beneficio:

a) Relación costo-beneficio (propiamente dicha): se calcula el valor presente de ambos y se los divide. La relación se expresa como una razón. Si ésta excede la unidad, es una buena inversión desde un punto de vista económico. Por ejemplo, si el valor presente de los beneficios es $3.000 y el valor presente de los costos es $1.000, la razón costo-beneficio es 3.000/1.000=3. El beneficio es tres veces mayor que el costo, por lo tanto, desde el punto de vista económico es una muy buena inversión.

Los valores de beneficios y costos pueden ser calculados en cualquier punto en el tiempo. Si se quiere proyectarlo al futuro, debe asumirse que el dinero invertido hoy en educación podría haberse invertido en otra cosa y, por lo tanto, es necesario tener en cuenta la inversión alternativa. Los estudios de este tipo incluyen por lo general dos, tres o más alternativas de tasa de descuento.

¿Qué significa esto? Dado que tanto los beneficios como los costos se producen en diferentes momentos del tiempo se debe introducir un factor de corrección (tasa de descuento) que refleje la preferencia intertemporal: ello por la sencilla razón de que no es lo mismo disfrutar un beneficio en la actualidad que gozar de él en el futuro. La tasa de interés de los ahorros de una persona en un banco, por ejemplo, constituyen el precio del uso del dinero y reflejan esa tasa de descuento de la persona en cuestión. Si deposita $100 a una tasa de interés anual del 10%, eso implica que disponer de esos $100 iniciales le equivalen a tener $110 dentro de un año.

b) Valor Actual Neto (VAN): este indicador utiliza la misma información que el anterior, pero en lugar de dividir una variable respecto de la otra, se restan. El valor presente neto es la suma de los beneficios presentes menos la suma de los costos presentes. Si da mayor que cero, conviene realizar la inversión.

Como se puede observar, dados dos proyectos cuyos beneficios totales (netos de costos) sean iguales, y a igualdad del resto de condiciones, el efecto de la tasa de descuento (o de interés) hará que el tomador de decisiones se incline por aquel proyecto cuyo beneficio total neto se realice en un tiempo más corto; si ambos proyectos tienen el mismo cronograma, el decisor se inclinará por aquel que realice la mayor parte del beneficio total neto en los primeros períodos.

c) Tasa Interna de Retorno (TIR): es la tasa de interés que equipara el valor presente de los costos con el valor presente de los beneficios esperados. Se llama interna porque surge dentro del propio cálculo (no se estipula "por fuera"). Si la TIR es mayor que la tasa de descuento (cualquier tasa de un proyecto alternativo de inversión del dinero), eso implica que conviene realizar la inversión en educación. Por ejemplo, si una escuela secundaria tiene una tasa interna de retorno del 16% y una inversión alternativa produce el 10% de tasa de retorno, la inversión en educación es 6 puntos más favorable.

Este método se ha utilizado en buena parte de los análisis del costo-beneficio en la educación. Una de las ventajas que tiene sobre los otros dos es que no se necesita involucrar ningún supuesto acerca de la tasa de interés o de descuento que representa la oportunidad del costo del capital en la economía y que, por lo tanto, debe ser utilizada para establecer la rentabilidad de la inversión.

Como en los otros dos métodos, los costos que se tienen en cuenta en este tipo de análisis son los valores de todos los recursos necesarios para implementar el programa, intervención o acción. Cada recurso que se utiliza para producir el resultado que se desea evaluar debe ser identificado e incluido (personal, facilidades, equipamiento y materiales, recursos de otros programas, aportes de quienes recibirán el programa, etc.). Además, el cálculo debe incluir el costo de oportunidad que mide el costo de emplear los recursos de una forma, cuando se deja de lado la posibilidad de utilizarlos de otra manera. Este costo debe ser tenido en cuenta para todos los recursos que se emplean, cualquiera fuera el proceso de que se trate.

El primer tipo de costos –los costos o gastos directos– son los que los contadores registran entre los gastos de las empresas, y están constituidos por los salarios, los pagos por las materias primas, etc., en que se incurren para la producción de un bien o un servicio.

El segundo tipo de costos –costo de oportunidad o costo alternativo– se vincula a la valoración que debe hacerse de los recursos utilizados para esa producción y que no han sido empleados para otro uso.

Así, por ejemplo, en tanto en el proceso educativo, el costo directo estaría constituido por el gasto del estudiante en concepto de pago de cuotas por la enseñanza que recibe, libros y otros útiles, transporte, etc., el costo de oportunidad implica valorar esos recursos en función del beneficio que deja de percibirse por el mejor de los usos alternativos de dichos recursos. En el ejemplo, el costo de oportunidad incorpora la pérdida de ingresos por las horas que los alumnos no pueden dedicar al trabajo. A título ilustrativo, si el estudiante hubiera recibido un salario de $500 en caso de trabajar, el costo de oportunidad será superior al costo o gasto directo por un valor de $500 mensuales. Llevado a un sistema educativo, el costo de oportunidad de invertir en una universidad, puede indicar que el país no podrá proporcionar, por ejemplo, determinada cantidad de cupos en el nivel primario.

Cabe comentar que cuando los padres deciden que sus hijos abandonen sus estudios para trabajar con el objeto de que contribuyan a aumentar los ingresos familiares, lo que están considerando es el costo de oportunidad de educarlos. Esto sustenta, en buena medida, la ayuda económica que los gobiernos proveen a estudiantes de sectores carenciados para que continúen sus estudios.

En otras palabras, se puede sintetizar que el costo de oportunidad que supone la utilización de un conjunto de recursos para producir una unidad del bien X, es el número de unidades del bien Y que se deben sacrificar en el proceso. Éste es uno de los tipos de costos más relevantes para la teoría económica neoclásica y su exclusión de los análisis que se llevan a cabo puede conducir a serios errores de valoración de los costos y, por ende, en la toma de decisiones.

Para darles un valor monetario a los recursos se utilizan, en general, los precios de mercado. Esto tiene dos características atractivas: la disponibilidad de los datos y la simplicidad. Por lo general, existen mercados razonablemente competitivos para la mayoría de los recursos que se utilizan en la educación y, por lo tanto, los precios están fácilmente disponibles.

En los casos en que el mercado para determinado recurso no sea lo suficientemente competitivo –es decir, hay pocos vendedores, o pocos compradores, u otras imperfecciones del mercado– se utilizan, como se señaló en el capítulo anterior, los precios sombra.

Con respecto a los beneficios, el análisis considera los resultados que puedan ser medidos en términos monetarios. En el caso específico de la educación, son los diferenciales de ingresos debidos al nivel de instrucción alcanzado; por ejemplo, la diferencia de remuneraciones entre personas que alcanzaron el nivel secundario completo y aquellas que sólo finalizaron la escuela primaria. El análisis costo-beneficio calcula el aumento en los ingresos de quienes participan de un programa, nivel de educación, etc. Dado que esos ingresos se acumularán por cada año de trabajo, el cálculo de los beneficios se hace a su valor presente.

A partir de la consideración conjunta de los costos y beneficios de la educación, se obtiene su rendimiento. Éste puede ser social o privado y el carácter de tal lo proveerá el tipo de costos que se hubiera utilizado en el análisis. En tal sentido, los beneficios no cuentan para imprimirle esa naturaleza ya que la información estadística que provee los datos para desarrollar los cálculos –el diferencial de ingresos entre niveles educativos– es la misma en ambos casos de rentabilidades.

Los costos sociales es decir, aquellos en que incurre la sociedad como un todo para producir un bien o servicio determinado, no siempre son iguales al que asume el productor (ya sea éste un individuo o una institución) que efectivamente lo produce, es decir, su costo privado. Más aún, en la generalidad de los casos difieren.

En tanto el costo privado resulta más asible puesto que es afrontado por el productor de una mercancía (bien o servicio) durante el proceso productivo en forma directa, el costo social suele ser superior al privado puesto que contempla aquellos costos que indirectamente y en forma no evidente incurre la sociedad para que ese bien sea producido.

El caso típicamente citado para ejemplificar esta diferencia es el de una fábrica de, por ejemplo, acero que vierte desechos a un río: en tanto el costo privado para la producción del acero está compuesto por el alquiler del edificio, los salarios pagados, el gas y energía eléctrica utilizados, el mineral, etc., los costos sociales adicionan a los privados aquellos vinculados a la pérdida de potabilidad del agua (el cual, por ejemplo, podría aproximarse por el costo de instalación y funcionamiento de una planta potabilizadora), la pérdida de las posibilidades del uso recreacional del río (el que podría aproximarse por el costo de la limpieza del mismo), la mortandad de peces, etcétera.

Más directamente, en tanto el costo privado de eliminación de desechos para la fábrica sería el costo del bombeo de los mismos al río, el costo social estaría determinado por el costo del impacto ambiental de tal procedimiento, el cual resultaría claramente mayor.

En el caso de la educación pública, el grueso de los costos es social. Los costos privados podrían incluir la adquisición de libros y materiales de estudio, el pago de aranceles si existieran, etcétera.

De hecho, la divergencia entre los costos privados y sociales tienen lugar si y sólo si la producción de un bien o servicio por parte de una persona o de una organización cualquiera le impone costos a otras organizaciones o personas. En el ejemplo anterior, si la fábrica utilizara el río para descartar los desechos previo tratamiento de los mismos, o si se ocupara de restablecer la calidad del agua que contamina, los costos privados y sociales no diferirían.

I.3.1. Críticas al análisis de la tasa de retorno

Este enfoque ha sido objeto de gran número de objeciones como método general del planeamiento en educación. En primer lugar, como se vio en el primer capítulo, parte del supuesto de que las diferencias de ingresos a favor de las personas calificadas reflejan su productividad superior. En el extremo, si no existiera relación entre los ingresos y la productividad, los cálculos de la tasa de rendimiento no tendrían valor alguno.

Los defensores del análisis de costo-beneficio creen que los mercados laborales son lo suficientemente flexibles como para ajustarse a cambios en los niveles de oferta y demanda. Las señales del mercado laboral –información sobre los niveles salariales con distintos niveles educativos, incidencia del desempleo entre nuevos graduados, etc.- se unen a los datos sobre costos unitarios para decidir las inversiones. No es necesario que los mercados laborales sean perfectamente competitivos, ya que este estado de cosas no existe en ningún lugar, sino simplemente que haya algunos elementos de competencia, de forma tal que los salarios relativos puedan ser interpretados como una señal de la oferta y la demanda, aunque la medida no sea perfecta.

Otra crítica se refiere a que las ganancias son una variable *proxy* de la productividad que no contempla las externalidades (efectos positivos de la educación sobre la salud, producción y consumo, participación en la comunidad, etc.) ni los beneficios del consumo en materia de educación. Cabe señalar que esta crítica también se aplica al enfoque de la planificación según las necesidades de demanda de recursos humanos. El fundamento del argumento contra el planeamiento a través de la tasa de rentabilidad es, precisamente, su visión del mercado laboral que comentamos más arriba y el hecho de que sólo considera los aspectos económicos (esta característica es compartida con el modelo de requerimiento de mano de obra) y no sociales, culturales, etcétera.

Si bien, como señalan los promotores del uso de la tasa de retorno, esta crítica no hace mella a su teoría en la medida que, en última instancia, lo que hacen las externalidades es aumentar el valor social del rendimiento de la educación –es decir, la tasa de retorno usualmente calculada constituye un piso de su verdadero valor– el problema es la determinación de cómo se distribuyen las externalidades entre los niveles educativos (Klees, 1996).

Así, si éstas fueran más acentuadas en niveles superiores de escolarización, pero la tasa de retorno calculada indicara la conveniencia de invertir más en niveles básicos, entonces, la guía para asignar recursos bien podría ser errónea ya que la falta de consideración de las externalidades podría ocultar el hecho de que, en el agregado, fuera más conveniente invertir en niveles de educación superiores.

Por último, se encuentra el problema del empleo de la tasa de retorno como predictor de la rentabilidad educativa: si la oferta y demanda de personal calificado aumenta en el futuro a tasas diferentes que en el presente, las tasas efectivas de rendimiento de la inversión educativa diferirán de las que se han calculado.

En efecto, los perfiles edad-ingresos derivados de datos de corte transversal, que proveen la base para los cálculos de las tasas de retorno, reflejan condiciones de oferta y demanda presentes y pasadas, cuando son la oferta y demanda futura lo que concierne al planificador. De este modo, la tasa de retorno es una herramienta pobre para la programación educativa. En otras palabras, el problema es que la tasa de retorno mide la rentabilidad de niveles pasados de inversión, en términos de la relación presente de oferta y demanda. Así calculada, esa tasa sólo servirá como un estimador de rentabilidad futura sólo si se mantiene constante la actual relación oferta-demanda.

Aún más, el análisis costo-beneficio es un análisis marginal que mide el impacto de un pequeño aumento en la inversión en educación. Esto implica que la tasa de retorno calculada sobre la base de relaciones presentes de oferta y demanda no proveería una buena estimación de la rentabilidad de una inversión de gran escala diseñada para modificar la relación entre la demanda y la oferta de personas educadas. En estas circunstancias, el planificador debería tratar de predecir el patrón futuro de los diferenciales de ingresos a la luz de, por ejemplo, un aumento masivo en la oferta.

No obstante estas consideraciones, para los defensores del análisis costo-beneficio cualquier intento de predecir el futuro será probablemente más provechoso si se tiene una mejor comprensión de las condiciones presentes. Por eso, las estimaciones de tasa de retorno social y privada se consideran de gran utilidad sólo para proveer información sobre el balance actual entre oferta y demanda. Adicionalmente, esta información sería más valiosa si se basara en estimaciones de tendencias de las tasas de retorno a lo largo del tiempo.

Sin embargo, aun así, existen algunos problemas alrededor de la información que proveen las tasas de retorno. En primer lugar, los analistas suelen emplear distintos modelos (no siempre explicitados) que contienen supuestos diferentes que los sustentan y, por lo tanto, los resultados no siempre son comparables.

Además, aun cuando el observador se abstrayera de este escollo, subsistiría una dificultad: el análisis costo-beneficio tiene entre sus objetivos proveer información que permita aportar racionalidad económica a la decisión sobre la macroasignación de recursos entre los distintos niveles de instrucción del sistema educativo. Así, según esta perspectiva, dado que los países de menor desarrollo suelen presentar tasas de retorno más altas en los niveles de educación básica y los de mayor desarrollo tasas más altas que los otros países en los niveles superiores, la inversión debería orientarse en la dirección indicada por esos resultados. El sustento implícito en este tipo de consideraciones es el de las ventajas comparativas ricardianas. Entonces, dada esa estructura relativa de tasas de retorno, los de menor desarrollo deberían dirigir, en mayor medida, su inversión educativa a niveles de instrucción básica pues ello es más rentable en términos relativos que la educación superior que, en la *división internacional de la educación*, favorecería a los de mayor desarrollo.

Corolarios de esta naturaleza quitan legitimidad a cualquier tipo de argumentación técnica, por mayor racionalidad económica que parezca tener. Por eso resultan tan pueriles las críticas que suelen realizarse al análisis costo-beneficio en nuestro medio: objetan que este tipo de estudios devalúan los objetivos y alcances de la educación cuando lo que se encuentra (o debería encontrarse) en discusión son cuestiones un tanto más gravitantes.

Así, bajo un impreciso concepto de eficiencia social de la inversión educativa –conviene orientar los recursos hacia donde son más rentables– se intenta sustentar la necesidad de invertir en determinados niveles educativos. Más allá de la postura que tenga cada analista sobre la necesidad de promover un determinado nivel educativo en un contexto de escasez de recursos y de inequidad en los beneficiarios de esa asignación, el hecho es que las falencias técnicas del método hacen que la tasa de retorno no parezca ser el instrumento más adecuado como orientación de esa distribución de fondos. De hecho, aun cuando se realizaron innumerables estudios para ese fin, se desconoce que algún sistema educativo se hubiera guiado por sus resultados.

Las decisiones de inversión en educación se encontrarían motivadas o explicadas por otro tipo de fundamentos –no sólo económicos sino políticos, sociales, culturales, etc.– y la tasa de retorno no aparece en ninguna de esas dimensiones de análisis. Si la aplicación de este instrumento fuera totalmente consecuente, la inversión en educación debería ser la resultante de la comparación de alternativas de políticas públicas entre las cuales la educación sería una más y, en función de los diferentes análisis de rentabilidad, debería competir por los fondos fiscales con propuestas de construir un dique, emplazar un camino o subsidiar a productores de papas. Hasta donde se sabe, ningún analista ha llegado al extremo de esta ridiculez...

I.4. El análisis costo-efectividad

Lejos de los ambiciosos criterios para asignar recursos a un macronivel, en educación existe una variedad de programas o proyectos de inversión de menor alcance a los que se le suele requerir la intervención de criterios económicos para su evaluación. Estas acciones pueden comprender desde programas de inversión con financiamiento externo (por ejemplo, de agencias multilaterales de crédito como el Banco Mundial o el Banco Interamericano de Desarrollo) hasta propuestas de cambios en los sistemas educativos pasando por acciones puntuales tendientes a producir algún resultado en las mejoras en los aprendizajes, la disminución de las tasas de repitencia y deserción escolar, etcétera.

La necesidad de realizar un análisis previo y evaluación se justifica en los siguientes aspectos (IPES, 1994):

a) Los recursos son escasos; justamente, el análisis de proyectos se desarrolló para grandes proyectos y se justifican por la necesidad de movilizar grandes masas de recursos.

b) Una inversión requiere un adelanto de recursos disponibles hoy pero para destinarlos a otros fines, y se hace con la intención de recuperarlos en el futuro bajo la forma de bienes y/o servicios. Como el futuro no es conocido, se debe hacer una evaluación lo más precisa respecto del mismo.

c) **Especialización de recursos**: muchas veces, el equipamiento, etc., a incorporar, sólo sirve a los efectos para los que se ha elaborado. No es lo mismo emplear recursos humanos que máquinas muy especializadas que, si finalmente no sirvieron, fue un desperdicio.

Las inversiones serán efectivas cuando permitan alcanzar los objetivos deseados y, además, serán eficientes si se las hace al menor costo posible. Para ello deben asignarse los recursos adecuadamente y esta tarea comienza con la identificación de los proyectos que más contribuyen al desarrollo, al crecimiento, a la mejora en el bienestar social, etcétera.

Aquí comienza la evaluación de proyectos que tiene por objetivo identificar y valorar la contribución de un determinado proyecto a sus objetivos. Según el momento, quién la realice, su naturaleza y a quién esté destinada, pueden identificarse distintos tipos de evaluación.

Así, según el momento, la evaluación puede tipificarse en evaluación ex ante y ex post. La primera se realiza antes del inicio del proyecto y tiene como objetivo proporcionar elementos de análisis para tomar decisiones en torno a la elección de los proyectos. La evaluación ex post se realiza cuando el proyecto ya está en marcha o ha concluido.

Esta última, a su vez, será de procesos cuando evalúe la marcha del proyecto con el fin de obtener información que permita hacer correcciones o modificaciones que coadyuven al logro de los objetivos; en consecuencia, se realiza durante la implementación. Por otro lado, la evaluación será de resultados o impacto si se realiza una vez finalizada la ejecución con el objeto de determinar el grado de consecución de los objetivos. Asimismo, brinda información útil para acciones futuras o, incluso, para determinar la continuidad o prolongación del proyecto evaluado.

Ahora bien, como decíamos, una vez que se han seleccionado y estimado las variables que se utilizarán como estimadores de los beneficios y que se han estimado y cuantificado los costos asociados a las distintas alternativas de proyecto, se llega a la etapa de la evaluación. En esta instancia, la evaluación consiste en comparar los beneficios con los costos y, por supuesto, escoger aquellos proyectos en que los beneficios esperados superan a los costos o, a iguales beneficios, aquellos que supongan menores costos.

En este estadio suele procederse a la realización de la evaluación económica que es el procedimiento por el cual se comparan costos y beneficios estableciéndose la conveniencia del proyecto. La comparación no es otra cosa que la suma de costos y beneficios. Si los beneficios son mayores que los costos, eso implica que el proyecto es conveniente. Estos beneficios no necesariamente tienen que ser monetarios ya que se considera como tales al conjunto de resultados o efectos que implican mejoras en el bienestar de grupos determinados de personas, o reducciones de costos de producción de un determinado bien o servicio.

Existen varias técnicas para evaluar la conveniencia. En el caso de proyectos en educación suelen utilizarse el método costo-eficiencia y, una vez más, nuestro viejo método del costo-beneficio. Dado que sobre este último ya nos extendimos más arriba, en este lugar sólo comentaremos el primero de ellos. En este punto sólo cabe señalar que la diferencia entre ambos radica en que en el segundo la ventaja reside en que permite comparar diferentes alternativas aun cuando no compartan similares objetivos.

Por ejemplo, supongamos que se dispone de recursos limitados y se debe elegir uno solo entre varios proyectos que se consideran todos igualmente importantes. Adicionalmente, supongamos que, por sus características, no se los puede dividir ni desarrollar en pequeña escala y forma gradual. Entonces, sólo se debe optar por uno. El análisis del costo-beneficio podría constituir un instrumento adicional para facilitar la decisión. De este modo, el proyecto que tuviera el mayor rendimiento económico podría constituirse en el destinatario de los pocos recursos disponibles. Para ello, en síntesis, y como regla general, se optará por el proyecto cuyo VAN o TIR sea mayor.

Ahora bien, hay casos en que los beneficios no pueden ser medidos monetariamente. En efecto, los beneficios son, en el siguiente orden: difíciles de identificar, cuantificar y valorar monetariamente (ILPES, 1994). Como eso último es tan difícil, se suele terminar considerando a ciertos proyectos como necesidades a ser provistas por el Estado y se da por sentado que sus beneficios son mayores que los costos. Este criterio es el denominado de necesidades básicas y asume que la sociedad asigna a los beneficios de los proyectos sociales un valor mayor que el de los costos de proveer dicho proyecto. Obviamente esto es así sólo para determinados grupos y hasta cierto límite. Por eso, el método costo-beneficio se aplica sólo a los proyectos en que los beneficios pueden expresarse en términos monetarios.

Como a veces no se pueden cuantificar los beneficios, se utilizan parámetros que no son los beneficios pero se considera que tienen relación directa con aquéllos. Se supone que si el proyecto afectó dichas variables, los beneficios esperados se materializarán.

En estos casos, los beneficios de la alternativa de proyecto analizadas se determinan como la diferencia entre los costos a la situación base optimizada y los correspondientes a la alternativa de proyecto analizada.

En función de lo anterior, el método que suele utilizarse es el llamado de análisis de costo-eficiencia (o costo-efectividad). El objetivo de este método es determinar qué alternativa logra los objetivos deseados al mínimo costo, es decir, más eficientemente.

Sintéticamente, este tipo de análisis consiste en la evaluación de alternativas de acuerdo con sus costos y efectos en vistas a producir determinados resultados. Por ejemplo, una decisión puede referirse a alternativas para mejorar el rendimiento en las pruebas de aprendizaje o reducir las tasas de abandono. En estos casos, el resultado puede medirse de acuerdo con sus efectos para mejorar los resultados de las pruebas o el número potencial de abandonantes que permanecerán en la escuela. Cuando se combinan los costos con las medidas de efectividad y se pueden evaluar las alternativas según sus costos y su contribución en alcanzar el mismo criterio de efectividad, se puede trabajar sobre el análisis costo-efectividad.

En estos estudios ambos aspectos se toman en cuenta para evaluar proyectos con objetivos similares. Por lo tanto: a) sólo se pueden comparar proyectos con objetivos similares y; b) debe poder utilizarse la misma medida de efectividad. Los datos de efectividad se combinan con los costos para dar una evaluación costo-efectividad que permita la selección de aquellos proyectos que ofrezcan la mayor efectividad por nivel de costo o que requieran el menor costo por nivel de efectividad.

Una de las ventajas de este enfoque es que utiliza datos que generalmente están disponibles. La principal desventaja es que sólo permite comparar alternativas con el mismo objetivo. No se pueden comparar programas con diferentes objetivos ni determinar si en un proyecto los beneficios superan a los costos.

Por último, cabe señalar que hay un caso especial de proyectos que no modifican ni la cantidad ni la calidad del servicio prestado pero que permiten disminuir los costos de prestar dicho servicio. En estos casos, los beneficios son claramente identificables, cuantificables y valorables. Un claro ejemplo podría ser la fusión de escuelas cercanas y de similares características (igual nivel educativo, modalidad, etc.), sólo si ello no afecta la calidad del servicio provisto.

Como decíamos más arriba, este tipo de evaluación se funda en dos principios básicos: a) por hipótesis, la justificación del proyecto se encuentra asegurada y; b) deberá seleccionarse la alternativa que minimice el costo (implícitamente se está mejorando la relación costo-beneficio).

II. Los estudios de funciones de producción educativa

Como vimos, durante la década del sesenta, la teoría del Capital Humano había provisto las bases para el análisis y la determinación de uno de los factores no explicados del crecimiento económico. En forma general, la educación, junto a la salud, etc., constituían uno de esos elementos que había que considerar para formular políticas públicas que tornaran sostenido el crecimiento y apogeo económico de la segunda posguerra.

Pero las distintas herramientas generadas a partir de este nuevo marco conceptual, sólo brindaban criterios generales para orientar la inversión educativa: tal o cual nivel o modalidad de instrucción. A los economistas neoclásicos les faltaba el instrumento que permitiera precisar –también cuantitativamente– qué producía lo que producía el crecimiento. En otras palabras, una vez determinados los lineamientos macro de la asignación de recursos, faltaba desarrollar el instrumento que aportara elementos para guiar la microdistribución de los recursos. Por ejemplo, para potenciar los resultados escolares, se buscaban prescripciones respecto de si eran más recomendables los materiales didácticos o los libros, si resulta más conveniente incrementar las horas de instrucción del docente frente a alumnos o impulsar el uso de herramientas informáticas y así sucesivamente.

La oportunidad para comenzar a desarrollar este tipo de análisis la brindaría la publicación del famoso Informe Coleman en 1966 en los Estados Unidos, en el que se estudió la relación entre los factores extra e intraescolares con los logros en el aprendizaje y se buscó determinar hasta dónde la diferencia de gasto afecta la calidad de la educación. Hay investigadores de distintas disciplinas –pedagogos, sociólogos, politólogos y economistas– que han venido estudiando el vínculo entre esos dos tipos de variables sin que, hasta ahora, se pueda afirmar sin lugar a dudas la supuesta relación causal entre la cantidad de recursos y los resultados y logros en el aprendizaje. Para ello, se ha recurrido a las herramientas de análisis que se habían venido aplicando en los estudios de funciones de producción de, especialmente, la industria manufacturera.

Una función de producción es una relación matemática que describe cómo los recursos pueden ser transformados en productos. Aplicada a educación, comprende el análisis de la relación existente entre los insumos escolares y los resultados educativos. Estas funciones pueden describir el máximo de producto alcanzable dadas distintas alternativas de combinaciones de recursos.

Sus promotores entienden que las funciones de producción son herramientas útiles para administradores y planificadores que buscan mejorar la eficiencia técnica. Si se pudiera conocer la función de producción se podría saber qué es posible producir dados determinados recursos. También permitiría mejorar la eficiencia a la hora de administrar los recursos: determinadas combinaciones de insumos son más costosas que otras y la manera menos costosa de producir un determinado nivel de resultados es la más deseable.

Los estudios y corolarios de las funciones de producción han estado sujetos a no pocas controversias. Más arriba se señaló que las diferentes propuestas sobre asignación de recursos no son independientes del contexto social y político imperante y este tipo de análisis no ha sido ajeno a ello. Más aún, quizás constituyen las investigaciones de la economía de la educación más sujetas a problemas. Como veremos, no sólo por motivos y falencias técnicos sino por lo que se deriva de los resultados aportados por ellas.

En efecto, el objetivo de la utilización de las funciones de producción como herramienta para la orientación de políticas públicas en educación cambió a partir de mediados de la década del setenta con la restricción fiscal desatada a partir de la crisis del petróleo de 1973.

En sus comienzos, estas funciones tenían por objetivo mejorar la asignación de los recursos que se estaban destinando. La primera ola del capital humano se encontraba en su apogeo y de lo que se trataba era de optimizar los recursos que se asignaban en el marco de un sector que contribuía en forma significativa al crecimiento económico. Con posterioridad, la confluencia del declive de la teoría del capital humano –gracias a las críticas sobre el vínculo entre educación y productividad– con la crisis fiscal allanó el camino para que los estudios de las funciones de producción comenzaran a sustentar técnicamente el recorte o contención de los gastos educativos a la vez que potenciar las ideas sobre mercantilización sectorial (Marginson, 1997).

Los requisitos necesarios para elaborar una función de producción son las especificaciones sobre lo que constituyen los resultados y los recursos. En lo que hace a los resultados, esta tarea es particularmente difícil en lo que respecta a la educación: ésta, por su naturaleza, produce resultados íntimamente relacionados. Por ejemplo, el aprendizaje de determinados contenidos y algunas características afectivas como la autoestima, pueden *producirse* simultáneamente y, en algunos casos que se excluyan mutuamente. Por ejemplo, el logro de excelencia académica puede conducir a aumentar las tasas de abandono. En este caso, un resultado deseable se consigue a expensas de uno no deseable.

Los analistas han respondido a estas dificultades de dos formas: una, argumentando que, dado que los resultados se producen conjuntamente, es suficiente enfocar el estudio en uno que resulte de fácil medición y asumir que los otros se producen como subproductos. Esta manera de pensar condujo a centrarse en los resultados de las pruebas de aprendizaje.

El otro enfoque se centra en la medición de los resultados en forma separada y la estimación de la relación insumo-producto para cada uno de ellos. Con respecto a los recursos, incluyen las características de los alumnos, el medio familiar y los factores relacionados con la escuela. Estos últimos son de particular interés desde un punto de vista económico, ya que son los que pueden ser modificados.

La profusión de indicadores, variables y atributos para desarrollar las funciones de producción educativa ha hecho que algunos analistas consideren a estos estudios como "ir de pesca": si se pesca algo, bienvenido sea. La mayor parte de estas variables aparecen en los estudios de los diferentes especialistas vinculados a la educación en el momento de intentar explicar qué produce educación. O, puesto en otras palabras, qué factores explican la calidad de la educación. No se nos escapa la polisemia del término y, a los efectos de este trabajo nos remitimos al denominador común de esos estudios que emplean como variable *proxy* (cercana, sustituta) los resultados en diferentes pruebas de aprendizaje.

Claro que los problemas no concluyen con la elección y utilización de los resultados en el aprendizaje como variable *proxy* de los resultados educativos. Ya es un lugar (y problema) común discutir si sólo se deben tomar, por ejemplo, los resultados correspondientes a los de los estudiantes de quinto año cuando los anteriores también influyen, naturalmente, en el resultado alcanzado, etcétera.

Pero las dificultades metodológicas –que no son pocas– tanto en lo que atañe a los insumos como a los resultados, han sido más o menos sorteadas u omitidas y los especialistas han desarrollado decenas de investigaciones sobre la función de producción educativa. Entre las innumerables investigaciones y revisiones realizadas por los analistas, se encuentran Hannushek (1979 y 1986); Monk (1990 y 1992a) y, más recientemente, los diferentes estudios reunidos en Burtless (1996). Es en estos trabajos, principalmente, que se basan los puntos que siguen.

Dada la sumarísima revisión del tema que estamos desarrollando, sólo nos limitaremos a reseñar algunos de los resultados derivados de este tipo de estudios para brindar una idea no sólo de los hallazgos y análisis en sí mismos sino de los corolarios que se desprenden de ellos y que dan lugar a no pocas de las propuestas de medidas y reformas de los sistemas educativos.

En todos los casos, los factores que se señalan se refieren a su vínculo con los resultados en pruebas de aprendizaje y, también en todos los casos, los análisis se refieren a estudios emprendidos en los Estados Unidos:

II.1. Algunos análisis sobre funciones de producción

a) Relación con el salario docente: según los estudios, no existiría vínculo entre el nivel de remuneraciones y los resultados educativos (por ejemplo, a mayores salarios, mejores resultados y viceversa). La explicación de este hecho no es difícil: en la medida que los salarios no están sujetos a ninguna cláusula de productividad (más allá de cómo se la mida y evalúe), no necesariamente debe reportarse esa relación. Por lo tanto, el corolario resulta más o menos obvio: o no se debe continuar incrementando el salario o debe comenzar a atárselo a algún elemento de productividad.

A la luz de los promedios de los resultados de las pruebas de aprendizaje en algunos países de la región, se ha comenzado a extrapolar este argumento a nuestro medio. Más allá de la paridad del poder adquisitivo, sólo recordemos que en los Estados Unidos el salario promedio de un docente (aunque con una gran dispersión), ronda los u$s 30.000

anuales, bastante lejos, por cierto, del verificado en cualquiera de los países latinoamericanos. En tal sentido, cuando se realizan este tipo de comparaciones habría que reparar si en los resultados encontrados en ese país no incide el nivel *más aceptable* de esas remuneraciones (en los que un incremento marginal de aquéllas tiene menos impacto que el que podría tener localmente). En otras palabras, cuál es el salario mínimo a partir del cual un aumento podría no tener incidencia en la calidad educativa. Por otra parte –y más allá de las pruebas cuantitativas y los *rigurosos* métodos estadísticos–, existe consenso en las ciencias de la administración y entre los analistas de recursos humanos respecto de que un alto nivel salarial puede no ser un factor motivacional pero una baja remuneración sí un importante elemento de insatisfacción.

b) Relación con los años de experiencia en la docencia: los estudios no son concluyentes y le asignan diferente incidencia en los resultados. Algunos reportan que la antigüedad tendría cierta relevancia pero sólo durante los primeros años de ejercicio profesional, otros que no tienen ninguna significación y otros que sí tiene efectos.

Como no puede ser de otro modo, existen diferentes explicaciones para cada uno de esos resultados. Por ejemplo, si se encuentra que a mayor antigüedad, mejores resultados, ello se debería a que la docencia es una actividad en donde se encuentra presente el *learning by doing* y que estos profesionales incorporan y aplican la experiencia recogida durante sus años de trabajo. Si el resultado es que no existe ese vínculo, se podrá decir que esto se debe a que se trata de docentes con más años de ejercicio, poco actualizados y, por lo tanto, que son un capital humano obsoleto. Complementariamente, se podría alegar que dos docentes, con igual antigüedad, uno puede controlar mejor la conducta en el aula dado que ha aprendido a hacerlo de un modo eficaz y el otro no, por la incidencia, precisamente, de su edad.

Aquí también el corolario de política es más o menos inmediato: según sea uno u otro el resultado, las recomendaciones versan sobre continuar o no remunerando la antigüedad. No obstante, más allá de esos resultados, existe consenso en que correspondería remunerarla pero como un componente del salario de menor peso que el actual o, alternativamente, sólo pagarla hasta determinada cantidad de años (entre cinco y diez años) y luego mantener estable ese adicional.

c) Relación con la capacitación docente: ante la inicial perplejidad de los analistas, los resultados en este punto señalan que no hay vínculo entre este atributo y la calidad de la educación. No obstante, existe una explicación a este hecho que satisface a la mayoría: el contenido de esa capacitación. Desconocemos la existencia de estudios en nuestros países sobre la relación entre la capacitación y los resultados en el aprendizaje, pero no nos extrañaría encontrar que hasta ahora, dado su contenido, aquí tampoco se verifica ese vínculo. En varios países latinoamericanos, los distintos cursos, seminarios, etc., brindan puntos para el ascenso en la carrera profesional. Sus contenidos son, en muchos casos, de dudosa relevancia para la docencia y el resultado final es un sistema estructurado alrededor del credencialismo en el que lo que importa es la acumulación de certificados de cursos más allá de su pertinencia y calidad.

Una vez más, las recomendaciones giran, naturalmente, alrededor de la necesidad de cambiar el contenido de esos cursos, su forma de acreditación en la carrera y, por supuesto, su vínculo con el salario docente.

d) Relación con la cantidad de alumnos por docente: los estudios más difundidos sobre esta cuestión señalan que la cantidad de alumnos por curso no tienen influencia en la calidad educativa. Esto no significa que no exista un vínculo entre esas variables o que, para ser más cautelosos, que no se cuente con otros estudios, menos citados pero no por ello menos conocidos que prueben lo contrario.

Estos análisis han sido por demás frecuentados en la literatura especializada y, una vez más, los corolarios son bastante evidentes: si esa relación no existe, se puede incrementar la cantidad de alumnos por clase sin mengua alguna en la calidad con el consiguiente ahorro en el gasto educativo.

En nuestros países no pocos actores vinculados al sistema educativo han venido insistiendo en el impacto potencial sobre el ahorro de recursos destinados al sector de medidas orientadas a incrementar esa relación.

El aumento de la relación alumnos/docentes no constituiría una cuestión a objetar si no fuera porque se confunden los indicadores empleados para reflejar este punto. Usualmente, se analiza la relación alumnos por docente en lugar de utilizar la relación alumnos por curso. La primera depende de la carga curricular, la extensión de la jornada escolar, la ubicación del establecimiento, etc. En cuanto a la segunda, es la relación relevante a los efectos del análisis de la eficiencia técnica (volveremos sobre este punto en el siguiente capítulo). Por eso, en la medida que en los establecimientos escolares exista más personal que el de un docente por curso frente a alumnos, la primera relación siempre será inferior a la segunda.

En algunas oportunidades, las dificultades de imprimir mayor eficiencia en algunos casos se deberían a que, simplemente, las relaciones técnicas de producción del servicio *ya* son eficientes. Si esto no se puede ver de ese modo se debe a que el problema radica en que la construcción y lectura de los indicadores para cuantificarla no es la correcta (aquí también volveremos sobre este punto más adelante).

e) Relación con el gasto educativo: nuevamente, una buena parte de los estudios concluye que no existiría vínculo entre esta variable y las pruebas de aprendizaje. Claro que la variable que se utiliza es agregada y no toma en cuenta cómo y en qué se gasta; es decir, el modo en que se distribuye la asignación de recursos en educación.

Por ejemplo, un análisis de este tipo realizado para países en desarrollo mostraría, muy probablemente, resultados similares a los estudios que pudieran emprenderse respecto de la relación entre el salario docente y los resultados en las pruebas de aprendizaje. Ello no puede ser de otro modo si se considera que la partida personal representa, en promedio el 90% del gasto educativo. En tal sentido, entonces, a esta variable le corresponderían las mismas observaciones que las realizadas más arriba respecto del salario (por ejemplo, mínimo a partir del cual no existiría relación).

Pero, además, cuando los estudios de funciones de producción educativa desagregan el análisis, encuentran relación entre el gasto en *otros* componentes y la calidad. Tal es el caso de las bibliotecas, los laboratorios, las computadoras y el material didáctico. La mayor o menor relación que encontraron los distintos estudios respecto de estos elementos con los resultados en el aprendizaje depende, naturalmente, más del uso que se les dé que de su existencia en las escuelas.

Más recientemente se ha intentado ampliar el alcance de las investigaciones de las funciones de producción educativas considerando algunos de los insumos señalados pero ya no en términos de resultados en el aprendizaje sino con relación al desarrollo e inserción laboral; en particular de los ingresos de los trabajadores (Card y Krueger, 1992). Este trabajo reporta una fuerte relación entre una y otra variable aun cuando ello pudiera "estar en aparente conflicto con la amplia visión de que los recursos escolares tienen poco o ningún impacto sobre los resultados de las pruebas a estudiantes". Según señalan estos autores, ello no necesariamente es así en la medida que esas "pruebas pueden ser un indicador pobre de lo que es aprendido en la escuela y, consecuentemente, premiado en el mercado de trabajo". En segundo lugar, los análisis de funciones de producción no son concluyentes respecto de la falta de correspondencia entre la calidad de la educación y los recursos asignados a la misma.

En síntesis, en lo que respecta a la relación entre recursos destinados al sistema educativo y los resultados que éste alcanza, además de la reseña realizada, no deja de ser significativo el paralelo que hace Fortune (1993) con un incendio al que se intenta sofocar con sólo un balde de agua. De modo alguno esto demostraría o alguien se aventuraría a afirmar que, dada esta situación, el agua no permite apagar el fuego. Simplemente el líquido no era suficiente. La relación entre la escasez de recursos y la ineficacia no es un concepto novedoso en la prosecución de políticas públicas.

II.2. Regulación o descentralización: la función de producción y el rol del Estado

Como se señaló más arriba, los estudios sobre las funciones de producción no son nada concluyentes y, muchas veces, los resultados de los diferentes estudios son contradictorios entre sí. Aún más, ante esta falta de certeza, Monk (1992a) plantea la posibilidad de que no exista ese *algo* llamado función de producción educativa. En lo que aquí nos interesa, el autor hipotetiza respecto de que una política que reconociera este hecho daría lugar, por ejemplo, a que "la autoridad central no juegue rol alguno en la mejora de la productividad más que la definición de algunas metas y la difusión de las ideas que deberían ser probadas por los maestros" (Monk, 1992a). En una versión extrema de esta visión, dada la ausencia de regularidades, "no hay nada que pueda ser aprendido de la experiencia ajena y es un trabajo del docente encontrar el sentido de la realidad única que debe enfrentar y descubrir las formas de alcanzar las metas consensuadas". Como no existe ningún tipo de sistematicidad, "la probabilidad de éxito es esencialmente azarosa" y así puede surgir la necesidad de premiar a algunos docentes que hubieran alcanzado ese éxito. En otras palabras se trata, ni más ni menos, que del pago por mérito (sobre el que nos detendremos en el cuarto capítulo).

Paralelamente, este tipo de argumentos podría ser extrapolado a la escuela en su conjunto: si no existe la función de producción educativa; es decir, si no hay un patrón común sobre el que se pueda regular, el papel que pueden desempeñar las administraciones centrales es muy limitado (v.g. asistencia técnica) dejando lugar a la autonomía escolar: cada escuela debe encontrar su propio método para *producir* educación.

Sin reparar en los corolarios de sus argumentos, esta visión es reforzada por no pocos analistas educativos que argumentan que la generalización de medidas en el ámbito educativo no contempla la especificidad de cada escuela y la población que concurre a ella. En su intento de defender todas y cada una de las particularidades, se corre el riesgo de caer en la casuística y se pierde de vista que esos mismos son los argumentos que, en última instancia, avalan las ideas que se presentan como alternativas a la provisión estatal de la educación. En efecto, si no hay un patrón común sobre el que se pueda regular y se desconocen cada una de las particularidades que deben atenderse, el papel que pueden desempeñar las administraciones centrales es muy limitado y la recomendación es la descentralización escolar. De allí, a la mercantilización y la competencia por los recursos, sólo un paso.

Por eso, el curso que puedan tener las prescripciones de política depende en gran medida de la existencia o no de las funciones de producción que, ahora, tienen un sentido metafórico: de lo que se trata es de indagar sobre las posibles respuestas a las políticas dependiendo de si hay regularidades o algo sistemático en el proceso productivo "educación". Monk (1992a) plantea claramente las posibles alternativas de acción estatal según existan o no esas regularidades:

1) Si éstas efectivamente no existieran, la política educativa consistente desde la perspectiva de la teoría económica dominante sería la de asimilar el sistema a un mercado más: en este caso, el rol del Estado es minimizar su participación; en el extremo, sólo deben fijarse objetivos

(estándares) y llevar a cabo tareas de difusión de buenas experiencias (aun cuando no depende del Estado que se lleven a la práctica porque no hay nada sistemático). En síntesis, todo depende del docente y de la escuela.

El problema frente a este curso de acción se presenta si el Estado no interviene pero las regularidades sí existen. En este caso, como estamos frente a un sistema de mercado, los docentes y las escuelas pueden descubrir por sí solos cómo hacer y actuar regularmente, pero no hay transferencia y difusión a otros docentes y escuelas pues el Estado se encuentra relegado a su mínima expresión. Es decir, no hay garantías para que se difundan las experiencias y sólo hay que confiar en las fuerzas del mercado.

Aquí, la productividad global puede crecer porque hay algunos docentes y/o escuelas que responden a los incentivos del mercado (aún más, algunos buenos profesionales pueden sentirse atraídos por las nuevas perspectivas); pero muy probablemente no exista cooperación. Aunque también podría suceder que la productividad sea menor si no sólo no se coopera sino que la competencia por los recursos deriva en conflicto. Desde un punto de vista teórico no se puede determinar el efecto final sobre el desempeño.

2) Una posibilidad contraria a la planteada es la versión según la cual las autoridades creen que existe la función de producción y no sólo se fijan objetivos sino que se regula, monitorea y controla. Cabe señalar que, así expresado, pareciera sugerirse una visión ingenua y tecnocrática de la intervención estatal. Para limitarnos a lo estrictamente económico digamos, si se quiere, que las autoridades suponen o actúan como si la función de producción existiera;

independientemente de que ello sea o no así y de los motivos de ese comportamiento.

Nuevamente, los resultados pueden diferir dependiendo de que exista o no una función de producción educativa. Si no existe, los resultados nunca terminan de ser consistentes; no se sabe si no hay respuesta frente a las políticas porque están mal diseñadas o porque verdaderamente no hay regularidades. Lo más probable es que la productividad no mejore y, si lo hace, sea el resultado del más puro azar.

3) Por su parte, la otra posibilidad es que las regularidades existen pero se las desconoce. En este caso, pareciera ser que el rol del Estado sería promover aquellos procesos que se descubren como efectivos y restringir o desestimular los que no lo son. En otras palabras se debería actuar promoviendo las acciones que permitan descubrir paulatinamente la función de producción promoviendo e incentivando la experimentación, la innovación, etcétera.

Para la corriente teórica dominante, en la medida que no se encontraron correlaciones significativas en los estudios de funciones de producción, el curso de acción recomendable es el de la menor o nula intervención estatal. Ahora bien, si para mejorar la eficiencia y calidad es necesaria la introducción de mecanismos de mercado, de algún modo eso estaría implicando el reconocimiento de la dificultad o inutilidad del Estado para hacer cumplir sus propias normas y regulaciones sobre la combinación de insumos y procesos. En este sentido, los incentivos también pueden constituirse en una forma de desentenderse de las dificultades de la regulación del sistema educativo. Es más fácil monitorear algunos aspectos previamente definidos que velar por el cumplimiento de todas las regulaciones. En sistemas extremos de mercado (tales como el subsidio a la demanda o el pago por mérito, que se comentan en otros capítulos), el Estado pasa de operador del servicio a ejercer un rol de facilitador, promotor de acciones fijando estándares, distribuyendo fondos, etcétera.

Por el contrario, si los estudios de las funciones de producción encontrasen de un modo concluyente relaciones positivas –por ejemplo, entre el salario docente, el gasto educativo y el desempeño– entonces, la recomendación de política sería la de continuar con la provisión estatal y la regulación (Monk, 1992a) ya que, efectivamente, habría un patrón, algo sistemático. Pero el problema, como señala el autor es que, justamente, dado el estado del arte, el tipo de estudios que se han venido desarrollando y las dudas que ellos generan, no sabemos si las regularidades existen o no. Frente a este panorama, en forma más conservadora, si no se dispone de un mejor camino, al menos no debería seguirse el peor.

Sumario y conclusiones

Si hay un ámbito en el que se asignaron innumerables recursos –humanos, temporales y financieros– ése ha sido el del análisis sobre la mejor forma de asignar recursos en educación. Como en la mayor parte de los estudios que se hacen en este campo, los resultados se encuentran lejos de ser concluyentes. La divergencia es aparentemente técnica y, al presentársela de ese modo, suele ocultarse que detrás de *meras* discrepancias instrumentales se ocultan, en verdad, concepciones muy divergentes sobre el mundo. Detrás de cada tipo de análisis económico, incluido éste, naturalmente, hay una visión diferente sobre el funcionamiento del sector o sociedad que se esté investigando.

Por lo demás, prácticamente no hay una investigación económica que no permita arribar a las conclusiones a las que el analista que la está desarrollando quiera llegar. Aun cuando la información cuantitativa que se utilice para esos estudios sea exactamente la misma que emplea otro investigador que, previamente, concluyó algo diferente. Una vez más, nos encontramos con una reflexión un tanto pesimista; sobre todo si se considera que uno de los objetivos principales de los estudios sobre asignación de recursos en educación consiste en brindar criterios orientativos para distribuir recursos.

En la actualidad los estudios sobre las tasas de rentabilidad en educación, las proyecciones sobre matrícula para analizar el comportamiento de la demanda social y las investigaciones sobre las funciones de producción continúan desarrollándose (como se señaló más arriba, los de requerimiento de mano de obra hace años que se han dejado de hacer). No obstante, los gobiernos no se dejan guiar por sus resultados y no orientan la inversión educativa en función de los mismos. Dado lo poco categórico de sus resultados, este proceder no deja de ser una decisión bastante racional, muy a pesar de los economistas que promueven ese tipo de análisis. En cuanto a las evaluaciones económicas de proyectos de *menor* envergadura, cuando se realizan, en general son para sustentar técnicamente decisiones que ya han sido adoptadas políticamente.

Este escepticismo no parece dejarle mucho espacio para realizar aportes a la economía en el campo de la orientación del mejor modo de asignar recursos en educación. Lo cual es bastante decepcionante para una disciplina deliberadamente pragmática y con aspiraciones hegemónicas. No obstante, más allá de la retórica –discursiva y cuantitativa– y los fracasos en algunas de sus áreas, sus provocadoras y a veces simplificadas hipótesis sobre el comportamiento de las sociedades continúa disparando numerosas investigaciones y debates; no sólo en el campo de la economía sino en el de otras disciplinas sociales.

Mientras tanto, en el capítulo que sigue se indaga sobre los costos educativos; aquí sí, una de las dimensiones menos controvertidas del análisis económico en educación y donde la disciplina tiene, aún, mucho para aportar. Sobre todo en un contexto como el latinoamericano donde los recursos son extremadamente escasos para el sector y la asignación de recursos a acciones o reformas educativas no depende de los resultados de investigaciones sobre tasas de retorno o funciones de producción sino de la factibilidad económica de emprenderlas.

Capítulo 3

Los costos en el sector educativo

Docentes altamente calificados y motivados, acceso a libros de texto, computadoras, adecuada infraestructura escolar, aulas equipadas, clases de un tamaño apropiado para favorecer el proceso de enseñanza-aprendizaje, incentivos para aumentar la cobertura escolar tales como ayudas económicas para población desfavorecida, transporte, etc., constituyen algunas de las condiciones que los formuladores de política hacia el sector desearían poder proveer a un sistema educativo.

Sin embargo, no todas las condiciones deseables son posibles: los límites al crecimiento de los recursos para su financiamiento tornan inevitable establecer prioridades cuando se analizan opciones de política.

En cualquier sistema educativo, los costos de la educación proveen la base empírica para comprender las características económicas así como la organización del sistema. El análisis de costos permite documentar la eficiencia en el uso de los recursos en las escuelas, así como la equidad en el gasto público en educación. Además, resulta indispensable para estimar el impacto y la factibilidad financiera que la aplicación de políticas hacia el sector tendría sobre el funcionamiento del sistema educativo.

En economía, los costos tienen distintas clasificaciones que obedecen a distinciones conceptuales que aportan a la correcta identificación y ponderación de los mismos. En el capítulo anterior vimos, por ejemplo, una de las dimensiones de los costos más importantes para los economistas: los de oportunidad. También nos habíamos referido a los costos privados y sociales.

En este capítulo veremos otras formas –alternativas y complementarias– para analizar los costos educativos. Tales distinciones resultan esenciales para la toma de decisiones, entre otras, las vinculadas a la producción de bienes y servicios. En este sentido, el análisis de costos educativos permite, entre otras cosas:

a) testear la factibilidad económica de planes de expansión, propuestas y objetivos,
b) proyectar futuros niveles de costos educativos,
c) estimar los costos de políticas alternativas y de reformas o innovaciones educativas,
d) comparar diferentes cursos de acción que permiten alcanzar los mismos objetivos a efectos de seleccionar el más económico, y
e) mejorar la eficiencia en la asignación de recursos.

El tipo de estudio de costos a encarar dependerá de las preguntas que el analista se haga y la evaluación de políticas y acciones que deban emprenderse. No es lo mismo un análisis diagnóstico sobre la magnitud y distribución del gasto educativo que la necesidad de proyectar costos, por ejemplo, debido a un cambio en la estructura del sistema educativo o del modelo de organización escolar. Dado que el objetivo final de este trabajo es aportar elementos para la comprensión de los estudios que hacen los economistas en educación y no el de brindar todas y cada una de las herramientas para llevarlos a cabo, en el presente capítulo optamos por describir los costos desde la perspectiva de quien desea o necesita insumos para entender ese tipo de análisis. No obstante, el enfoque seguido nos permitirá ilustrar, aunque sea brevemente, cómo se estiman los recursos necesarios para llevar adelante determinadas políticas o acciones educativas.

I. Los factores explicativos de los costos

Los mecanismos que determinan el gasto educativo comprenden una función de producción más extensa, compleja y comprehensiva que lo que a primera vista podría parecer.

En principio, por ejemplo, podría considerarse que, en en promedio, el gasto público educativo se asigna de la siguiente forma: entre un 80% y un 90% se destina a solventar el personal docente y no docente de las escuelas, entre un 3% y un 5% al funcionamiento de los organismos de conducción educativa, alrededor del 5% a la Inversión Real (infraestructura y equipamiento) y el resto al financiamiento de bienes y servicios no personales y a otro tipo de transferencias (v.g. ayuda escolar a alumnos carenciados, subsidios a las escuelas, comedores escolares).

Ésta es una matriz de costos estándar y, desde un punto de vista meramente formal, no requiere mayores comentarios. Es más, una situación diferente sí ameritaría un análisis particular pues, como es sabido, el sistema educativo es *mano de obra* intensivo y la mayor parte de los recursos del sector se destinan a financiar ese rubro.

Llevados a ahondar sobre los *factores explicativos* de esa estructura de costos, podría postularse una sencilla relación funcional según la cual el determinante último de los gastos educativos es la cantidad de alumnos. Esto tampoco demanda una profundización especial: al menos conceptual o idealmente, las relaciones de insumo-producto sectorial son estándares y presentan cierto grado de proporcionalidad respecto de la cantidad de estudiantes (por ejemplo, relación alumnos/docentes, alumnos/equipamiento, alumnos/curso, alumnos/establecimiento, etc.).

Sin embargo, los costos docentes difieren entre escuelas. Esto no puede ser de otro modo si se considera que existen distintos tipos de escuelas y aun escuelas que combinan distintas modalidades: de nivel inicial, primario, medio, superior no universitario; privadas o estatales; con diferentes tamaños –desde un curso a más de 40–; urbanas, rurales; etcétera.

A esas posibles combinaciones, debe añadirse la gran variedad en la dotación de recursos: a) docentes con distintas funciones –de dirección y administración, frente a curso, de apoyo pedagógico, de apoyo administrativo, etc.–; b) docentes con diferentes antigüedades y su correspondiente impacto sobre los salarios; d) una innumerable serie de adicionales –a veces comunes a los cargos y otras relacionados con la particular situación de cada docente–; e) diferente infraestructura edilicia; f) distinto equipamiento; g) diversas fuentes de apoyo a su financiamiento –subsidios, programas especiales–; etcétera.

Como se puede observar, la complejidad no es menor: el cálculo de los costos escolares no es sencillo, entraña no pocas dificultades metodológicas y, a pesar de que parafraseando a Tolstoi se podría decir que *todas las escuelas se parecen, cada escuela es un mundo*. Frente a esta intrincada red de cruzamientos posibles, un análisis de costos educativos correctamente desarrollado debería brindarnos, de una manera secuencial y ordenada: a) un cuadro de situación que permita comprender las interrelaciones existentes entre las distintas variables y dimensiones que componen un sistema educativo y que inciden sobre esos costos y, b) la estructura de costos propiamente dicha.

Por supuesto, la forma de llevar adelante esta tarea dependerá del enfoque seguido o preferido por el analista y, como se dijo más arriba, del objetivo último que tenga el trabajo a encarar. En lo que sigue se presentan dos de las tantas formas posibles de llevar adelante un estudio de costos. La primera, parte de una situación dada que el analista quiere conocer y comprender; es decir, el sistema educativo o un sector o subsector del mismo ya se encuentra funcionando y se quiere dilucidar cómo y por qué se asignan los recursos del modo en que se lo hace. La segunda, por el contrario, parte de la situación opuesta: frente a una política o una propuesta de acción se necesita determinar su viabilidad financiera para lo que se requiere, entonces, proyectar los costos de emprenderlas.

I.1. El análisis diagnóstico de los costos

Cuando se acomete el estudio de las finanzas sectoriales, el primer interrogante que debe hacerse el analista se refiere a la magnitud de los recursos públicos que se le destinan a la educación. A partir de allí, surgen inmediatamente dos preguntas: a) cuán altos o bajos son esos recursos y, b) qué factores son los que explican esa magnitud.

La primera se vincula al financiamiento del sector y será tratada en el quinto capítulo. La segunda se refiere a la forma en que se distribuyen los recursos entre las diferentes dimensiones que conforman un sistema educativo dado y a eso destinamos el resto de este capítulo.

Continuando con nuestro diagnóstico sectorial, desde una perspectiva macroanalítica interesa conocer: a) cómo se asignan esos recursos según la naturaleza económica del gasto y, b) su composición por nivel educativo (que en la jerga presupuestaria forma parte de lo que se denomina *clasificación por finalidad y función*).

La primera clasificación divide a los gastos según sean corrientes o de capital. El término de gastos corrientes u operativos se aplica a aquellos bienes y servicios que son utilizados en forma inmediata (por lo general, en el plazo de un año) y cuya compra debe renovarse regularmente.

Como ejemplos, podemos citar los salarios del personal, alquileres, seguros, becas escolares, servicios de electricidad, agua, suministro de gas, etcétera.

El conocimiento y análisis de los gastos corrientes se torna particularmente importante en aquellas organizaciones (sea una empresa, escuela, organismo público, etc.) en las que constituyen una proporción sustantiva del total de los gastos o costos. Tal es el caso, por ejemplo, del Presupuesto Nacional, en el cual, dado que los gastos corrientes constituyen la mayor parte del mismo, cualquier búsqueda de posibilidades de utilización más eficiente de los recursos implica el análisis de ese tipo de gastos.

Los gastos de capital, en cambio, se refieren a bienes y servicios que son utilizados por un período de tiempo más prolongado, como ser edificios, equipos y muebles. Por ejemplo, resulta claro que varias generaciones de alumnos se benefician con este tipo de inversiones ya que se trata de bienes durables. En contraposición, los no-durables son consumidos en un período de tiempo relativamente corto, es el caso de las tizas, borradores, etc. (y por eso se los incluye dentro de los gastos corrientes).

Cabe señalar que desde el punto de vista de los organismos responsables de la elaboración y ejecución presupuestaria las erogaciones de capital son consideradas inversiones. Por eso cuando los economistas se refieren al *gasto* educativo y no a la *inversión* educativa no es por una cuestión peyorativa o de minimización de los alcances de la educación. Simplemente, se procede de ese modo para precisar a qué tipo de gasto presupuestario se está refiriendo el análisis en cuestión.

No está de más comentar que en el sistema educativo, empíricamente, los gastos de capital conforman sólo una pequeña porción de los costos reales de la educación primaria y secundaria, sin embargo resultan importantes puesto que afectan la capacidad de prestación del servicio.

En relación con lo anterior resulta conveniente distinguir dos momentos asociados a este tipo de gastos o costos: a) el momento de la realización del gasto, b) el momento de efectivización económica del mismo.

Así, al construir un edificio escolar, el Estado imputa la totalidad del gasto de tal inversión en el período en que fue construido (por ejemplo, en el año 2000), no obstante, desde el punto de vista económico, lo que interesa es que sólo una parte de esa erogación resulta imputable como costo de la prestación del servicio en ese edificio en un año determinado, y es la proporción del costo total del edificio que se deprecia en ese año. Si su vida útil se estima en 50 años, entonces, sólo será imputado un 2% del costo total del edificio para ese año.

En función de estas consideraciones se explica que a pesar de que los gastos de capital suelen ser elevados en términos absolutos (piénsese en el costo de los edificios, del equipamiento y mobiliario escolar, etc.), resultan, por lo general, una proporción menor de los gastos totales incurridos en el proceso productivo. Esto es así por definición para todas aquellas actividades mano de obra intensivas, en contraposición a aquellos procesos capital intensivos.

En cuanto a la clasificación por finalidad y función, muestra la distribución de los recursos según se trate de gastos del nivel primario, secundario, universitario, etc. Cuando la información está disponible, los recursos destinados a cada nivel educativo pueden presentarse según sean gastos corrientes o de capital enriqueciendo, por lo tanto, el análisis y la comparación de los costos de cada uno de esos niveles.

Ahora bien, el monto total y la distribución del gasto educativo –sea cual fuere la óptica o clasificación con que se lo esté analizando– depende, por supuesto, de definiciones de política que se hubieran realizado tanto en el pasado como en el presente. Más aún, no hay ningún gasto educativo que no pueda explicarse por esas definiciones. En este sentido, debería quedar claro que las decisiones que se adoptan o heredan en el sector educativo no son inocuas en el costo de la prestación del servicio. En otras palabras, los costos no son autónomos de lo que éstos representan y de los hechos y decisiones que los originaron.

Por supuesto, el impacto de las políticas sobre los costos educativos dependerá de una serie de factores entre los que se encuentran desde el ámbito geográfico donde se localicen los establecimientos escolares hasta cuestiones culturales, sociales y económicas. En términos generales, como resultado de estas decisiones y el entorno en el cual se toman y deben aplicar, la *oferta* del sistema educativo tendrá determinadas características que lo distinguen como tal. A su vez, como resultado de la *demanda* por educación, el sistema educativo tendrá una determinada magnitud para la que habrá que proveer recursos para satisfacer esa cantidad requerida de escolaridad.

Por eso, en su faz cuantitativa, el gasto sectorial se puede explicar por la confluencia de la oferta y la demanda educativa. Respecto de la primera, algunas de las definiciones de la acción estatal que influyen e impactan en aquél son los modelos de organización escolar, la política salarial y la carrera profesional docente, la distribución funcional de cargos, los programas curriculares, la duración y obligatoriedad de los ciclos de estudio, el tamaño de las escuelas y sus cursos, la extensión de la jornada escolar y los regímenes de licencias y suplencias, entre otras.

En cuanto a la demanda, por sólo nombrar algunos factores que inciden en el gasto educativo, se pueden señalar la tasa de crecimiento de la población, su estructura etárea y la eficiencia interna. En lo que se refiere a esta última, por ejemplo, altas tasas de repitencia tienden a incrementar los costos totales debido a la mayor cantidad de alumnos respecto de los que debería haber. Por su parte, la deserción tiene el efecto contrario ya que debido a ella hay menos cantidad de estudiantes a quienes prestar el servicio (aunque aumenta el costo por egresado).

Entre los factores por el lado de la oferta educativa, también es posible hacer distinciones según la intensidad de su vínculo con la demanda. Así, la distribución funcional de cargos en las escuelas y el tamaño de las clases, aunque surgen de definiciones organizacionales y pedagógicas pueden explicarse, en última instancia, por las características de la demanda. Lo mismo puede decirse de la cantidad de alumnos que no sólo responde a la tasa de crecimiento de la población sino que depende, también, de los años de duración y obligatoriedad de los estudios que, a su vez, son función de las leyes y regulaciones vigentes.

En cambio, otros factores pueden considerarse como autónomos o independientes de la demanda en tanto se explican principal o exclusivamente, según el caso, a partir de las características de la oferta del servicio. Por ejemplo, la antigüedad de los docentes o las necesidades de recursos para mantener o reparar los edificios escolares no tiene relación directa con la cantidad de alumnos del sistema. Aunque sí pueden llegar a tenerla con la estructura etárea y el crecimiento vegetativo de la población. En el extremo, una tasa decreciente de la población significará una menor cantidad de alumnos. Si la cobertura ya fuera universal, seguramente esto implicará una menor o nula necesidad de incorporar nuevos docentes. Bajo estas condiciones, el *peso* de docentes con mayor antigüedad podría crecer con el tiempo.

Ahora bien, el costo que surge de esta forma contempla una cantidad de docentes que no necesariamente se ajusta a la cantidad real que en un período determinado está cumpliendo funciones en la escuela. Así, por ejemplo, las nóminas salariales o planillas de liquidación de sueldos de una escuela incluyen no solamente a los docentes que están trabajando sino, también, a aquellos otros que están haciendo uso de licencias con goce de haberes. En forma análoga, la carga horaria real o efectiva de docencia puede no coincidir con la carga horaria oficial. Estas diferencias entre horas efectivas y oficiales pueden reflejar situaciones diversas: a) las mismas licencias generan una carga horaria efectiva menor a la oficial (la carga horaria total disminuye porque hay menos docentes en actividad en la escuela); b) el trabajo que los docentes realizan fuera del horario escolar (corrección de exámenes, preparación de clases, etc.) significaría una carga horaria efectiva superior a la oficial; y c) en ocasiones, las ineficiencias en la instrumentación de la política salarial o en la ejecución del gasto pueden conducir a la discrepancia entre horas efectivas y oficiales.

En síntesis, la prosecución de un análisis diagnóstico sobre los costos educativos y los factores que influyen o impactan sobre ellos podría seguir una secuencia como la que sigue (sólo se señalan algunas de las variables más relevantes):

Descripción de las características generales:
1. Determinación de la suma total de recursos destinada a la educación
2. Desagregación de ese monto según se trate de gastos corrientes o de capital
3. Descomposición de esos gastos según el nivel educativo al que se destinen

Descripción de los factores que determinan la estructura de costos:

	POR EL LADO DE LA DEMANDA		POR EL LADO DE LA OFERTA
4.	Población en edad escolar	9.	Programa curricular y planes de estudio
5.	Cobertura por nivel educativo		
6.	Tasas de crecimiento de la población y la matrícula	10.	Modelo de organización escolar
		11.	Definición de los años de estudio y estructura del sistema educativo
7.	Eficiencia interna: Tasa de repitencia y abandono por nivel educativo	12.	Estructura salarial y carrera profesional docente
8.	Distribución geográfica de la población	13.	Régimen de licencias y suplencias

Naturalmente, éste es un esquema muy sintético de algunas dimensiones a tener en cuenta cuando se estudian los costos del sector. La cantidad de cruzamientos entre ellas y las desagregaciones posibles es casi innumerable (por eso los estudios de costos son tan complejos y, los *buenos* estudios de costos, tan poco frecuentes).

Una forma alternativa de visualizar esta enmarañada red de relaciones entre los distintos factores explicativos es analizando los costos pero desde un punto de partida totalmente opuesto al desarrollado hasta aquí: el de la proyección de costos a futuro. Como se dijo más arriba, lo que se estuvo presentando es una de las diversas formas de estudiar los determinantes de los costos educativos. Por supuesto, esos mismos determinantes deben ser útiles (y de hecho lo son) para estimar los costos de una acción o política en particular. En definitiva, como se señaló, todo depende del objetivo que se desea alcanzar: a los fines didácticos, en este acápite se estuvo considerando una situación actual y pasada determinada que el investigador desea analizar. Por similares motivos didácticos, para comprender la influencia sobre los costos de algunas de las decisiones de política mencionadas, en lo que sigue, consideraremos que el analista debe estimar futuros costos de llevarlas a cabo.

I.2. La estimación de los costos

Si el estudio de los factores que explican los costos que ya se verifican en el sector es problemático, la estimación de eventuales costos de desarrollar una acción dada no lo es menos. Esto es así ya que no es posible contar con un patrón o denominador común para expresar cuál es el gasto por alumno que permita definir el costo de la escolarización de una persona. En efecto, ¿debería considerarse simplemente el promedio actual sin otro tipo de consideraciones? O ¿debería depurárselo de posibles ineficiencias o gastos superfluos? En este sentido, recordemos que el costo real de prestación del servicio, al menos el educativo, se obtiene a partir de la agregación de un costo teórico y las posibles ineficiencias (que están lejos de ser observables a primera vista).

Esto, sin considerar los costos de escolarizar qué alumno: ¿a uno que se encuentra fuera del sistema?; ¿a uno que se encuentra adentro pero en riesgo educativo?; ¿a uno que no pertenece al grupo de matrícula sociocultural y económicamente desfavorecida? Estas preguntas no tienen una respuesta única dentro del alcance de las finanzas públicas de la educación que, como disciplina expresa y es el resultado de decisiones que se adoptan en otros ámbitos o dimensiones. Es decir, llegado a un punto que intente ir más allá de lo descriptivo, no es posible ahondar en los costos educativos sin abordar: a) el destinatario último del servicio –los alumnos– y, b) a las características propias de ese servicio.

No sólo eso, más arriba hemos señalado diversas formas en que se imparte la enseñanza (distintos niveles, modalidades, tipos de escuelas, etc.) pero las diferencias que explican los dispares costos educativos son mayores aún. Porque, una vez más, a pesar de la aparente sencillez de la función de producción educativa, los atributos de las variables intervinientes en la prestación del servicio son más numerosas. Y el interés por conocer esos determinantes de los costos educativos no se vincula solamente a posibles ejercicios de minimización de costos, a proyecciones de futuras necesidades presupuestarias, etc., sino, tanto o más importante que eso, se trata de disponer de herramientas que brinden elementos para maximizar el producto alcanzable dadas distintas alternativas de combinaciones de recursos. Esto conlleva no pocos problemas metodológicos: por ejemplo, la propia definición de los insumos y de los productos; más aún cuando hay algunos de ellos, como los alumnos, que son tanto insumos como productos.

Así, entre los insumos se pueden citar: a) los estudiantes –a su vez, clasificados según su edad, sexo, contexto socioeconómico y cultural (por sólo citar algunos atributos, señalemos, ingresos de la familia, cantidad de hermanos, estado civil de los padres, nivel educativo de los padres, características del hogar, etc.–, b) los docentes –y, dentro de éstos, sus principales atributos: experiencia, capacitación, salarios, formación, sexo, edad–, c) instalaciones escolares, d) disponibilidad de materiales didácticos, e) duración del año escolar, f) extensión de la jornada escolar, g) horas efectivas de clase, h) cantidad de alumnos por clase, i) tamaño del establecimiento (es decir, cantidad de alumnos que asisten al mismo), j) ubicación de la escuela (rural, urbana, urbano-marginal), k) actividades extracurriculares, l) etcétera.

Desde la perspectiva de las políticas públicas, estas cuestiones no son indiferentes en la medida en que algunas de esas variables y sus atributos son *manipulables* (Cohn y Geske, 1990) y otras son de difícil control o incidencia por parte de los poderes públicos. Esta situación se torna más compleja aún si se considera que, tradicionalmente, los problemas tienden a ser abordados sólo sectorial o endogámicamente sin considerar los contextos socioeconómicos y culturales en los cuales la producción de un servicio público –en nuestro caso, el educativo– tiene lugar. Cabe señalar que, comúnmente, las variables que corresponden a esos contextos son las no controladas o manipulables desde el propio sistema educativo. Aun cuando se espera del sector que, al menos en el largo plazo, pueda llegar a influir sobre esas dimensiones.

Para ordenar esta variedad de recursos que incluye la producción de la educación, Levin y McEwan (2001) proponen lo que denominan el *método de los ingredientes*. Sintéticamente, la idea que sustenta este enfoque es que toda intervención utiliza ingredientes que tienen un costo. Si podemos identificar los ingredientes y sus costos, podremos estimar el costo total de la intervención. Este método requiere que cada intervención se describa en términos de los recursos que se requieren para lograr el resultado esperado.

El primer paso, por lo tanto, es la identificación de los ingredientes. Para facilitar esta tarea, los autores proponen dividirlos en cuatro o cinco categorías principales que tengan características comunes. Una clasificación típica incluiría: personal, espacio físico, equipos y materiales, otros recursos (aquellos que no se ajustan a otra categoría) y recursos de los beneficiarios de la acción (en el caso educativo, los alumnos y sus familias).

Los ingredientes deben ser desagregados con el suficiente grado de detalle de modo tal que permitan determinar sus costos. El grado de especificidad con que se describa cada uno dependerá de su participación en el costo total. Por ejemplo, en la estimación de los costos educativos, el gasto en personal debería recibir la mayor atención ya que constituye la mayor parte de los costos. Así, por ejemplo, un error del 10% en la estimación del costo de personal podría tener un impacto significativo en el costo total.

Cuando los ingredientes se encuentran identificados, se determina el costo de cada uno de ellos. Seguidamente, un vez hallados los costos individuales, se suman para obtener el costo total. Este método puede utilizarse tanto para medir los costos ya incurridos como para evaluar el impacto de medidas o programas que se intente implementar.

Una vez más, las formas de encarar esto último son múltiples y, dado el carácter introductorio de este trabajo, en lo que sigue se recorta el análisis en la estimación de los docentes necesarios para llevar adelante una determinada política. La elección de esta variable no es casual: como se sabe, representan entre el 80% y el 90% del gasto sectorial. Por lo tanto, su dilucidación permite conocer y comprender la mayor parte de la estructura de esos costos.

I.2.1. La proyección de docentes

El punto de partida para estimar los docentes necesarios en el futuro es conocer la demanda: no hay otra forma de comenzar. Ésta, como se dijo, depende de múltiples factores. A los efectos de lo que aquí interesa, la consideramos conocida y dada. En otras palabras, para simplificar la presentación, supongamos que la oficina encargada de la programación o planeamiento educativo ha hecho un análisis de la cantidad de alumnos a incorporar en el sistema en los próximos años o el volumen de estudiantes que estarán alcanzados por determinada política, etc. Es decir, estamos suponiendo que el analista cuenta con los datos necesarios sobre matrícula para calcular los costos.

A partir de allí, sus dos insumos principales son: a) el programa curricular a impartir y, b) el modelo de organización escolar. Desde la perspectiva de nuestro proyectista, del primero lo que interesa no es tanto la cantidad y distribución de las materias a brindar, sino el tiempo destinado a la enseñanza de esas materias. En cuanto al segundo, define cómo estará constituido el equipo docente y no docente del establecimiento escolar para que se cumplan con los objetivos de la educación. A su vez, dicho equipo puede desagregarse según cumpla tareas en el aula –es decir, lo que comúnmente se llama docente frente a curso– o forme parte de la dirección y administración de la escuela. Veamos cada una de estas dimensiones por separado:

El programa curricular

De las variables señaladas, su impacto sobre los costos es el menos evidente. Quizás esto se deba a que constituye uno de los factores explicativos de los costos que ha sido menos estudiado por los especialistas.

Para el estudio de costos, la carga curricular es el dato exógeno por antonomasia. De las diferentes variables que participan en la definición de los costos escolares, quizás es la única en la que el economista no puede intervenir sugiriendo una composición diferente o planteando alternativas para economizar –si fuera el caso– los recursos que demandaría ese programa. La *función de producción* definida explicita que para producir conocimiento en la escuela es necesaria tal o cual cantidad de horas de clase (distribuida entre distintas disciplinas) y, sobre esta base, es la que se debe trabajar en los cálculos de costos.

Aun cuando es cierto que de las demás variables podría decirse algo similar, su flexibilidad parecería ser mayor que la permitida por la cantidad de materias y horas de clase determinadas. Por ejemplo, la población escolar también es un dato del modelo, pero la definición de la cantidad de alumnos por curso y/o por establecimiento brinda ciertos márgenes de acción en la optimización de recursos que la otra variable no posibilita. Al menos, una vez que ha sido determinada y consensuada esa estructura curricular, los grados de libertad para su modificación se reducen a un mínimo. Por eso, salvo que sus costos (en términos absolutos y de su costo-efectividad) tornaran impracticable la estructura sobre la que se está trabajando, en la instancia del cálculo de los recursos necesarios para financiarla, parece aconsejable convertir a la variable curricular en una constante del modelo.

De los distintos determinantes de los costos educativos, esa constante es la más sencilla de estimar: basta con saber la cantidad de horas de cada caja curricular. Así, frente a distintas alternativas, las diferencias absolutas y relativas de horas de clase nos señalarían que, todo lo demás constante (salarios docentes, cantidad de alumnos, etc.), un plan de estudio, por ejemplo, es más económico o costoso que otro.

Pero el impacto de las definiciones curriculares no termina allí. Si existiera un plan de estudios con diversas orientaciones dentro de un mismo establecimiento –esto suele suceder, sobre todo, en el último año o en los dos últimos del nivel secundario– la necesidad de dividir a los alumnos según la especialidad por la que hubieran optado implicaría una mayor cantidad de cursos con menos estudiantes cada uno y, por lo tanto, se requeriría una mayor cantidad de docentes. En función de esto último, la diversificación curricular suele tener menor incidencia o, en el extremo, ser neutral desde una perspectiva de los costos, cuando el establecimiento es más grande en términos de alumnos y el desdoblamiento de cursos para brindar una oferta más amplia de materias satisface un mínimo económicamente *aceptable* de alumnos por curso.

LOS DOCENTES FRENTE A CURSO

Básicamente, para determinar la cantidad de ellos que se necesitará debemos disponer de la información sobre tres definiciones de política. La primera es el programa curricular y la cantidad de horas que de él se deriva. La segunda, la cantidad promedio de alumnos por curso que tiene o tendrá el o los establecimientos educativos en cuestión. La tercera, por último, es la carga horaria de trabajo de los docentes involucrados. Para una cantidad dada de alumnos, la interrelación de esas tres dimensiones permitirá determinar cuántos docentes frente a la clase se requieren.

Como lo que nos interesa es la comprensión del impacto de las decisiones de política, ilustraremos este punto con un sencillo ejemplo en el que la cantidad de alumnos ya está determinada. Para ello, el cuadro que se incluye más abajo (basado en un ejemplo de Williams, 1977) muestra una estimación de docentes para cinco hipótesis distintas en las que la cantidad de alumnos de cada una de ellas es la misma y lo que se modifica es la forma en que se combinan diferentes decisiones respecto de las tres variables citadas.

Comencemos por la primera de las hipótesis. Como consecuencia de la cantidad de alumnos proyectada y las diferentes decisiones, la cantidad de docentes estimada es de 5 mil (última columna del cuadro).

Proyección de docentes frente a alumnos

Hipot.	Nº de alumnos en miles		Tamaño del curso		Nº de cursos en miles		Horas de clase		Total de horas en miles		Total de horas		Nº de doc. requeridos en miles
A	300	:	30	=	10	x	20	=	200	:	40	=	5
B	300	:	25	=	12	x	20	=	240	:	40	=	6
C	300	:	30	=	10	x	36	=	360	:	40	=	9
D	300	:	30	=	10	x	20	=	200	:	20	=	10
E	300	:	25	=	12	x	36	=	432	:	20	=	21,6

Tal como lo muestra la hipótesis B, si en un momento dado las autoridades decidieran disminuir la cantidad de alumnos por curso y mantener los demás parámetros sin modificar, la consecuencia sería un incremento de los docentes requeridos. También es posible imaginar una situación en la que la cantidad de alumnos por curso sigue siendo la misma que la de la situación inicial pero lo que cambia es la caja curricular. Un aumento de ésta sin que varíen las demás dimensiones, como lo muestra la hipótesis C, implicará una mayor cantidad de docentes frente a curso. La cuarta hipótesis difiere de la primera en la carga horaria de los docentes: si la decisión es que trabajen menos, alguien deberá cubrir las horas en las que ya no están en el aula y, por lo tanto, como muestra la última columna de la hipótesis D, la cantidad de docentes necesarios será mayor. Por último, la hipótesis E considera una situación en la que se combinan los cambios en las tres definiciones de política: bajo este supuesto, se necesitarán cuatro veces más docentes que en la situación de origen.

Como se puede observar, este sencillo ejemplo resulta poderoso para ilustrar cómo las decisiones de política –hasta las que parecen más irrelevantes o con menores consecuencias para los costos– inciden en los recursos necesarios para prestar el servicio.

Pero el ejemplo también es útil para ilustrar que, dado que el grueso del gasto sectorial se destina al pago de los salarios docentes, la medición más apropiada para reflejar su nivel de eficiencia técnica es la relación alumnos por curso.

En efecto, de modo similar a cualquier otro proceso productivo, cuando se vinculan estas dos variables –los alumnos y los cursos– se está obteniendo lo que se denomina *índice* o *tasa ocupacional*. La utilidad de relacionar estándares óptimos de ocupación (siempre que la naturaleza de la actividad lo permita) con indicadores de ocupación efectiva reside en la posibilidad de detectar la capacidad ociosa disponible para el crecimiento del servicio si la cobertura del mismo no fuera total.

En el sector educativo uno de los indicadores más frecuentemente utilizado para eso es el que vincula la cantidad de alumnos con los docentes. No obstante esto, si desde un punto de vista estrictamente técnico esa relación es adecuada, desde una perspectiva funcional, no lo es tanto si no se considera que la cifra que arroje ese indicador no necesariamente es el resultado de un proceso ineficiente sino de decisiones de política deliberadamente adoptadas para la prosecución de un resultado determinado. A los efectos del cálculo de costos y mientras la relación de costo-efectividad de esas medidas sea favorable a su adopción, estas decisiones, como el programa curricular, son datos que el analista debe tomar como dados.

No se nos escapa que en nombre la efectividad, en educación suelen diseñarse numerosas políticas que pueden ser deseables pero impracticables desde un punto de vista financiero. Pero, por ahora, esto va más allá de la estimación propiamente dicha de los costos y se vincula más a la posibilidad de solventar y sustentar a futuro esas acciones. Por eso, postergamos la discusión de esta cuestión para el quinto capítulo.

En nuestro ámbito existe una falsa concepción sobre la eficiencia en la asignación de recursos al sector a partir de la confusión de algunos indicadores. En lo que a nosotros respecta, en este punto, la falsa percepción podría derivarse de utilizar la relación alumnos por docente en lugar de la relación de alumnos por curso.

A título ilustrativo recordemos que, tradicionalmente, el sistema educativo ha aceptado como estándar una relación de alrededor de 25 alumnos por docente para el nivel primario. Sin embargo, expresado así, este índice ha generado una significativa confusión cuando se aborda el tema de la eficiencia sectorial. Esa magnitud intenta expresar una relación *ideal* de cantidad de estudiantes, por ejemplo, por maestro de grado común. En otras palabras, esa relación teórica quiso reflejar la cantidad de estudiantes que debería haber por curso. Pero se desvirtuó de forma tal que el denominador de la relación alumnos/docentes terminó involucrando a todo el personal que se encuadra dentro de esa categoría (directores, secretarios, maestros de materias especiales, etc.) y no sólo a los que se encuentran frente al aula.

Por eso, ese indicador, así medido, aporta escasa o nula utilidad. Además, por su forma de cálculo condena a un bajo desempeño a las tasas ocupacionales pues a un mismo grupo de alumnos se le imputa una mayor cantidad de docentes. Por su parte, esto no se corresponde con lo que esa tasa intentó, originariamente, mostrar.

Por ejemplo, una escuela primaria a la que concurren

250 estudiantes que se hallan distribuidos en diez cursos frente a las que se encuentra un maestro de grado en cada una, arroja una relación de 25 alumnos por curso o, si se quiere, 25 alumnos por docente. Pero si a los efectos de la construcción del indicador sumamos el director del establecimiento, esa relación cae a 22,7 alumnos por docente (250 dividido 11). Si, también tiene un vicedirector, la relación es de 20,8 y si, continuando con el hipotético ejemplo, trabajan cinco maestros de materias especiales (música, gimnasia, etc.), el indicador resulta ser de 14,7. No obstante esto, la *carga* de alumnos por curso continúa siendo de 25 y, por lo tanto, debe considerarse adecuada y técnicamente eficiente.

Sin ir más lejos, consideremos las diversas hipótesis de nuestro ejemplo: los casos C y D, con una relación de alumnos por docente de 33,3 y 30, respectivamente (resultado de dividir la primera y la última columna) se presentarían como más ineficientes que la A cuando, en rigor, se aplicaron decisiones de política que no alteraron para nada la cantidad de alumnos por clase.

El *problema* de la relación alumnos/docentes residiría, entonces, en la discusión y definición de la pertinencia de la composición de la dotación de los recursos humanos para producir el resultado deseado, es decir, para producir educación. En otras palabras, esta cuestión se deriva de y debe remitirse a otra dimensión: la de la *tecnología o ingeniería pedagógica y organizacional*.

En un medio en que la homogeneidad en la asignación de recursos es lo usual, estas diferentes cantidades y tipos de cargo, en última instancia, podrían estar constituyendo una de las pocas dimensiones de diferenciación en la oferta del servicio y, desde este punto de vista, más que ser una cuestión objetable, podría significar un aspecto que nos remite a la equidad en esa oferta, a la diversificación curricular, etcétera.

En síntesis, aunque la relación alumnos/docentes constituye el indicador más utilizado para medir la eficiencia técnica, da una medida distorsionada de esa eficiencia, porque el denominador (cantidad de docentes) incluye no solamente al docente frente al aula sino a la totalidad de los docentes de la escuela (director, vicedirector, secretario, maestros de materias especiales, etc.). Por este motivo, es útil expresar el costo en función de la relación alumnos por curso o el tamaño de la clase.

El personal total de las escuelas

Una vez proyectada la cantidad de docentes frente a curso, corresponde estimar el resto del personal que se desempeña en los establecimientos educativos. Para ello, se recurre a las definiciones sobre organización escolar que, estén o no legalmente establecidas, señalan la distribución funcional de cargos en las escuelas. En general esas definiciones establecen que para cierta cantidad de alumnos es necesaria determinada planta de dirección y administración escolar. Con posterioridad, los docentes incorporados a tal efecto se mantienen estables hasta llegar a otro punto en el que la administración del establecimiento requiere una mayor dotación para hacer frente a este nuevo aumento de la cantidad de alumnos.

En función de la cantidad de escuelas a crear como consecuencia de las proyecciones de matrícula (que nosotros considerábamos como dada) y del modelo de organización escolar vigente para el personal de la escuela que no se encuentra frente al aula, se suelen calcular los costos de los recursos humanos a que estamos aludiendo.

II. Las economías de escala

A primera vista, podría creerse que una escuela de mayor tamaño es más conveniente, desde la perspectiva de los costos, que una más chica. A los ahorros generados por aumentos en el tamaño del establecimiento se los denomina economías de escala. Por ejemplo, solemos encontrarnos con consideraciones de este tipo: una escuela de 1.000 alumnos es más económica que dos de 500 ya que por cada biblioteca, laboratorio, espacios para el personal de administración, sala de profesores, etc., que hay que construir en la primera, hay que construir dos en las otras. Desde un punto de vista de los gastos recurrentes, sucede algo similar: dos directores, dos bibliotecarios, etc. Pero esto no necesariamente es de este modo; al menos para todos los tamaños de establecimientos.

Desde el punto de vista de los costos, no es indiferente que se pueda incorporar un determinado cargo a una escuela con pocos o muchos alumnos. Esto es así ya que el costo monetario de ese cargo se distribuye entre menos o más estudiantes incidiendo, de esa manera, en el desempeño de los costos medios de la escuela. Cabe señalar que el costo medio es el costo por unidad producida y, en educación, el más utilizado es el que surge de dividir al costo total por la cantidad de alumnos. Por eso, más comúnmente se lo denomina *costo por alumno*.

Las funciones de costos implícitas en las definiciones sobre organización escolar señalan los umbrales mínimos y máximos, según el caso, para los que resulta conveniente expandir la escala de operaciones. Lo que implica, a su vez, determinar los puntos en los cuales una reducción o aumento de la cantidad de alumnos se torna aconsejable.

II.1. Los costos según el tamaño de la escuela

Así, la variación que puedan llegar a tener los costos medios cuando, por ejemplo, se incrementa la cantidad de alumnos que asiste a una escuela no está predeterminada: pueden aumentar, disminuir o permanecer constantes. Naturalmente, el impacto final depende de la función de costos de cada escuela o, en forma más directa, de la relación entre los costos y el tamaño del establecimiento medido por la cantidad de alumnos (y, dentro de éstos, del tamaño de las cursos). Esto depende, a su vez, de la combinación o proporción de costos fijos y variables.

Los costos variables son los que fluctúan cuando se modifica el volumen de producción; en el caso educativo, se trata de los gastos que se modifican cuando cambia la cantidad de alumnos de una escuela. En cuanto a los fijos, son aquellos que permanecen constantes a pesar de haber variado la escala de operaciones; nuevamente, en el caso de las escuelas, serían aquellos que deben hacerse independientemente del número de alumnos (por ejemplo, la infraestructura escolar).

No obstante eso, cabe señalar que la definición de costos fijos y variables no es unívoca: costos que en un momento pueden ser fijos, en el largo plazo pueden considerarse variables (en períodos de tiempo muy largos, todos los costos son considerados de este modo). En otras palabras, la clasificación o categorización de los gastos es relativa a la situación que se está analizando. La inclusión en uno u otro agrupamiento depende de si la cantidad de recursos empleados cambia cuando se modifica la producción.

Por ejemplo, hay modelos de organización escolar que establecen que cierto personal de dirección y administración de los establecimientos escolares –tales como secretarios, preceptores, ayudantes de laboratorio, etc.– dependen de la cantidad de alumnos o cursos que haya en un momento dado en la institución. De este modo, el gasto en este tipo de personal puede tomarse como fijo en el corto plazo y aumentar, por ejemplo, si se incrementa la *producción* (es decir, la cantidad de alumnos).

La literatura (por ejemplo, Mulet, 1988) suele subclasificar a estos gastos como semivariables o semifijos indistintamente debido a que, como no son divisibles, deben ser incorporados por *bloques*. A su vez, su naturaleza hace que se los pueda distinguir, también, como costos fijos reversibles ya que pueden eliminarse y, por lo tanto, desaparecer al verificarse una caída en el nivel de producción o capacidad instalada; es decir, cuando –por ejemplo, en el sector educativo– la matrícula de la escuela disminuye. Éste es uno de los principales motivos que explicarían, manteniéndose *todo lo demás igual*, el comportamiento de los costos medios de los recursos humanos, en nuestro caso, de los establecimientos educativos.

Además, como vimos en el punto anterior, la cantidad de alumnos de la escuela no sólo influye en la proporción de los costos semifijos (los de dirección y administración en nuestro caso) sino en los costos variables; es decir, básicamente, en el gasto en personal docente frente al aula. Las definiciones sobre la organización escolar no sólo indican para qué rangos se puede nombrar, por ejemplo, a un secretario, sino que precisan cuándo se puede abrir, ampliar, fusionar (o cerrar) una clase. Estas acciones son las que determinan la adición o no de un docente al equipo docente de la escuela.

Un ejemplo sencillo puede contribuir a aclarar estos puntos: si a una clase asisten veinte alumnos y el espacio físico y las especificaciones pedagógicas permiten incrementar la matrícula hasta veinticinco sin tener que aumentar la cantidad de docentes frente al curso, la presencia de un alumno más: a) disminuirá el costo promedio o por alumno ya que el costo total de mantener esa clase permanece invariable y, b) el costo total permanecerá constante pues la diferencia entre el costo total de tener veintiún y veinte alumnos es cero. Pero si el número de alumnos aumentase repentinamente y en un momento dado se incorporasen diez chicos más, dado que se excede el límite físico y pedagógicamente permitido (recordemos que habíamos supuesto que era de 25), se debe desdoblar el curso en dos de quince estudiantes cada uno. Debido a ello se debe incorporar un maestro de grado adicional, etc., que torna más cara la prestación del servicio.

Cabe señalar que al incremento en el costo total derivado de agregar una unidad al total de producto se lo denomina Costo Marginal. En los análisis y proyecciones de costos puede ser muy relevante conocer a cuánto asciende el costo adicional que deriva de expandir la matrícula y se obtiene por la diferencia entre el costo total luego de su incorporación y el costo total anterior a la misma. Menos rigurosamente, dado que se trata de variables discretas y en educación el tratamiento empírico de unidades tan chicas (como es el caso de un solo alumno) es prácticamente imposible, en el sector también se suele aceptar el análisis marginal tomando el aumento o disminución de un pequeño grupo de alumnos (Woodhall, 1987). La importancia del costo incremental se encuentra dada porque su variación puede sustentar, económicamente, la decisión de ampliar, reducir o fusionar un servicio.

Como se puede apreciar en el siguiente cuadro (elaborado sobre la base de las definiciones organizacionales y salarios docentes de la provincia de Buenos Aires, Argentina), el costo marginal es la diferencia entre el costo total para el tamaño de escuela de que se trate y el costo total del tamaño inmediato anterior (en este ejemplo sólo estamos considerando los costos de personal). Por ejemplo, el costo marginal de una escuela de nivel primario de diez cursos (1.607 pesos) surge de la diferencia entre el costo total de esa escuela (9.239 pesos) y el costo total de una de nueve cursos (7.632 pesos). En cuanto al costo medio, en el siguiente cuadro, la unidad producida es la clase; por lo tanto, para cada rango de tamaño de escuela resulta de dividir al costo total por la cantidad de cursos. En nuestro caso de un establecimiento de diez cursos, el costo medio surge de relacionar los 9.239 pesos que cuesta su funcionamiento con las diez clases (y, por eso, el costo medio es de 924 pesos).

En el caso de las escuelas, los costos marginales de funcionamiento más importantes son los costos monetarios de incorporar más personal al establecimiento. Del mismo modo que con los costos por alumno –y por motivos similares– los resultados para los distintos rangos no son uniformes. No obstante, a diferencia de aquellos, hay tramos de tamaños de escuelas para los que los costos adicionales de agregar cursos

Costos totales, medios y marginales
Costos mensuales. En pesos.

Cursos	Nivel primario			Nivel medio		
	Costo total	Costo medio	Costo marg.	Costo total	Costo medio	Costo marg.
1	782	782	782	2.904	2.904	2.904
2	1.338	669	556	4.489	2.244	1.584
3	2.463	821	1.124	5.545	1.848	1.056
4	3.208	802	746	7.129	1.782	1.584
5	3.954	791	746	8.185	1.637	1.056
6	4.700	783	746	9.387	1.565	1.202
7	6.140	877	1.440	10.972	1.567	1.584
8	6.886	861	746	12.028	1.503	1.056
9	7.632	848	746	13.084	1.454	1.056
10	9.239	924	1.607	15.365	1.537	2.281
11	9.984	908	746	17.407	1.582	2.042
12	10.730	894	746	19.224	1.602	1.817
13	12.346	950	1.616	20.808	1.601	1.584
14	13.092	935	746	21.864	1.562	1.056
15	14.514	968	1.423	22.920	1.528	1.056
16	15.260	954	746	24.505	1.532	1.584
17	16.006	942	746	25.561	1.504	1.056
18	16.751	931	746	26.617	1.479	1.056
19	17.497	921	746	28.201	1.484	1.584
20	19.089	954	1.592	29.540	1.477	1.339
21	19.835	945	746	31.670	1.508	2.130
22	20.581	935	746	33.255	1.512	1.584
23	21.326	927	746	34.311	1.492	1.056
24	22.072	920	746	35.367	1.474	1.056
25	22.818	913	746	36.951	1.478	1.584
26	23.564	906	746	38.007	1.462	1.056
27	24.309	900	746	39.063	1.447	1.056
28	25.055	895	746	40.647	1.452	1.584
29	25.801	890	746	41.703	1.438	1.056
30	26.597	887	797	42.759	1.425	1.056
31	27.343	882	746	45.077	1.454	2.317

son iguales a los de establecimientos más chicos (porque se está agregando la misma cantidad de personal).

Para lo que aquí nos interesa, y a partir de la información que brinda el cuadro, se puede observar que la incidencia del tamaño de los establecimientos sobre los costos, para cualesquiera de los niveles educativos, no es neutra y, mucho menos, uniforme. Así, por ejemplo, en el nivel primario, el costo por curso de una escuela de dos clases es inferior al de un establecimiento de sólo un curso. O, en el nivel medio, los costos medios van descendiendo a medida que se expande la escuela hasta alcanzar las siete divisiones y, a partir de ahí, aumentan y se inicia un nuevo ciclo descendente y así sucesivamente. A los efectos del análisis, como sólo estamos focalizando la atención en los gastos recurrentes, nos abstraemos del problema de la existencia de capacidad instalada para ir ampliando gradualmente el tamaño de la escuela.

Esta evolución errática no se debe a la cantidad de alumnos por curso que a los efectos de este ejemplo se supone constante para cada uno de esos niveles sino a la dotación de docentes y, lo que es tanto o más importante, a las funciones que cumplen cada uno de ellos dentro de la escuela.

Frente a los diferentes costos por curso del cuadro anterior, el analista podría (y debería) interrogarse sobre la conveniencia y pertinencia de, por ejemplo en el nivel medio, hacer operar a una escuela de siete divisiones y no detener su crecimiento cuando alcanzó la escala de seis divisiones.

Claramente, se puede observar que no es racional –desde un punto de vista económico– la apertura de un nuevo establecimiento de una división sola de modo tal de contar con una oferta de dos establecimientos: uno de seis divisiones y otro de una. Cabe señalar que estamos abstrayéndonos de los problemas de disponibilidad de espacio físico, localización geográfica y, lo que es más importante, si desde una perspectiva social, existiendo la posibilidad de integrarla a un establecimiento más grande, resulta conveniente operar una escuela de una sola clase –aun cuando ello fuera factible–.

En este ejemplo, el costo total de proceder de este modo implicaría que, en tanto una escuela de siete divisiones supondría un gasto en personal de $10.972, dos establecimientos de las características señaladas costarían $12.291 ($2.904 + $9.387). Por eso, aun cuando, como se puede ver en el cuadro precedente, los costos medios crecen en una escuela de siete cursos, éste resultaría el camino racionalmente adecuado.

II.2. Los costos de la red escolar

Desde una perspectiva de los costos, a los efectos de estudiar la pertinencia de expandir el tamaño del establecimiento o de un curso del mismo (suponiendo que física y pedagógicamente ello fuera posible y aceptado), se debe observar la evolución del costo por alumno antes de adoptar esa decisión. Por último, este costo depende, también, de la existencia de capacidad edilicia ociosa para absorber más alumnos que tenga la escuela o curso en cuestión.

Más allá de la dificultad de arribar a conclusiones inequívocas, con estos instrumentos es posible definir criterios o sugerencias para la ingeniería de la red escolar. De todos modos, a los efectos de la factibilidad real de producir cambios en el tamaño de las escuelas, el análisis debería considerar otros factores tales como la posibilidad de reubicación en otras escuelas para lo cual, a su vez, se deberá observar si existen establecimientos más o menos cercanos, la capacidad física de estos últimos, los costos de transporte y, quizás lo más importante, el contexto sociocultural y familiar.

Pero por ahora, hagamos abstracción de estos condicionantes y centrémonos en el análisis de costos exclusivamente. A título ilustrativo, consideremos esta matriz de costos construida sobre la base de la información presentada en el cuadro anterior.

Conforme este ejemplo, ante la disyuntiva de tener que hacer funcionar un establecimiento de dos cursos o dos de

COSTOS ALTERNATIVOS SEGÚN EL TAMAÑO DE LA ESCUELA
COSTO MENSUAL. EN PESOS

Nivel primario				Nivel medio			
Un estab. de	En $	Dos estab. de	En $	Un estab. de	En $	Dos estab. de	En $
2 cursos	1.338	1 curso	1.564	2 cursos	4.489	1 curso	5.808
4 "	3.208	2 cursos	2.676	4 "	7.129	2 cursos	8.977
6 "	4.700	3 "	4.925	6 "	9.387	3 "	11.089
8 "	6.886	4 "	6.417	8 "	12.028	4 "	14.258
10 "	9.239	5 "	7.908	10 "	15.365	5 "	16.370
12 "	10.730	6 "	9.400	12 "	19.224	6 "	18.775
14 "	13.092	7 "	12.280	14 "	21.864	7 "	21.943
16 "	15.260	8 "	13.772	16 "	24.505	8 "	24.055
18 "	16.751	9 "	15.263	18 "	26.617	9 "	26.167
20 "	19.089	10 "	18.477	20 "	29.540	10 "	30.730
22 "	20.581	11 "	19.969	22 "	33.255	11 "	34.813
24 "	22.072	12 "	21.460	24 "	35.367	12 "	38.447
26 "	23.564	13 "	24.692	26 "	38.007	13 "	41.616
28 "	25.055	14 "	26.183	28 "	40.647	14 "	43.728
30 "	26.597	15 "	29.028	30 "	42.759	15 "	45.84

un curso cada uno, en ambos niveles educativos, lo aconsejable es operar solamente un establecimiento. Sin embargo, si se debe elegir entre un establecimiento con cuatro cursos o dos escuelas con dos cursos cada una, en el nivel primario lo adecuado sería abrir dos escuelas de dos cursos y en el nivel medio continuar con una sola institución (para cada rango, las opciones menos costosas monetariamente se encuentran resaltadas en cursivas). Además, se puede ver que el desdoblamiento de escuelas también se torna conveniente para tamaños más grandes de establecimientos (en el nivel primario, resulta más económico dos escuelas de doce clases que una de veinticuatro y en el nivel medio, dos de nueve cursos son preferibles a una de dieciocho).

En definitiva, en cada decisión que eventualmente se adopte, influye (o debería influir) la incidencia que tiene la presencia del personal de dirección y administración y de apoyo administrativo y docente sobre los costos medios. Por otra parte, lo que se pretende ilustrar es que no existe esa linealidad del tipo *dos establecimientos son más caros que uno*.

Otra cuestión a resaltar es que, a partir de determinado punto, la alternativa más racional es continuar expandiendo la escala en una sola escuela y no desdoblarla: en el nivel primario, esto se verifica (siempre en este ejemplo) a partir de los veintiséis cursos y en el nivel medio, a partir de los veinte. En otras palabras, a partir de esos puntos, los costos medios se tornan continuamente decrecientes debido a que las definiciones sobre la organización escolar consideradas para construir estas matrices de costos señalan que se debe detener la incorporación de personal de dirección y administración, etcétera.

Por último, en el rango de ocho a veinticuatro cursos en el nivel primario se pueden ver los efectos de la incorporación del personal de dirección y administración, etc. La expansión de la matrícula de esa supuesta escuela deriva en que, para esos tamaños, siempre conviene desdoblar al establecimiento. Esto es así porque, dadas las definiciones sobre la organización escolar utilizadas (que, recordemos, operacionalizan y dan prioridad a criterios físicos y pedagógicos y no a criterios económicos), en las escuelas de menor tamaño todavía no deben adicionarse costos semivariables. En las del nivel medio, se presenta un efecto similar en las de hasta diez cursos.

No deja de ser interesante señalar que estos planteos parecerían contradecir los corolarios de la teoría microeconómica tradicional. En efecto, volvamos a nuestro ejemplo de la escuela del nivel medio de siete divisiones. Supongamos que la cantidad de alumnos de la localidad, distrito, barrio o la unidad geográfica que se quiera definir, impide –al menos temporariamente– la expansión de su tamaño a nueve cursos (donde los costos medios vuelven a ser mínimos). Entonces, ¿cuál es la racionalidad de operar y permitir el funcionamiento de la escuela en el punto de la *curva de costos* correspondiente a las siete clases? O, si se quiere, ¿es irracional esa escala de operaciones?

En este punto es donde debemos señalar que la principal diferencia entre las concepciones tradicionales sobre los costos y las más modernas es que estas últimas, basadas tanto en consideraciones teóricas como empíricas, señalan la posibilidad y racionalidad de capacidad ociosa de la planta debido a la necesidad de contar con la suficiente flexibilidad ante cambios en los volúmenes de producción (Koutsoyiannis, 1985). De este modo, esto que para la teoría dominante sería un desaprovechamiento de los recursos, para este enfoque no constituiría otra cosa sino una *capacidad instalada de reserva* y lo *lógico* es que eso suceda.

En general para la teoría microeconómica moderna los empresarios tienen expectativas de incrementar sus ventas en el futuro y, por lo tanto, su volumen de producción. Entonces, en el momento de decidir la construcción de sus instalaciones, lo racional sería prever estos posibles cambios para que un *cuello de botella* no derive la demanda a otras firmas competitivas. De modo similar, ahora se postula como factible –y hasta necesario y deseable– que esta capacidad de reserva también se manifieste a nivel organizativo y administrativo. Por eso, incluso, se *acepta* la contratación de personal gerencial, etc., con la suficiente holgura como para poder responder a cambios en la demanda.

Respecto de los recursos físicos empleados en la educación, si bien escapa al análisis que estamos desarrollando, la capacidad de reserva también es comparable con la teoría de las firmas. Antes de emprender la construcción de la escuela o la compra de equipamiento para la misma, se está ante lo que se denomina una *situación de largo plazo*: se puede (y debe) optar por una de la serie de alternativas en función de la población en edad escolar de la zona, espacio y terrenos disponibles, demanda insatisfecha, etc. Pero una vez que el establecimiento ha sido edificado y el equipamiento instalado, la escuela comienza a operar en *condiciones de corto plazo*.

No obstante, existe consenso en que esa capacidad de reserva debe tener un límite y se considera *normal* que las plantas operen en un rango de entre dos tercios y tres cuartos de la capacidad instalada. Es decir que, aun cuando es admitida la existencia de cierta capacidad ociosa, se espera que la escala de operaciones sea tal que se esté aprovechando un porcentaje relativamente alto del potencial productivo de la empresa. Al porcentaje de la capacidad productiva total que se está utilizando se lo denomina *coeficiente de aprovechamiento*.

II.3. La racionalidad del tamaño: ¿decisión o destino?

Hubo numerosos intentos de estudiar la presencia de economías de escala en educación. En el sector se manifiestan cuando al aumentar el número de estudiantes el costo promedio cae (en los análisis sectoriales suele emplearse el gasto por alumno). Como consecuencia, puede incrementarse la prestación del servicio sin tener que gastar más dinero para ello. A su vez, las deseconomías de escala se verifican debido a que los costos promedios comienzan a crecer a medida que el número de estudiantes aumenta.

La evidencia sobre la existencia de economías de escala en la educación de tipo *tradicional* (presencial) es escasa y las conclusiones arribadas señalan que, si éstas existen, son de muy pequeña significación. Por el contrario, según la evidencia, distinto es el caso de la educación a distancia (Coombs y Hallak, 1987). Las distintas investigaciones sobre este tema mencionadas por Cohn y Geske (1990) y Johnes (1995) señalan que las escuelas primarias presentan economías de escala a partir de los 80 alumnos y que los costos mínimos se alcanzarían cuando asisten alrededor de 1.000 chicos. En cuanto a las del nivel medio, los tamaños óptimos diferirían según el país: así, mientras en los Estados

Unidos los costos mínimos se logran cuando los establecimientos tienen entre 1.500 y 2.200 alumnos (según el Estado de que se trate), en el Reino Unido el óptimo se alcanzaría en escuelas de 1.200 estudiantes.

Sin embargo, otros análisis señalan que si bien existen economías de escala en las escuelas, no ha sido posible hallar un costo mínimo ya que éste es decreciente y se estabilizaría a partir de cierto punto. Otros estudios, finalmente, indicarían que no existen las economías de escala o que, directamente, son un mito (véase, nuevamente, Johnes, 1995 y Cohn y Geske, 1990).

Estos hallazgos divergentes se deben, en gran medida, a los distintos recursos humanos, instalaciones y equipamientos estipulados como necesarios en los diferentes sistemas educativos. En última instancia, estas brechas se deben a las especificaciones físicas, organizacionales y pedagógicas que se estipulan para brindar *determinada* calidad del servicio educativo (aunque tampoco debe soslayarse el hecho de que los distintos cálculos y estimaciones sobre tamaños óptimos de establecimientos suelen basarse en diferentes modelos teóricos, supuestos y disponibilidad de información).

En función de estas consideraciones, las comparaciones locales e internacionales, como en tantos otros ámbitos, deben realizarse con suma cautela y, quizás, sólo a los efectos de tomar nota de las características y definiciones realizadas para determinar el tamaño y la organización de los establecimientos en otros sistemas (como referencia para su *mero* conocimiento, potencial rechazo o replicabilidad, según sea el interés del caso). Una vez más, estas consideraciones explican las causas por las que el ejercicio abstracto de definir el costo de una educación de calidad es imposible si no se definen para un vector temporal y espacial cuáles son los atributos y, consecuentemente, los insumos requeridos para alcanzarla.

Por otra parte, suele omitirse que los modelos organizacionales que se estipulan para cada sistema educativo guardan (o deberían guardar) cierta correspondencia y reciprocidad con los tamaños de planta en forma general o, como en nuestro caso, de las escuelas. En rigor de verdad, dadas ciertas especificaciones de la administración escolar –tanto personal de dirección y administración por cada tantos alumnos– se pueden encontrar economías de escala para determinados rangos (por ejemplo, para las escuelas unívocamente chicas). Tal como se encuentran definidos los modelos de organización escolar, éstos sólo precisan la cantidad de personal de apoyo y de dirección y administración hasta cierto punto a partir del cual se deja fija la magnitud de ese personal aun cuando la matrícula continuase creciendo. En forma más directa, la posibilidad de lograr ahorros por la existencia de economías de escala en las escuelas no es mero producto del azar sino que depende, en gran medida, de las decisiones de organización escolar (y las restricciones que impone la densidad y dispersión de la población, etc.).

Como se señaló, en la mayor parte de los sistemas educativos donde las definiciones sobre organización escolar y la dotación de docentes que las acompaña se encuentran explícitamente determinadas suele establecerse que, por ejemplo, en establecimientos con una determinada cantidad de cursos, el número de directores, secretarios, etc. (no el personal exclusivamente pedagógico tal como los maestros frente a curso, de materias especiales, etc.) quedan fijos a partir de una determinada cantidad de cursos. Por eso, no es extraño encontrar estructuras de costos permanentemente decrecientes. Si esto es así, el tamaño óptimo de planta nunca se alcanza pues para cualquier cantidad de alumnos, siempre hay una magnitud superior que torna menores los costos de las escuelas. En forma más directa, el tamaño óptimo podría ser el de un establecimiento con un millón de alumnos, diez millones o, en el extremo, toda la población en edad escolar del mundo. Es en este punto donde la perspectiva puramente económica perdería sentido (de la realidad) y donde deben incorporarse elementos organizacionales y pedagógicos al análisis.

Frente a estos problemas, quizás la posición más adecuada sea la de discutir con cautela el tema de las economías de escala en las escuelas: si existen, es para determinados modelos organizacionales, sociales, físicos y pedagógicos que restringen, por suerte, la impunidad con que algunos analistas en nuestro medio suelen abordar la cuestión.

III. Los costos de enfocar sólo los costos

Como se señaló en el segundo capítulo, durante los últimos lustros hubo un gran debate sobre la incidencia –pedagógica y económica– del tamaño de las clases. Menos rica e intensa fue la discusión sobre los efectos y características de las escuelas según su tamaño. Básicamente ésta giró en torno a los costos derivados de la escala de los establecimientos. No obstante, también existen factores extraeconómicos que conviene tener presentes cuando se discute este tema. Cotton (1996), por ejemplo, reseña 103 estudios sobre la relación entre el tamaño de las escuelas y el logro en los aprendizajes de los alumnos, participación en actividades extracurriculares, relaciones entre los chicos y entre éstos y el equipo docente, tasas de abandono, presentismo, sentido de pertenencia (tanto de los alumnos como de los docentes), etcétera.

Estos trabajos son de diversa índole y su breve discusión aquí responde a la necesidad de explicitar que la definición del tamaño de una escuela no es un mero ejercicio abstracto de minimización de costos que llevaría, seguramente, a resultados impracticables en el mundo real. Como siempre, en última instancia, la definición final debería corresponderse con un serio análisis de costo-efectividad en el que se conjuguen todas las variables intervinientes.

La literatura sobre el tamaño de los establecimientos educativos no deja de ser un poco confusa respecto de lo que se consideran escuelas pequeñas o grandes. Así, parecería existir cierto consenso en que las de más de 1.000 chicos son unívocamente grandes y las de menos de 100, unívocamente chicas. Pero dentro de ese rango, las cosas no son tan exactas y, por eso, los corolarios y hallazgos de los diversos estudios se contradirían unos con otros.

En su revisión de los trabajos dedicados al tema, Cotton (1996) encontró que sólo veintisiete de los ciento tres estudios analizados mencionan algún número que indique a qué se refieren cuando se habla de escuelas pequeñas o grandes. En estas investigaciones, el rango que definiría a las primeras es de entre 200 y 1.000 alumnos y el de las grandes, entre 300 y 5.000. La autora opta por apoyar las conclusiones de Williams (1990) –que, a su vez, se basa en treinta investigaciones– que señala que el tamaño más efectivo para las escuelas primarias estaría entre trescientos y cuatrocientos alumnos y para las del nivel medio entre cuatrocientos y ochocientos.

Asimismo, Raywid (1996) sintetiza los resultados de los diversos estudios enmarcados dentro del *movimiento* a favor de las escuelas de menor tamaño (de entre 100 y 1.000 alumnos) según los cuales sus principales ventajas serían: a) mejor comportamiento, mayor compromiso, un aumento en el rendimiento en los aprendizajes y mayor participación en actividades extracurriculares por parte de los alumnos debido a que la mayor atención prestada por el equipo docente los hace sentir parte de una comunidad; b) mayor compromiso institucional de los docentes, por motivos similares a los de los alumnos; y c) mejora en la organización escolar debido a la posibilidad de una administración apropiada, mayor apoyo a los alumnos, mejora en la efectividad y satisfacción docente, mayor flexibilidad para su organización.

En cuanto a la relación entre los resultados en el aprendizaje y el tamaño de las escuelas, Stevenson (1996) reseña estudios donde se señala que las escuelas primarias no deberían exceder los 600/650 alumnos y que, más allá de ese punto, no habría *ganancias* significativas. Él mismo, en su análisis sobre la correlación existente entre el tamaño de las escuelas en Carolina del Sur y aquellas que han obtenido los premios por los logros en el aprendizaje otorgados por ese Estado durante los últimos diez años, encuentra que si la cantidad de chicos que asisten a un establecimiento tiene alguna influencia en esos resultados, es poco significativa y que ninguno de los eslóganes en los que se sintetiza el debate –"más chicas es mejor" y "más grandes es mejor"– han podido ser corroborados en su estudio. Cotton (1996) confirma estos resultados.

Donde sí parecería haber una correlación positiva es entre las escuelas de menor tamaño y: a) la mejor conducta de los chicos, b) la mayor participación en actividades extracurriculares, c) el menor ausentismo de los alumnos, d) más bajas tasas de abandono, e) mayor sentido de pertenencia, f) mayor participación de los padres y, g) mejores relaciones entre los chicos y éstos y los docentes (Cotton, 1996). Entre otras, las razones por las que unas escuelas parecerían ser superiores a otras residirían en la mayor flexibilidad que permite el menor tamaño para adaptarse a cambios, mayores posibilidades de conocimiento del equipo docente y directivo por parte de la comunidad y mayor probabilidad de participación de los chicos en las actividades escolares (a menor cantidad de alumnos, la probabilidad de que a los alumnos les corresponda involucrarse en las mismas –por ejemplo, actos y programas escolares específicos, etc.– es mayor).

Esto, por su parte, se encuentra en línea con uno de los trabajos pioneros sobre el tema (Barker y Gump, 1964; citado por Swanson y King, 1997), en el que si bien no especificaban el tamaño óptimo de las escuelas, concluyeron que "las escuelas deberían ser lo suficientemente pequeñas como para que todos sus estudiantes sean necesarios para sus proyectos. Una escuela debe ser lo suficientemente pequeña para que sus alumnos no sean redundantes..."

Howley (1996) también optó, finalmente, por no expedirse acerca del tamaño concreto que debe tener un establecimiento. Por eso, de modo general, concluyó que "las escuelas comparten ciertas características que nos llevan a reconocerlas como tales y no como otra cosa. Una institución que intenta ser una escuela, pero que es muy grande o muy pequeña, deja de ser una escuela. Las 'escuelas' más chicas pueden parecer familias y las 'escuelas' grandes pueden parecer fábricas o prisiones."

Sumario y conclusiones

1. Uno de los aspectos más llamativos de los estudios de costos –independientemente de si se trata de análisis de situaciones pasadas o de proyecciones futuras– es que para comprender los motivos por los cuales son ésos y no otros los recursos necesarios para llevar a cabo determinada acción o política, prácticamente no es necesario recurrir a valores monetarios.

En rigor, sólo una vez desarrollado el estudio de la situación actual o las proyecciones futuras, según fuera el caso, corresponde valorizar los resultados hallados. Es decir, con los requerimientos de docentes en mano, se pueden estimar los costos a partir de la estructura salarial vigente. Pero el principal y más arduo trabajo ya habrá sido hecho. En realidad, la esencia de un análisis o proyección de costos –en nuestro caso, educativos– no consiste en multiplicar las cantidades de insumo necesarias por su respectivo precio, sino determinar esas cantidades. Por eso, en el complejo caso de los costos educativos se hace tanto hincapié en la determinación de la cantidad de docentes, ya que explican alrededor del 90% de los recursos que se destinan al sector.

Por supuesto, los salarios no constituyen una cuestión menor y su influencia es gravitante en el gasto sectorial. Pero como se sabe, esto no se debe a la deprimida magnitud que tienen en nuestros países sino a la gran cantidad de docentes que trabajan en ellos. Por lo demás, la discusión sobre los salarios y las carreras profesionales docentes forma parte de una discusión con status propio en los sistemas educativos y por eso será tratada en el siguiente capítulo.

Independientemente de esto último, lo que interesa destacar aquí es que los análisis de costos y presupuestos –en nuestro caso, educativos– constituyen, en realidad, el estudio de los determinantes e *ingredientes* requeridos para llevar a cabo los objetivos que se propuso la administración de la red escolar. En otras palabras, el desafío es saber qué y cómo llevar a cabo un proyecto destinado a atender o resolver un problema (y, como es sabido, más difícil todavía es detectar el verdadero problema). Una vez comenzadas a dilucidar estas cuestiones, la presupuestación es una fase lógica y natural de todo el proceso.

2. Los costos de las escuelas dependen de la confluencia de factores del lado de la demanda y del lado de la oferta educativa. La primera es prácticamente un dato sobre el que deben operar las políticas públicas en educación. Ya comentamos en el segundo capítulo que, de los distintos criterios de asignación de recursos, el enfoque de la demanda social es el que tradicionalmente más tuvo en cuenta la estructura de la población en edad escolar, etc. Una vez que se cuenta con las proyecciones respectivas, la distribución geográfica de la población a atender y la influencia de la trayectoria escolar de los alumnos –promoción, repitencia, abandono– entra en juego la influencia que pueda llegar a operar una acción o política educativa determinada.

Éstas, como repetidamente se señaló e ilustró a lo largo del capítulo, influyen decididamente sobre los costos educativos porque moldean las características de la red escolar. Entre las decisiones de política más decisivas se encuentran las referidas al tamaño de los cursos, los planes de estudio y la duración de la jornada de clases, los modelos de organización escolar, las estructuras salariales y los regímenes de licencias y suplencias.

Si en nuestra presentación destacamos en particular el análisis de los modelos de organización escolar ello se debe a que tienen una importancia singular en los estudios de costos: para una población escolar dada, permiten conocer la cantidad de docentes necesarios para brindar el servicio educativo. Desde esta perspectiva, no sólo aportan al conocimiento sobre requerimientos futuros de recursos humanos –por ejemplo, ante una política de expansión de la cobertura escolar– sino que, cuando se comparan las definiciones organizacionales con la cantidad de alumnos y el plantel docente de cada escuela, echan luz sobre una de las principales dimensiones por las que los costos reales de nuestros sistemas educativos no pocas veces difieren de sus costos teóricos.

No sólo eso. Sobre la base de cuál sea el tamaño de la clase y del establecimiento escolar descansa buena parte de la lógica económica de las propuestas de mercantilización educativa (que se analiza en el último capítulo).

3. En todos los sistemas educativos existe una gran cantidad de escuelas de tamaño pequeño, es decir, con poca cantidad de alumnos. Las causales obedecen a múltiples circunstancias que comprenden un rango tan amplio como razones históricas, la existencia de población en riesgo, decisiones políticas de emplazar un establecimiento en determinada localidad, la necesidad de garantizar el servicio a toda la demanda potencial y la pérdida de matrícula por bajo rendimiento.

A los efectos del análisis y adopción de políticas o acciones focalizadas, esas escuelas con escasa población estudiantil merecen un abordaje particular y, por lo tanto, les corresponde ser consideradas en forma separada del resto.

Desde un punto de vista estrictamente económico, la racionalidad de las escuelas chicas se explicaría por el hecho de que los costos de transporte o alojamiento de los chicos que asisten a ellas, si se decidiera y pudiera trasladarlos a unidades de mayor tamaño, es superior al que demanda su funcionamiento. No obstante, por ejemplo, Witham (1993) calculó para Australia que los costos de transporte y la valorización del tiempo perdido por el traslado de los alumnos rurales a otras escuelas revertían los supuestos ahorros derivados del cierre de las escuelas a las que concurrían. Este último es un análisis que suele omitirse cuando se propone el cierre de escuelas argumentando su tamaño. Además de que también se suele olvidar la existencia de los factores tanto o más importantes como los socioculturales y familiares.

En general, los trabajos dedicados exclusivamente a los costos según el tamaño de los establecimientos nada dicen sobre la incidencia de la cantidad de alumnos de un curso o escuela sobre los logros educativos. Debemos recordar, una vez más, que este tipo de estudios se suelen realizar suponiendo que las escalas de explotación de una escuela se pueden medir sobre la base de la cantidad de alumnos haciendo abstracción de las diferencias de calidad que pueden imprimir tamaños totalmente diferentes.

A la luz de los logros en el aprendizaje y de las demás variables y atributos que comprenden la calidad de la educación, habría que experimentar o reelaborar los análisis para que la eficiencia de tamaño se traduzca en efectividad; es decir, para que se pueda determinar y financiar la combinación de insumos más apropiada que permita maximizar los resultados.

No obstante, arribar a un acuerdo sobre este punto continuará siendo problemático. La literatura –si bien nunca concluyente– encuentra recomendaciones de política divergentes según se enfoquen los insumos o los productos (Howley, 1994): en el primer caso, el impacto sobre los costos recomendaría escuelas de mayor tamaño; en el segundo, las ventajas asociadas a la efectividad de la educación y del ambiente escolar, incidirían en la elección de escuelas más chicas. Por eso, en última instancia, el tamaño óptimo debería ser el resultante de la combinación y complementariedad de esas dimensiones.

Capítulo 4

Los salarios docentes

Pocos actores deben estar conformes con las actuales estructuras salariales y las carreras profesionales docentes en América Latina. La insatisfacción comprende, prácticamente, todas las dimensiones que se vinculan a ellas: desde el nivel absoluto de las remuneraciones hasta la existencia (o carencia) de incentivos monetarios que se ajusten a: a) las tareas y el desempeño de los propios docentes en las escuelas y, b) las necesidades de los sistemas educativos y, por lo tanto, de la sociedad en su conjunto.

Por eso, la discusión de los salarios y la carrera magisterial recorre (o debería recorrer) transversalmente casi todas las variables *medulares* del sector: entre otras, el financiamiento y las formas (centralizadas o descentralizadas) de asignación de recursos, los modelos de organización escolar, la formación y capacitación docente y, en forma más general y más allá de la polisemia del término, la calidad educativa.

No obstante esta complejidad, en este capítulo se recorta el análisis a la presentación del debate actual sobre los problemas que tienen las estructuras salariales y las carreras profesionales en nuestros países. La focalización en este punto se debe a que, siendo el personal docente uno de los recursos más importantes –cuantitativa y monetariamente– para la producción del servicio educativo, se entiende que algunos de los instrumentos más poderosos para incentivar y motivar la mejora en la calidad de ese servicio son, precisamente, los salarios y las perspectivas profesionales que ofrece este trabajo.

A estos efectos, en la primera parte del capítulo se analizan las raíces teóricas de las propuestas de reforma de esas carreras y estructuras salariales. En la segunda parte, se tratan las propuestas y críticas que recibieron y, como consecuencia de esas objeciones, seguidamente se analizan las alternativas de cambio. Por último, en la tercera sección se discute el nivel absoluto de los salarios docentes.

I. Las críticas

I.1. Los análisis económicos y la ausencia de incentivos

Luego del período optimista de la teoría del capital humano –la década del sesenta hasta mediados de los años setenta– la crisis fiscal de los ochenta brindó el contexto propicio para que los estudios o, si se quiere, la metodología y técnicas de análisis que empleaban las investigaciones económicas de unos años atrás para optimizar la inversión de un sector tan promisorio como el educativo, comenzaran a utilizarse para impulsar la menor intervención estatal en el sector o, en el mejor de los casos, para contener los recursos que se le destinan.

Como se explicó en el segundo capítulo al tratar las funciones de producción, buena parte de los análisis que se desarrollaron hasta ese momento –y continuaron haciéndose después– tratando de orientar mejor la inversión en educación, consistían en el intento de medición del vínculo entre los diferentes "insumos" y recursos que se asignaban y los resultados en el aprendizaje. A los efectos de lo que nos interesa aquí, recordemos a los que querían ver cuál era la influencia del gasto educativo y el salario docente sobre esos resultados. Según estos estudios, no existiría vínculo entre esas variables (por ejemplo, a mayores salarios, mejores resultados y viceversa).

Como habíamos señalado, la explicación de estos hechos no es difícil: en la medida en que los salarios no están sujetos a ninguna cláusula de productividad (independientemente de cómo se la mida y evalúe), no necesariamente debe existir esa relación. Por lo tanto, el corolario resultaba más o menos obvio: o no se debe continuar incrementando el salario o debe comenzar a *atárselo* a algún elemento de productividad. Si se considera la alta proporción de las nóminas salariales docentes dentro del gasto educativo, se puede comprender la facilidad con la que estos argumentos pueden extrapolarse al gasto educativo en su totalidad. En este caso, también, se puede ver que uno de los problemas para encontrar vínculos entre el gasto educativo y el desempeño es que no hay nada inherente en ese gasto que conduzca a mejores resultados en el aprendizaje. En forma más directa, se verifica una falta de incentivos (monetarios y no monetarios) en el sistema educativo.

A veces, acríticamente y sin saber bien el origen de los enunciados que se hacen, se intentan extrapolar esas conclusiones a los países de la región. No es difícil contraargumentar, al menos, su pertinencia local. Por ejemplo, la cuestión sobre a partir de qué magnitud el gasto o el salario comienzan a (no) tener incidencia sobre el desempeño. Los estudios que se hicieron encontraron que para los niveles salariales y de gasto educativo en los Estados Unidos (donde se llevaron a cabo la mayor parte de esos estudios), una adición a la inversión no tiene implicaciones sobre los resultados en el aprendizaje.

Pero los salarios y el gasto educativo en ese país son bastante más altos que los que rigen en América Latina. Si se correlacionara el bajo nivel del gasto y el salario docente en nuestros países, probablemente también se encontraría esa ausencia de relación. Pero por motivos muy diferentes: eso no significaría, necesariamente que, dados esos bajos niveles, un aumento en las remuneraciones o en el gasto en general, no tendría incidencia en la calidad de la educación (más allá de cómo quiera o pueda medírsela). La baja inversión y los bajos salarios docentes bien podrían explicar, si se verificase, la ausencia de relación entre esas variables y el desempeño educativo.

Independientemente de esto, el hecho es que los estudios arribaron a diferentes resultados o, cuando los hallazgos fueron similares, generaron explicaciones no pocas veces contradictorias entre sí. Por eso, la ausencia de correlación entre variables claves, el declive de la teoría del capital humano, las críticas sobre el vínculo entre educación y productividad, la evidencia sobre la escasa o nula mejora en la distribución del ingreso y la crisis fiscal, entre otras, allanaron el camino para que los estudios que se habían realizado hasta entonces comenzaran a sustentar técnicamente el recorte o contención de los gastos educativos a la vez que potenciaron las ideas sobre la introducción de mecanismos de mercado en el sector que permitieran mejorar su productividad.

Estas consideraciones no son patrimonio de las investigaciones llevadas a cabo por economistas de la educación. Más bien, forman parte de la corriente dominante de la teoría económica en los últimos lustros. Ésta comenzó a buscar explicaciones del bajo desempeño del sector público en general y, en lo que a nosotros respecta, del educativo en particular. No pocas de las propuestas de reforma en la asignación de recursos en el sector –tales como el *voucher* (del que hablaremos en el último capítulo) y el pago por productividad a los docentes– de los últimos años le deben su sustento a esta corriente de pensamiento.

Sintéticamente, según el paradigma económico dominante la existencia de incentivos –en particular, los monetarios– constituiría *la* diferencia entre el sector privado y el público y su ausencia sería la causa principal de la ineficiencia de este último.

Por un lado, tenemos los *incentivos organizacionales*. A diferencia de las empresas privadas, los organismos públicos (empresas, ministerios, escuelas, etc.) no se enfrentan a la amenaza de una quiebra sino que tienen la posibilidad permanente de recibir fondos del Estado. La posibilidad de una quiebra es valorada como incentivo porque impone una restricción presupuestaria a las empresas y actúa como un mecanismo natural para reemplazar equipos directivos que hubieran mostrado una gestión ineficiente.

Un segundo desincentivo organizativo es la ausencia de competencia en el sector público, argumento de gran peso en las propuestas dirigidas a introducir elementos del mercado en la educación, tales como el subsidio a la demanda. Básicamente, como la competencia permitiría a los consumidores expresar sus preferencias eligiendo, ello obligaría a las empresas a ser más eficientes.

Por otra parte, también se plantea que la estructura de *incentivos individuales* coloca al sector público en desventaja respecto del privado. Los organismos públicos fallarían en proveer incentivos (para ser eficaces, eficientes, y/o responder a los fines de la organización) a las personas que trabajan en ellos debido a las restricciones que enfrentan tanto en materia de política salarial como en lo relativo a la estabilidad en el empleo. Este argumento, entre otros, es el que sustentaría la propuesta de introducción de cláusulas de productividad en las relaciones contractuales docentes.

Además, se argumenta que las organizaciones jerárquicas –especialmente las más grandes, y las del Estado se encuentran entre ellas– muestran deficiencias en términos de control y problemas de motivación en sus empleados, funcionarios, etc., independientemente de su nivel de responsabilidad. Por último, este enfoque también hace hincapié en la cuestión de los incentivos: los esquemas de remuneraciones y ascensos propios de las jerarquías pueden limitar los incentivos a un buen desempeño y provocar efectos disuasivos para individuos con iniciativa que, de otra manera, estarían dispuestos a trabajar en la organización.

La cuestión central a resolver ante estos problemas es cómo garantizar que las acciones de los prestadores directos del servicio –por ejemplo, los docentes– resulten acordes a los intereses de la organización. Las dos vías principales para lograrlo son: a) vincular los ingresos de aquéllos al resultado de la acción y/o, b) asignar una mayor cantidad de recursos al monitoreo de la acción. Esta segunda cuestión implicaría una mayor intervención estatal que es lo que está, justamente, puesto en tela de juicio. Por eso, la mayor parte de los análisis y las propuestas se han dedicado a la cuestión del vínculo entre ingresos y resultados.

I.2. Los análisis de la administración y las necesidades organizacionales

Ahora bien, independientemente de los estudios que, desde la economía brindaron el sustento para promover cambios, los análisis sobre administración de las organizaciones y de los recursos humanos aportaron los elementos para la crítica interna de las carreras profesionales y las estructuras salariales docentes.

Estas disciplinas enseñan que cada vez son menos los puestos de trabajo en que la posibilidad de obtener un aumento salarial depende casi exclusivamente del paso del tiempo y la única vía de movilidad de su personal es la salida hacia puestos de gestión y dirección. Las escuelas forman parte de esas organizaciones en las que: a) la antigüedad todavía es uno de los principales incentivos, b) los ascensos significan el abandono del trabajo que se venía desarrollando y, además, c) se encuentran condicionados a que se produzca el retiro de los que ocupan puestos superiores en la escala jerárquica.

Esta estructura salarial se correspondía con un modelo en que se visualizaba que los únicos responsables por la calidad de la educación eran los políticos vinculados a la macroadministración del sector en tanto que a los docentes *sólo* les tocaba la tarea de transmitir un programa curricular estandarizado. Así, el sistema de pagos era acorde a esos roles y los docentes eran remunerados como cualquier otro trabajador de la economía (Kelley, 1996).

En efecto, el pago generalizado y homogéneo respondía a las necesidades y al contexto imperante de la época en que fueron diseñados, en que para ingresar a un trabajo se requería un conjunto mínimo de conocimientos y habilidades y luego, una vez en él, se incrementaban los salarios conforme a la experiencia acumulada reconocida por medio del pago por antigüedad (Kelley y Odden, 1995). Así, la actual escala salarial ha sido funcional a los objetivos y a la atención que se prestó en el pasado a la organización del sistema educativo, en que se focalizaba más en los insumos que en los procesos y resultados (Odden y Conley, 1992).

Los nuevos enfoques sobre el tema remiten a la búsqueda de un esquema superador de los tradicionales mecanismos de remuneración que, en su mayoría, se encuentran en franca retirada por no encontrarse vinculados a las necesidades organizacionales y a los procesos de trabajo requeridos para el desarrollo de escuelas eficaces. En términos de la expresión acuñada por Odden y Kelley (1997), la reformulación de la estructura salarial docente consiste en hallar el medio por el cual se les pague "por lo que saben y lo que hacen". Por eso, e independientemente de la posición que finalmente se adopte frente a los mismos, cada vez es más frecuente la utilización y aplicación de conceptos tales como pago por competencias, por conocimiento, por pericia, por habilidad, por desempeño, etc. En sentido contrario, cada vez se hace más a un lado la idea y el propio hecho del pago por antigüedad.

No obstante, si las viejas carreras profesionales y estructuras salariales docentes todavía se encuentran vigentes se debe, en gran medida, a la dificultad de encontrar mecanismos sustitutos que contengan sus ventajas. Entre éstas se pueden señalar que: a) son objetivas y, por lo tanto, no están sujetas a discrecionalidad por parte de ninguna autoridad; b) el salario es predecible, ya que desde el ingreso a la carrera se puede conocer lo que se va a percibir en el futuro; c) su administración y comprensión por parte de los docentes es sencilla y; d) reducen, si no eliminan, la competencia entre docentes (aunque, es cierto, tampoco proveen mecanismos que favorezcan la cooperación entre ellos).

Ahora bien, si las escalas salariales presentan algunos aspectos positivos, sus desventajas no son menores. Aún más, su importancia es tal que la corriente generada a favor de su transformación tiene su origen, precisamente, en ellas. Algunas de las más relevantes se refieren a que docentes mediocres tienen la misma remuneración que otros con mejor calificación, preparación y compromiso con su trabajo; docentes con títulos vinculados a la docencia de mayor graduación que la magisterial reciben el mismo pago que aquellos que no continúan estudios superiores; docentes con mayor experiencia no son aprovechados –ni remunerados– en trabajos más desafiantes y difíciles de llevar a cabo por docentes menos preparados o con menos antigüedad; el régimen de compensaciones se encuentra desvinculado de las actividades desarrolladas en las escuelas y; la escala salarial vigente paga igual por diferentes esfuerzos y aptitudes.

En cuanto a las carreras magisteriales, suele señalarse que el sistema educativo no alienta a los mejores docentes a su continuo perfeccionamiento y superación; los ingresantes tienen el mismo trabajo y carga laboral que docentes con treinta años de experiencia; sólo permiten que el docente ascienda a otros puestos que lo alejan del aula; el modo de acceso a un cargo superior fomenta el credencialismo y la sola acumulación de años y, dentro del mismo cargo, la única diferencia en la remuneración entre los docentes es la antigüedad. En lo que sigue, abordamos algunas de estas desventajas con mayor detalle:

1. La carrera magisterial sólo permite que el docente ascienda a otros puestos que lo alejan del aula. En general, la estructura actual remunera trabajos bien definidos no previendo mecanismos de promoción dentro del mismo cargo: el ascenso implica la realización de tareas diferentes a las que se venían desarrollando en un cargo distinto que, a su vez, tiene su correspondiente estructura salarial vinculada a su especificidad.

En otras palabras, no se considera la posibilidad de continuar en la carrera dentro de una misma función para alentar la permanencia en sus cargos de los docentes que quieren continuar desarrollando esas tareas sin tener que aspirar a otros puestos para obtener una mayor remuneración. En los hechos esto implica que la carrera profesional docente no provee oportunidades a quienes quieren alcanzar una distinción profesional, junto al correspondiente reconocimiento salarial, sin tener que abandonar sus actividades frente al curso por una posición administrativa, directiva o de supervisión.

Esto puede verificarse aun cuando el docente quisiera mantenerse frente al aula donde, quizás, se siente más cómodo y estima que es el trabajo para el que se ha preparado. Claramente, este sería un caso en que no se beneficia ni el docente, ni el sector educativo ni, por lo tanto, la sociedad.

2. El modo de acceso a un cargo superior fomenta el credencialismo y la acumulación de años. El incentivo implícito es la obtención de puntos y en esto, no sólo el docente es responsable por el contenido de la capacitación y formación que adquiere sino la propia macroadministración del sistema, que avala y fomenta –aceptándolos y otorgándoles puntaje– a esos cursos, seminarios y antecedentes culturales (muchas veces, de dudosa validez o, si se quiere, pertinencia).

Éste es un fenómeno evidenciado en los últimos años que, lejos de estimular un mejor desarrollo profesional, promueve la necesidad de realizar la mayor cantidad de cursos y carreras cortas posibles con el fin de acrecentar el puntaje que engrosará sus antecedentes. Estos cursos o carreras se eligen, en muchos casos, sin valorar la formación académica que ofrecen y si la misma pondrá al docente en mejores condiciones profesionales para asumir el cargo al que aspira. Generalmente se da prioridad, en el momento de la elección, al curso que otorga más puntos para poder conseguir el ascenso deseado.

Tampoco se incentiva el estudio y el desarrollo profesional continuo. En general, en los sistemas educativos no se contemplan alicientes monetarios explícitos e inmediatos para que los docentes se perfeccionen o, en términos más generales, intenten superarse a sí mismos. En no pocos casos, los cursos, la capacitación, etc., sólo son funcionales como antecedentes para ascender en la escala jerárquica. Si, por ejemplo, al docente no le interesa el ejercicio de tareas de dirección, no hay ningún mecanismo –insistimos, monetario– que lo induzca a continuar progresando. Naturalmente, ello no significa que cada curso, cada acción deba ser remunerada, pero en la actualidad se asiste al fenómeno inverso en el que ni una mayor formación y/o capacitación, en lo inmediato, se traduce en un mayor pago para el docente.

3. Dentro del mismo cargo, la única diferencia en la remuneración entre los docentes es la antigüedad. Uno de los conceptos de mayor gravitación sobre los costos educativos es el concepto salarial que (intenta) remunerar la experiencia. En todos los sistemas educativos es reconocida con incrementos en el sueldo escalonados en el tiempo. La forma de remunerarla, tradicionalmente, ha sido por la vía del pago de un adicional por *antigüedad*. Como es sabido, este componente –que en los hechos parecería recompensar más la fidelidad al sector que la experiencia–, ha recibido numerosas y demoledoras críticas. No obstante, la dificultad de encontrar un mejor sustituto ha hecho que continúe vigente en la mayor parte de los sistemas educativos.

Benson (1978) fue uno de los primeros en plantear claramente la contradicción existente como consecuencia de premiar la antigüedad pero no aprovechar la mayor pericia que deriva de la experiencia adquirida por esos maestros y profesores. A estos efectos, ilustró su punto de vista con el sencillo ejemplo de que, evidentemente, no es inocuo que docentes que luego de años de estar frente al aula se retiren y sean sustituidos en el mismo curso por otros que recién inician su carrera. ¿Eso significa que el pago del adicional por antigüedad en el sistema es el único factor que los diferencia? Si esto fuera así y los años de experiencia no implicasen prácticas docentes diferentes, no se justificaría ese pago diferencial.

Ahora bien, se remunera uniformemente la acumulación de años y no las consecuencias que derivan del ejercicio profesional a lo largo de los mismos cuando el sistema educativo parecería ser capaz de percibir las diferencias entre unos y otros docentes. En otras palabras, el interrogante es ¿por qué pagar una variable sustituta cuando lo que se supone se desea premiar y estimular son las prácticas (diferentes y observables) que surgen de la misma? De un modo más directo: por un lado se reconoce que la antigüedad no es neutra, es decir, no es lo mismo tenerla que no tenerla y, por el otro, se le paga a todos por igual independientemente de que el docente la aplique o no en el desarrollo de otras actividades. Por eso, como señalan Odden y Kelley (1997) dado que el adicional lo cobran todos los docentes, en los hechos, terminan compensando la pertenencia y permanencia en el sistema.

Por último, aun cuando se continuase remunerando la antigüedad como se ha estado haciendo hasta ahora, cabe comentar que la evidencia existente en Estados Unidos estaría indicando que la experiencia sólo incide en la efectividad docente durante los primeros años de ejercicio profesional. Hanushek *et al.* (1994), concluyen que ésta tendría importancia o, mejor dicho, incidencia en el proceso de enseñanza durante los primeros años de trabajo del maestro –cinco años o a lo sumo diez– y no hasta los veintidós años como es, por ejemplo, en la Argentina. Si esto fuera así, es decir, si no se pudiese demostrar fehacientemente que después de, por ejemplo, diez años de estar frente al aula la mayor experiencia introduce diferencias entre los docentes, habría que analizar la pertinencia de seguir pagando la experiencia después de determinada cantidad de años de servicio. Esto de ningún modo implica eliminar la antigüedad, simplemente significa acotarla para vincular el concepto con el hecho que supuestamente remunera.

4. El régimen de compensaciones se encuentra desvinculado de las actividades desarrolladas en las escuelas.
En general, los adicionales se pagan por la situación parti-

cular de revista del docentes (v.g. zona, presentismo, atención del comedor escolar, etc.) y no por características diferenciales en su trabajo. Así, los adicionales que se pagan en el sector no se vinculan al trabajo educativo propiamente dicho. La tendencia internacional en las distintas organizaciones (no sólo en las educativas), es vincular los salarios al conocimiento, aptitudes y competencias del personal y a los objetivos y características de las instituciones en que se desarrolla el trabajo. En otras palabras, se entiende que una estructura salarial debe corresponderse con los patrones generales de la actividad de que se trata: en el sector educativo, el corolario es que el salario docente debería estar vinculado, naturalmente, a las características del trabajo docente.

La forma de pago vigente hasta ahora estaba diseñada para garantizar la estabilidad, predicibilidad y equidad interna. Las nuevas corrientes intentan promover la adquisición continua de competencias y aptitudes, compromiso con la organización a la que pertenece el personal y la prosecución de resultados (Odden y Kelley, 1997). En la práctica, esto se traduce no sólo en que deben enseñar sino asesorar a otros docentes, planificar, participar y ejecutar proyectos educativos institucionales, desarrollar actividades innovadoras para la implementación del programa curricular, la evaluación de prácticas, la elaboración de presupuestos, el seguimiento de procesos, llevar adelante y organizar reuniones, etc. Por otra parte, tampoco se compensa a los docentes que trabajan en escuelas donde las condiciones laborales son más desafiantes, más dificultosas y menos deseables (v.g. población socioeducativa vulnerable).

5. Existe una marcada tendencia a la creación de cargos para cada actividad: se remuneran puestos y no a las personas y las actividades que desarrollan. Inicialmente el sistema educativo sólo requería del docente su formación de grado. Luego se fueron identificando nuevas necesidades y, en lugar de formar y complementar sus conocimientos, se fueron contratando especialistas de distintas disciplinas para cumplir cada nueva función emergente (preceptores, bibliotecarios, etc.).

De este modo, se segmenta el trabajo institucional: cada problema es/debe ser atendido por el profesional empleado a esos efectos y, supuestamente –porque esto tampoco es así– deja de ser competencia del docente frente al aula. Con el tiempo se produjo un gran incremento en la variedad de cargos (con su correspondiente remuneración).

Cabe señalar que las organizaciones modernas ya no contratan individuos expertos en sólo un área sino personas con capacidad de integrarse a equipos de trabajo flexibles que puedan adaptarse a cambios y, por lo tanto, pueden y deben poseer aptitudes para poder desarrollar distintos tipos de tareas (Odden, 1996). En la actualidad cada vez más se requiere que el personal de una organización contribuya de diferentes formas a la misma sin por ello tener que contratar y crear cargos *ad hoc*. De hecho, no pocas de las actividades señaladas en el punto anterior ya son desarrolladas por los docentes mostrando una capacidad de adaptación a nuevas necesidades que, no obstante, no se encuentran reconocidas monetariamente.

Por eso, las estructuras jerárquicas con cargos claramente detallados (aunque sea en forma implícita) están tendiendo a ser reemplazadas por estructuras matriciales donde se compensen las actitudes y competencias específicas que requiere la institución de que se trate. Además, este tipo de funcionamiento permite legitimar –en su faz monetaria– las múltiples tareas que lleva a cabo un equipo donde se tiende a diluir la especificidad del cargo. Aunque, es cierto, un docente no puede cumplir todos los roles y, por lo tanto, habría que definir la cantidad y características deseables.

6. Hay una gran dispersión salarial entre provincias y estados. Con excepción de México, esto ocurre en países federales como Argentina y Brasil aunque no sólo en el sistema educativo. Por lo tanto, podría pensarse que el tema excede al tratamiento sectorial. Sin embargo, esto no puede ser así cuando se considera que: a) la mayor parte de los docentes se ciñen por las escalas salariales establecidas en el ámbito del sector público y, b) la brecha entre provincias y Estados no se debe a una dispar valoración de la profesión docente (que, en última instancia, sería materia de discusión) si no a, c) la restricción presupuestaria que se impone como criterio dominante en la definición de los niveles absolutos salariales.

7. Los adicionales existentes sólo contribuyen a distorsionar la pirámide salarial. El intento de corregir bajos niveles salariales modifica constantemente la valoración inicial otorgada a cada cargo y función. Esta situación se encuentra muy marcada, por ejemplo, en Argentina y Perú. Más aún, en el primero de ellos por ejemplo, más allá de los adicionales por tareas particulares de ciertos grupos de docentes, la cantidad de situaciones, justificativos y conceptos por los que se puede abonar un pago adicional son múltiples y su límite, en algunos casos, está dado por la imaginación de los responsables de la formulación de la política salarial. En la práctica los diferentes adicionales (sobre todo las sumas fijas que tienden a aplanar las distancias salariales entre cargos) y formas de pago a los docentes han ido modificando la intención originaria de distinguir monetariamente cada cargo.

Esto, en sí mismo no sería objetable o merecedor de mayor atención, si respondiese a un propósito deliberado de corregir la estructuración originaria debido a la distinta apreciación que se tiene, en distintos momentos, de las tareas que se desarrollan. Sin embargo, lejos de ello, como en el punto anterior, la restricción presupuestaria domina la armonía interna que se supone guardan las distancias salariales de los distintos integrantes del escalafón docente.

En consecuencia, la restricción presupuestaria jugó un rol por demás significativo en la distorsión de los salarios relativos tanto en el interior del gremio docente como con relación a las demás ocupaciones, etc. En el intento de recomponer las remuneraciones y ante la escasez de recursos, se fueron creando pagos adicionales a los salarios que modificaron, en los hechos, la estructura salarial plasmada a través de los puntos asignados a cada cargo en los respectivos Estatutos Docentes y normas legales afines y modificatorias. En efecto, es una práctica común la percepción de adicionales en la forma de sumas fijas iguales para todos los cargos y que exista una parte de los haberes sobre los que no se liquidan cargas sociales o no se calculan otros ítem del salario (tales como la antigüedad).

Estas modalidades remunerativas se han ido agregando a una estructura salarial que, más allá de cómo fue elaborada expresó, aunque sea implícitamente, la morfología que debería tener la pirámide salarial. Ahora bien, en sentido contrario a esta línea argumental, podría decirse que las alteraciones que se introdujeron fácticamente sobre la antigüedad, la diferencia salarial entre cargos, etc., estarían manifestando una nueva forma de valorar esos ítem. Sin embargo, debe tenerse presente que esas modificaciones fueron la salida coyuntural a un problema estructural de escasez de recursos y que, en consecuencia, no se originaron en la definición de nuevos parámetros y criterios que orientasen la reformulación de las escalas salariales sobre bases técnicas que las justificaran.

8. La escala salarial vigente paga igual por diferentes esfuerzos y aptitudes. Esta afirmación, por lo evidente, no merece mayores explicaciones: el régimen de remuneraciones actual no distingue buenos de malos o mediocres desempeños docentes. Ésta es una de las principales críticas a la estructura de pagos en el sector educativo y es a su solución, quizás, hacia donde más se focalizó el análisis y las propuestas de los especialistas.

II. Las propuestas y contrapropuestas

II.1. El pago por mérito

Frente a la cuestión de la ausencia de incentivos y a las críticas directamente vinculadas a las carreras profesionales y estructuras salariales docentes, una postura muy difundida tanto teórica como fácticamente durante los años ochenta fue la del intento de relacionar los salarios docentes con su desempeño. Según el paradigma teórico dominante en economía, todos los salarios deberían ser "pagos por mérito" o productividad. Esta forma de pago –en verdad, de bonificación– en el sistema educativo adquirió relevancia en los Estados Unidos en la década del ochenta en numerosos distritos escolares de ese país. En la actualidad sólo sobreviven muy pocos esquemas de estas características como consecuencia, en general, de la: a) resistencia y dificultades prácticas para su implementación y/o, b) insuficiencia de recursos monetarios para su sustentabilidad.

Para quienes proponen este tipo de compensaciones, el problema de las escalas salariales uniformes es que no proveen incentivos ni penalidades (monetarias) que discriminen el desempeño de los trabajadores. Así, la justificación del pago por mérito reside, en última instancia, en que si los docentes son remunerados competitivamente en función de su performance, trabajarán más y los más efectivos serán recompensados monetariamente. Adicionalmente, otras razones que se esgrimen a favor del pago por mérito son que: a) los docentes se encuentran motivados, principalmente, por estímulos monetarios y, b) la oportunidad de lograr este tipo de compensaciones los incentivaría a tener un comportamiento superador que los posicione mejor en su carrera profesional. Por último, frente a las críticas a este tipo de pagos se sostiene que, en realidad, detrás de esas posturas lo que en realidad existe es el temor por la competencia entre docentes. Por eso sugieren que una proporción de los salarios sea percibida sólo por una parte del universo docente.

Independientemente de la validez de los argumentos sobre los temores, etc., los que existen en contra del pago por mérito han sido numerosos y, en su mayoría, no han podido ser sorteados por sus promotores. Entre éstos se encuentran:

1. La dificultad de la medición. Esta ha sido una de las principales observaciones de quienes cuestionan la posibilidad instrumental del pago por mérito. El grado de subjetividad involucrado en un esquema de esa naturaleza, por un lado, y la falta de claridad respecto de medidas objetivas a utilizarse para su cuantificación por el otro, han llevado al fracaso a los intentos realizados sobre el particular. Por eso, como señala Johnson (1984), si bien las propuestas de pago por desempeño son aceptadas "en principio", son rechazadas "en la práctica".

En otras palabras uno de los obstáculos más importantes que enfrenta este tipo de compensaciones es el de la evaluación. Esta dificultad, a su vez, se origina en el hecho de que el trabajo que desarrollan los docentes, además de ser multiobjetivo, es un servicio cuyos resultados son intangibles, difíciles de cuantificar y medir. Claro está que la evaluación es el emergente fáctico del verdadero problema: la propia definición de lo que es el desempeño docente. La complejidad de describir lo que constituye una *buena* práctica docente es que pareciera que no hay ninguna definición que por sí sola pueda garantizar acuerdos. Los docentes tienen éxito o no en muy diferentes contextos y modos de ejercer su profesión: se pueden emplear medios distintos y llegar a iguales resultados y viceversa.

Básicamente se conocen dos tipos de evaluaciones: la subjetiva y la objetiva. La primera la realizan los superiores jerárquicos del docente que se está evaluando; la segunda estaría dada, por ejemplo, por parámetros empíricamente observables tales como los resultados en las pruebas de aprendizaje que se les toma a los alumnos.

En lo que se refiere a las mediciones objetivas, si se utilizan para docentes en forma individual, como explican en su ya clásico trabajo Murnane y Cohen (1986), salvo que se consideren todas las áreas del conocimiento en esas pruebas, se corre el riesgo de que los docentes asignen mayor tiempo y esfuerzo a las materias que se sabe se examinarán (con lo que se descuidarían otras áreas). Además, aun cuando se decidiese evaluar todo el programa curricular, eso significaría atribuir a la educación solamente los objetivos de transmitir conocimiento debido a lo cual, aquí también, se estarían desatendiendo otros aspectos. Por otra parte, contemplar esas pruebas, por ejemplo, implicaría asignar a la calidad de la educación méritos (y problemas) que no siempre son de los docentes. Paralelamente, éstos estarían incentivados a asignar mayor tiempo a los alumnos con mejores posibilidades. Por último, un problema adicional es que no se puede imputar sólo a un docente la contribución a los resultados (sean estos buenos o insuficientes) y, menos aún, al logro de los diferentes objetivos que tiene la educación (volveremos sobre este punto más adelante).

En cuanto a la evaluación subjetiva, esos autores señalan que un sistema de pago por mérito debería ser capaz de dar respuesta a dos interrogantes tan sencillos como esenciales: a) ¿por qué una persona recibe un pago por desempeño y otra no? y, b) ¿qué debe hacer un docente para obtener esa retribución adicional? En el caso de la docencia, como en el de gran cantidad de servicios, esas preguntas no tienen respuestas unívocas ya que los parámetros de productividad no se encuentran tan precisamente establecidos como en otras actividades. En consecuencia, la falta de reglas de juego claras impide que los docentes puedan apoyarse sobre normas que los orienten respecto de sus deberes y derechos a los efectos de la percepción del adicional por méritos.

Naturalmente, uno de los mayores problemas de las evaluaciones subjetivas son sus posibles implicaciones: ¿qué ocurre si un docente es evaluado por menos de lo que él cree que merece y, en represalia, disminuye su desempeño (peor aún, si éste ya era considerado regular)? Paralelamente, se podría correr el riesgo de perder la cooperación de los docentes que, aun siendo *buenos*, no fueron calificados como para conseguir el adicional a su sueldo. En este sentido, se desincentiva el trabajo grupal (no hay juego cooperativo) y se corre el peligro de que los docentes esquiven la interdisciplinariedad que supone y requiere su trabajo. Según Hanushek *et al.* (1994), el pago por mérito promueve que los individuos terminen haciendo lo que es más conveniente para ellos y no para la organización a la que pertenecen.

Sobre el particular, existe más o menos consenso que la dificultad con el tema de las calificaciones se manifiesta, principalmente, cuando hay dinero de por medio. Cuando no lo hay, la calificación a los docentes puede y suele ser utilizada como estrategia de los directores para incentivar un mejor desempeño.

Esto último parecería estar corroborado por la experiencia existente, por ejemplo, en la Argentina y Uruguay, entre otros. En estos países, si bien no existe el pago por mérito, a los docentes se los califica en el ámbito de sus escuelas. El sistema no genera ni competencia ni problemas entre los docentes ya que no hay una distribución de calificaciones en función de una suma limitada a repartir como premio. Sin embargo, si bien esta modalidad no impacta en forma directa en sus remuneraciones, dado que reciben puntaje que les sirve como antecedentes para poder progresar jerárquicamente en su carrera profesional, se puede afirmar que indirectamente sí incide en su salario por la vía del ascenso escalafonario. No obstante, ello no deriva en mayores inconvenientes pues no hay un límite o proporción establecida de la cantidad de docentes que deben ser calificados en cada rango de puntuación. Simultáneamente se tiene que dadas las relaciones sociales que se establecen al interior de la escuela, la mayor parte de los docentes reciben un sobresaliente por lo cual el instrumento termina teniendo sólo un valor simbólico (y, en realidad, a veces, ni siquiera eso).

2. La limitación de los recursos a repartir. Un gran problema es que los sistemas de incentivos se estructuran sobre la distribución de una suma de dinero pero no entre todos los docentes si no sólo para un cupo limitado (aun cuando en el orden de méritos hubieran otros). No obstante, cabe señalar que esto podría solucionarse estableciendo que todos los que alcancen los estándares establecidos cobren el pago por mérito (para esto, naturalmente, debería estar garantizada la disponibilidad de recursos suficiente). Ahora bien, esto contraría los postulados de los que promueven el adicional por desempeño ya que eliminaría la competencia (y por lo tanto, la supuesta mayor efectividad que la misma supone) y permitiría la cooperación. Pero los costos de esa competencia han sido más altos que los hipotéticos y no demostrados beneficios de esta modalidad remunerativa. Por lo tanto, la posibilidad de que los cobren todos los que manifiestan un mejor desempeño ha sido recogida por las *carreras escalares*.

3. Su utilización como represalia y no como estímulo. Según Ellis (1984) el fracaso del pago por mérito puede deberse no sólo a la definición de estándares ambiguos o inconsistentes, sino a la planificación autoritaria y la determinación de premios arbitraria. Este punto también ha sido bastante frecuentado por otros autores. Así, Janey (1996) alerta sobre el temor de que se utilice a esta herramienta coercitivamente y, por lo tanto, los docentes sólo accedan a un aumento salarial si alcanzan las metas. Por eso, si se utilizase alguna medida de desempeño, sólo debería implementarse una vez garantizado el pago que satisfaga el mínimo, los años de preparación, etc. Es decir, no debe ser utilizado para sustituir o *completar* un salario considerado insuficiente (esto es bastante menos obvio de lo que parece).

Por su parte, Burnside (1996) explica que para las asociaciones gremiales estadounidenses algunos de los mayores obstáculos al sistema de pago por mérito son el temor a la reducción salarial, a su utilización para penalizar a los docentes, a que disminuya el presupuesto educativo y a que se lo utilice para *comprar* lealtades.

4. **El riesgo de la mayor carga laboral.** Hay una tendencia a identificar el desempeño con la cantidad de trabajo. Éste es un riesgo importante del que no está exenta ninguna organización y, para el caso de la educación, también ha sido destacado por Murnane y Cohen (1986). El pago por mérito puede terminar compensando trabajo extra identificando y confundiendo esta medida con el mejoramiento de la calidad. Debe notarse que, dados ciertos estándares de horas, tamaño del aula, dedicación, etc., lo que se pretende o a lo que se debería aspirar no es una carga adicional de trabajo sino mejores o, si se quiere, más efectivas, actividades y tareas.

5. **La mayor calidad no se debe a una contribución individual.** En tanto en otros sectores de la economía (v.g. industria manufacturera) es posible plantear un vínculo del salario con la productividad sin mayores dificultades, la especificidad del servicio educativo obstaculiza dicha tarea. En efecto, según los especialistas (Lawler, 1995) los incentivos individuales por desempeño sólo sirven en algunas muy pocas circunstancias tales como en organizaciones donde las tareas son sencillas de evaluar pues se encuentran bien definidas (ventas, producción de determinados bienes o sus partes componentes) y en organizaciones donde la flexibilidad y la cooperación no son necesarias –es decir, requisitos– para el cumplimiento de sus objetivos. En forma contraria, este autor explica que el pago por mérito no es apropiado para trabajos basados en el conocimiento, de alta tecnología y donde se requiere el desarrollo de actividades en equipo.

6. **Se recompensa a unos pocos maestros pero no eleva el nivel general de la enseñanza.** No existe evidencia de que la implementación de los programas de pago por mérito mejoren el rendimiento en los aprendizajes de los alumnos ni el desempeño de los maestros que son, en ambos casos, las causas originarias de este tipo de propuestas.

En síntesis, aun cuando algunos de los obstáculos del pago por mérito son sólo de diseño (instrumentales) y podrían llegar a sortearse, hay otros como la dificultad de identificar desempeños individuales en organizaciones complejas que parecerían ser insalvables. Como respuesta, se fueron desarrollando otras formas de organizar la carrera y la estructura salarial docente. A su tratamiento se aboca el siguiente punto.

II.2. Las carreras escalares

Las recientes concepciones sobre los regímenes de pago en una organización concuerdan que una estructura salarial adecuada debe proveer las condiciones para atraer y retener buenos empleados, promover aptitudes y competencias, motivar para mejorar el desempeño, dar forma a la cultura de la organización y reforzar y definir la estructura institucional (Lawler, 1995). Remunerar a los docentes en función de estas características supone contemplar la diversidad de actividades que se requieren y los conocimientos que éstos poseen y desarrollan en la práctica.

Esto remite, una vez más, a la necesidad de evaluar su desempeño. Ésta, ya sabemos, es una tarea harto compleja y delicada pues es necesario, en forma previa, definir consensualmente criterios de calidad. Y esto, hasta ahora, no se ha alcanzado. De todas las descripciones con que contamos, algunas apuntan al grado de éxito que llega a tener un docente en la ejecución y el desarrollo de sus tareas: las estructuras salariales que se vinculan con estas descripciones son las llamadas *carreras escalares*.

Una carrera escalar es un plan que provee incentivos y aumentos salariales para los docentes que eligen progresar en su carrera profesional sin tener que abandonar el aula o la profesión. Esta modalidad fue una de las propuestas de los ochenta cuyo objetivo era similar a los que tienen todos los intentos de reforma de las estructuras salariales docentes: mejorar los logros en los aprendizajes de los estudiantes reteniendo y atrayendo a los docentes más calificados dentro del aula. El instrumento implica una modificación en la manera de evaluar y compensar a los docentes cambiando la estructura tradicional piramidal, credencialista y de antigüedad.

En términos generales, una carrera escalar comprende una serie de posiciones en distintos niveles de dificultad desde una etapa inicial hasta uno de desarrollo y desempeño *completos*. El docente conoce los requerimientos (v.g. capacitación continua, acreditación fehaciente de su experiencia, etc.) que deberá cumplir para ser promovido. A su vez, para cada estadio esos requisitos se encuentran relacionados con las calificaciones y responsabilidades en el ejercicio del cargo y el nivel de trabajo necesario para desempeñar las tareas en una mayor posición. Para ser promovido al nivel siguiente, el docente es seleccionado previamente por factores de desempeño y tiempo transcurrido en el cargo. El proceso de evaluación consiste en la aprobación o rechazo del grado en que se han alcanzado y cumplido los pasos necesarios para acceder a una nueva posición (ADE, 1996).

Naturalmente, una vez situado en un nivel más alto, la remuneración del docente se verá incrementada. En los distintos planes existentes, los porcentajes de aumento varían en distinta proporción. Cabe señalar que no hay un denominador común que permita sugerir un rango de variación que responda a un patrón dado. En tal sentido, los diferentes porcentajes de aumento, en aquellos lugares donde se aplica, parecerían ser el resultado del *equilibrio* entre la restricción presupuestaria y un incremento salarial que resulte atractivo como estímulo al desarrollo profesional continuo.

Como se verá a continuación, la ventaja de los esquemas de carrera escalar respecto de otros que habían sido sugeridos y/o implementados con escaso éxito (tales como el pago por mérito) reside en que no atentan contra la organización escolar ya que no introducen la competencia entre los docentes por una suma fija a distribuir entre los que alcancen un determinado estándar sino que pueden acceder –al menos en la parte que atañe a la certificación profesional y de habilidades– todos aquellos que satisfagan los requisitos exigidos para pasar de un escalón a otro.

Además, la antigüedad no es utilizada en forma directa para incrementar la remuneración. Ésta puede ser un requisito necesario para el ascenso u otorgar puntaje a los efectos de la movilidad entre etapas. En principio no hay razones para considerar que una modalidad es mejor que la otra y cada una de ellas se adapta a la forma de evaluar al docente. En la primera, es un requisito exigible y supone que sin un mínimo de años de experiencia no es posible posicionarse en un nivel más alto de la carrera. La segunda permite conformar y equilibrar los diferentes bloques, etc., que configuran la puntuación final (antigüedad, preparación profesional y desempeño).

En cualquier sistema de carrera escalar existe el requisito de la capacitación continua. Dado que este requisito ya existe en numerosos sistemas educativos, de aplicarse una estructura de esa naturaleza, lo verdaderamente innovador en algunos de nuestros países sería transformar la naturaleza y la valoración de los cursos aceptados como antecedentes.

En las experiencias de carreras escalares estudiadas el desempeño y los antecedentes para moverse de un nivel a otro tienen que ser doblemente funcionales en el sentido que deben demostrar su efectividad en la etapa anterior y su pertinencia para la posterior.

Elementos que conforman la carrera escalar

Si bien las diferentes experiencias tienen múltiples variantes e incluyen planes diferentes, adecuados a los objetivos, necesidades y características particulares de los distritos y lugares en que son aplicados, tienen una estructura similar. La mayoría incluye niveles dentro de la carrera, la descripción de las funciones de los docentes en cada nivel, criterios predeterminados para avanzar a niveles superiores, procedimientos de evaluación, la oportunidad para los docentes de asumir funciones diferentes en los niveles más avanzados, especificaciones para la capacitación y certificación requeridos en cada nivel y salarios estipulados para cada etapa.

En todos los planes se tienen en cuenta, por lo menos, tres aspectos del desarrollo profesional de los docentes considerados básicos: a) el aumento de los niveles de responsabilidad: trabajo en equipo, guía/enseñanza a otros docentes y servicios adicionales; b) el aumento de las competencias de los docentes: evaluación de áreas específicas de conocimientos, progresos de los alumnos y responsabilidad por esos logros y; c) crecimiento profesional: a través de actividades que contemplen las áreas de objetivos de la carrera.

Sobre la base de esta información es posible describir cada uno de estos aspectos diseñando un esquema-modelo de carrera escalar. En el siguiente cuadro se presenta un esquema prototípico de carrera posible:

Nivel	Responsabilidades	Criterios de ascenso
Ingresante	Instrucción de alumnos	Evaluación
		Antigüedad
		Capacitación
Profesional	Instrucción de alumnos	Evaluación
	Supervisión de estudiantes	Antigüedad
	Consejero p/docentes del	Capacitación
	primer nivel	Planificación
		Rendimiento de los alumnos
Avanzado	Instrucción de alumnos	Evaluación
	Supervisión de estudiantes	Antigüedad
	Consejero p/docentes del	Capacitación
	primero y segundo nivel	Planificación
	Colaboración en evaluación	Rendimiento de los alumnos
	Desarrollo curricular	
Experto	Instrucción de alumnos	Evaluación
	Supervisión de estudiantes	Antigüedad
	Consejero p/docentes de	Capacitación
	niveles inferiores	Planificación
	Colaboración en evaluación	Rendimiento de los alumnos
	Desarrollo curricular	
	Investigación	
	Capacitación p/docentes	

El sistema se basa en que los docentes vayan adquiriendo competencias y, en la medida en que las adquieren y las demuestran en diferentes aspectos de su trabajo, aumenta la independencia con que se manejan, disminuye la supervisión, se modifica el tipo de capacitación que reciben y tienen la posibilidad de obtener promociones y aumentos salariales como reconocimiento.

En general, alcanzar la titularidad es visto como un aspecto cuya única significación práctica es que afecta la estabilidad laboral. Si el sistema formaliza un criterio que garantice lograr la titularidad y esto implica un aumento salarial, los docentes perciben esta decisión como un progreso en la carrera que demuestra que sus competencias han aumentado.

Este sistema para los docentes principiantes implica, además, una modificación en el tratamiento que reciben. Los suplentes e interinos son "tratados" igual que los titulares. Se les asigna un curso y tienen tanta discrecionalidad como cualquier otro docente. La modificación implica convertir esta etapa en un período genuino de aprendizaje.

Así, por ejemplo, los principiantes pueden ser asignados durante su primer año a trabajar con docentes de niveles superiores y, recién en el segundo año de empleo, tener sus propios cursos. Se pueden implementar cursos y seminarios en los cuales los principiantes puedan compartir sus experiencias y aprender de docentes más experimentados. La idea es que la capacitación, la supervisión, el apoyo y la compensación salarial que reciben los docentes ingresantes a la carrera refleje la concepción de esta etapa como un verdadero aprendizaje.

II.3. El pago por competencias

En los últimos años se ha venido analizando, también, la posibilidad de diseñar un nuevo régimen salarial consistente con un modelo de organización tendiente a impulsar y/o fortalecer la autonomía escolar. Este esquema responde a una de las variadas concepciones de desempeño docente: la posesión y práctica de saberes específicos vinculados a las necesidades particulares de la escuela en la que trabaja. Si bien se encuentra aún en una etapa de formulación y contrasta significativamente con las carreras vigentes en la actualidad y con la carrera escalar, posee elementos innovadores que ameritan, aunque sea, su breve tratamiento.

Las carreras escalares –si bien introdujeron cambios de importancia respecto de los regímenes salariales que las precedieron– continúan remunerando y promoviendo la uniformidad si bien ahora dentro de un mismo rango o nivel. El intento por superar esta situación hizo que se experimentasen (y fracasasen) variantes tales como la creación de nuevos cargos o se redujeran la cantidad de horas frente al aula para llevar adelante otras actividades dentro de la escuela (Kelley, 1996). Su mayor problema es que se aplican en un contexto de administración centralizada en el que no se pueden percibir y evaluar las necesidades efectivas de las escuelas y, consecuentemente, carecen de vínculo con las estructuras de los establecimientos educativos.

Las modernas concepciones organizacionales perciben a los ambientes de trabajo como pequeñas unidades dinámicas, flexibles a los cambios, capaces de replantearse sus objetivos y adaptar sus actividades a esos nuevos requerimientos. Esto implica introducir nuevas modalidades de gestión para lo cual se intentan identificar atributos del personal y vincular el pago a los mismos. Apegados a una visión tradicional del trabajo en la escuela, se sigue visualizando que las únicas funciones son las relacionadas con el aula y las de dirección y administración cuando los docentes, en su práctica realizan (o sería necesario que realicen) otras funciones que son sustantivas a los efectos de la prosecución de los objetivos de la institución en que trabajan.

Paralelamente, no todos se comprometen y/o tienen el mismo grado de responsabilidad en su desarrollo.

Básicamente, las funciones que se llevan a cabo en una organización exigen que su personal reúna tres características además de los requerimientos básicos de su profesión y que lo habilitaron para desempeñarse como tal: a) profundidad de conocimientos en un tipo de trabajo particular, b) capacidades que atañen al funcionamiento de la organización y, c) aptitudes de administración (Mohrman y Lawler, 1996).

En concordancia con esta estructura, en los años noventa se ha desarrollado en los Estados Unidos una corriente de pensamiento que diseñó un modelo salarial para el sistema educativo que focaliza su atención y remunera ese conjunto de habilidades y conocimientos empleados en la práctica que el sistema reconoce como deseables. Se trata de un sistema de *pagos por competencias* en esas tres áreas que permitiría vincular el salario con las necesidades del sector incrementándolos conforme la propia evolución de cada docente.

El sistema propuesto se divide en los tres campos de compensación salarial que sintéticamente se describen a continuación (la siguiente síntesis se basa en Odden y Kelley, 1997):

a) **Competencias en la instrucción (dentro del aula):** atañen a la docencia propiamente dicha y pueden ser competencias en general (en el conocimiento de las materias) y/o de una materia o área temática en particular. La propuesta consiste en requerir conocimientos más profundos y específicos ligados al programa curricular, a la pericia didáctica, etc. A título de ejemplo, cabe señalar el caso de

Corea, donde los docentes tienen que poseer un conocimiento particular en al menos una de siete áreas y las escuelas eligen una combinación de ellos de modo tal de tener cubiertas todas las áreas específicas (aun cuando el docente sea maestro de grado y siga dictando distintas materias como siempre).

b) **Competencias en otras áreas de la educación:** son actividades vinculadas a la escuela pero no directamente a la instrucción. Por ejemplo, la tutoría de los alumnos. También pueden estar relacionadas con la instrucción pero no dentro del aula como la evaluación de materiales didácticos y desarrollo de prácticas curriculares innovadoras.

c) **Competencias de liderazgo y administración:** estos requerimientos tienden a fortalecer el proceso de autonomía escolar y compensaría actividades tales como la coordinación de equipos, enseñanza y/o guía a otros docentes de la escuela (por ejemplo, supervisión de docentes al inicio de su carrera), desarrollo de proyectos institucionales, asistencia a pares y administración de los recursos.

Debe señalarse que en la actualidad los docentes realizan muchas de estas tareas pero, o no tienen la preparación suficiente o adecuada para ello, o no están diferencialmente remunerados. Además, una de las múltiples consecuencias de una estructura como la que se sugiere permitiría incentivar diseños organizacionales diferentes en las escuelas, que podrían atraer (y el sistema remunerar) a los docentes que cuentan con las competencias exigidas por su Proyecto Educativo Institucional.

Naturalmente, esto no implica que no continúen existiendo estándares mínimos y comunes para todos. Por ejemplo, un docente concluye su formación de grado y, a medida que pasa el tiempo, va perfeccionándose en su tarea docente propiamente dicha (el primer bloque de competencias). Luego va involucrándose en el funcionamiento y en otras actividades de la escuela (segundo bloque) hasta realizar, támbién, funciones de administración (tercer bloque). En función de esta carrera profesional dentro de la institución, la estructura salarial permitiría compensar diferencialmente esas mayores competencias.

Desde un punto de vista técnico, el plan a diseñar debe incluir: a) bloques o conjuntos de habilidades, claros, precisos y mensurables y, b) un sistema de valoración objetivo y creíble de cada uno de ellos. Las competencias serían evaluadas por una Comisión constituida a esos efectos por lo que los docentes y directivos (que formularon la necesidad y demandaron a los distintos profesionales) deberán acreditar la especificidad y ejercicio de la responsabilidad adicional. Sólo así corresponderá el aumento salarial.

Las modalidades de implementación son variadas y pueden combinarse distintos esquemas y alternativas. Por ejemplo, nada impide que se requiera el transcurso de un mínimo de años antes de poder desempeñar una responsabilidad adicional (siempre sin abandonar el aula); que los distintos niveles de gobierno predefinan y acepten sólo determinadas competencias (aunque esto contradiría, en alguna medida, el espíritu descentralizador de la propuesta); que se promuevan (y compensen) nuevas o superiores formaciones de grado (a remunerar dentro del primer bloque); que las escuelas dispongan de presupuesto para demandar y poder pagar profesionales que interesen o específicamente necesarios para la misma (como las instituciones y empresas que financian la capacitación de sus miembros en una o varias áreas específicas); etcétera.

De un lado se puede pensar que el pago por competencias requeridas por la escuela puede conducir a una gran inestabilidad en el grupo de maestros pues a medida que se detectan nuevas necesidades se requerirían nuevos perfiles y viceversa. Pero, por el otro, esta forma de remuneración puede llevar a que, precisamente, los docentes que van reuniendo las condiciones que perfilan e identifican al establecimiento, permanezcan en la institución que se las valore.

En otras palabras, como en cualquier ambiente de trabajo dinámico, aun cuando cambien las orientaciones y los requerimientos específicos en un momento determinado (más allá de la estabilidad temporal de esos cambios), los trabajadores y profesionales continúan poseyendo y ejecutando las funciones *básicas* para las que fueron demandados y que deberán seguir desarrollando. Por lo demás, es de esperar que sean estos mismos atributos los que les permitan adaptarse –si existe la capacidad y el estímulo correspondiente– a las nuevas condiciones. Nada de esto es impensable en la escuela y, nuevamente, como en cualquier ámbito laboral deberá reflexionarse sobre la adecuación de estas consideraciones generales a esta institución (algunos ejemplos se brindaron más arriba).

Por último, en esta apretada síntesis, cabe señalar que una estructura de esta naturaleza da lugar a una gran variedad de interrogantes sobre los que correspondería definirse en el momento de su formulación y diseño. Entre las cuestiones a resolver, los autores consultados señalan que, además de la determinación de las competencias a remunerar, se deberá precisar la valoración de las mismas, cómo y por qué se eliminarían y agregarían, la relación entre esta forma de pago con el desarrollo de la carrera, quién decide sobre la pertinencia y evaluación de las competencias, etcétera.

Según Lawler (1995), este tipo de esquemas presenta, entre otras, las siguientes ventajas: a) son flexibles y permiten desarrollar diferentes tareas a una misma persona, b) son compatibles con organizaciones cuyo éxito depende del conocimiento y las aptitudes de sus trabajadores y, c) permiten el crecimiento profesional dentro de un mismo cargo más que la promoción a otro tipo de trabajo.

En las palabras de uno de sus principales impulsores, una estructura salarial de esta naturaleza que considera "las aptitudes por el currículum, la instrucción, las habilidades de administración y los premios a los equipos de trabajo y a las escuelas por el mejor desempeño de los alumnos (principalmente en el logro en los resultados del aprendizaje), alinearía formalmente los premios e incentivos extrínsecos de la escuela con los premios e incentivos intrínsecos que derivan de un alto compromiso docente, una reestructuración de la organización y un rediseño del trabajo" (Odden, 1996).

A su vez, según Kelley (1995), este esquema se adaptaría al sistema educativo pues los distintos actores y estructuras (Estado, escuelas) pueden construir y definir los bloques sobre los que se encuentran interesados en trabajar. Una consecuencia de esto es que el sistema haría que las escuelas difieran unas de otras en su diseño organizacional y pedagógico dándoles especificidades y características propias. Por eso, un sistema de esta naturaleza permitiría hacer emerger las necesidades que requieren las escuelas y el sistema educativo y preparar a los docentes (y remunerarlos) contemplando estas cuestiones. Claro que hay estándares mínimos y comunes que todos los docentes y establecimientos deberían poseer para mantener la coherencia del sistema educativo y permitir la movilidad de los docentes entre las diferentes escuelas.

Como se puede observar, el pago por competencias premia en forma directa el progreso en el conocimiento y las aptitudes de los docentes remunerándoles el desempeño de nuevas funciones dentro de la escuela en un contexto de gran autonomía. A diferencia de la carrera escalar, este modelo rompe totalmente con las concepciones tradicionales y, he aquí una de sus principales desventajas: la factibilidad de implementar en forma generalizada una propuesta *demasiado* innovadora, sobre la que no se cuenta con antecedentes y que, en definitiva, implicaría colocar a la dimensión salarial por delante de definiciones de política educativa. En otras palabras, la reformulación de la estructura de pagos a los docentes debe corresponderse con la concepción global y los objetivos estipulados para el sistema educativo.

En tal sentido, la carrera escalar –aun con todas las dificultades y detalles de diseño que deberán contemplarse– parece más plausible y menos hipotética que la del pago por competencias. No obstante esto, nada impide que algunos elementos del pago por competencias puedan, si no deban, considerarse o intentar incluirse en un esquema con las características de la carrera escalar. Las figuras de coordinadores de ciclos, de áreas, de responsables del desarrollo de los proyectos institucionales, etc. son compatibles con esta última y permitirían avanzar en dirección del fortalecimiento de la autonomía escolar.

II.4. Incentivos a las escuelas

En forma complementaria a la reformulación de las estructuras salariales, se ha ido desarrollando una corriente a favor del estímulo a grupos de docentes o escuelas que logran alcanzar objetivos educativos previamente determinados (v.g. mejoras en los rendimientos en las pruebas de aprendizaje, disminución del ausentismo de los alumnos, de los docentes, desarrollo de proyectos escolares, etc.).

Los incentivos a las escuelas pueden ser de dos tipos: ex ante o ex post. En tanto los primeros incentivan procesos, los últimos tienen por objeto premiar el logro de determinados resultados. Cualesquiera de estos sistemas son de reciente data y la evaluación sobre su contribución a la mejora en la calidad educativa es escasa. La literatura y los analistas suelen valorar positivamente ambos tipos de modelo y, en última instancia, la inclinación por uno u otro parecería obedecer más a una cuestión de certezas sobre sus alcances finales que a otra cosa.

En efecto, la ventaja de un sistema de incentivos a procesos es que permiten promover y direccionar la ejecución de actividades valoradas por los responsables de las conducciones educativas. Quizás, su mayor aporte derive de la posibilidad de proveer fondos a las escuelas para desarrollar acciones para las cuales estos nunca alcanzan o se encuentran disponibles. El objetivo último, en general, es la promoción de la autonomía institucional y una forma de iniciar ese camino es por medio del financiamiento de los proyectos educativos institucionales.

Picus (1992) encontró que en California los incentivos a los procesos educativos tuvieron efectos favorables en las instituciones que los recibieron pero no ha sido claro su efecto sobre los conocimientos de los alumnos. Esto no significa caer en el reduccionismo de identificar solamente la calidad de la educación con las pruebas de aprendizaje. La evaluación de la pertinencia de este tipo de programas sólo a partir de la lectura de sus resultados significaría suponer que las propuestas de incentivos a las escuelas son *la* política educativa cuando en realidad sólo forman parte de ella y se entiende que contribuyen a sus objetivos. Sin embargo, sí correspondería emprender el esfuerzo de analizar qué parte les cabe en la contribución global.

Por su parte, la ventaja de un sistema de incentivos a resultados es que, al premiarlos, claramente se tiene garantía de que éstos han sido alcanzados. Si bien la utilización de las sumas de dinero que se entregan por este concepto también puede estar sujeta a regulaciones, se suele dar una mayor libertad de acción a las escuelas respecto de su asignación ya que se entiende que éstas han sabido organizarse para alcanzar los resultados deseados y, en ese sentido, debe respetarse –naturalmente, siempre dentro de ciertos límites– el camino emprendido.

A primera vista, parecería que este último método es más *deseable* que el anterior. No obstante esto, para concluir las consideraciones respecto de este atributo debemos agregar que la medida en que esta contribución resulte efectiva, dependerá en gran medida de la internalización por parte de la escuela de los objetivos de los incentivos eventualmente percibidos (Mizala y Romaguera, 2000 analizan la experiencia chilena en esta materia).

Existe cierto consenso en señalar que, quizás uno de los efectos más significativos de los incentivos a grupos de docentes o escuelas, sean los comportamientos que generan y no el valor económico de las sumas entregadas, sean éstas en concepto de premios o para financiar proyectos. Esto es así pues contribuyen a crear un ambiente de colaboración en pos de objetivos comunes (Odden y Kelley, 1997). Esta conclusión coincide con análisis similares que señalan que, independientemente de la suma que finalmente se entregue a cada escuela, "el mayor impacto debería provenir, no del uso en sí mismo que se le dé al dinero del premio, sino de los cambios internos en la organización que realizan las escuelas en su interés por el premio o, en las escuelas ganadoras, de las discusiones internas respecto de la utilización del dinero para mejorar la escuela" (Ladd, 1996).

Este aspecto ha sido poco analizado en las evaluaciones de los programas de incentivos y permitirían enmarcar la contribución que realizan los estímulos a procesos que, con la información disponible, todavía sólo puede ser especulativa (Espínola, 2000 analiza algunas experiencias en diversos países de América Latina).

A pesar de que sobre ellos hay más de conjetura que evidencia, las perspectivas que ofrecen y las consideraciones e hipótesis que los sustentan (además de los resultados preliminares alcanzados por algunas experiencias exitosas), han llevado a considerarlos como una alternativa innovadora a incorporar en la agenda de las políticas educativas.

III. El nivel absoluto y relativo del salario docente

Desde hace varios años se encuentra en discusión si las estructuras salariales docentes que rigen en nuestros países son capaces de satisfacer los requisitos necesarios para atraer y retener *buenos* docentes. Naturalmente, si la cuestión salarial resulta insuficiente para resolver esta cuestión, se debe a que es sólo una de las tantas dimensiones que debe atender un sistema de compensaciones.

Las teorías sobre el vínculo entre las formas de remunerar y las motivaciones dentro de una organización son numerosas y escapan a los alcances de este trabajo. No obstante, señalemos que aun los analistas más escépticos aceptan el hecho de que si bien el salario y la carrera dentro de una institución pueden no ser factores motivacionales, podrían llegar a constituir una causa de insatisfacción. Por otra parte, una gran cantidad de estudios (la mayoría) señalan que los docentes, como otros actores en la sociedad, ajustan su comportamiento conforme los incentivos existentes en su trabajo. Asimismo, estas mismas investigaciones señalan que cuanto más explicitados y claramente formulados se encuentran, mejores y mayores efectos producen (véase, por ejemplo, las reseñas de Gabbris, 1992; Odden y Kelley, 1997; Alexander y Salmon, 1995 y Hanushek *et al.* 1994).

Los factores que inciden y se deben discutir para el análisis salarial docente son múltiples. En primer lugar, se encuentra el tema del valor que debería corresponder al salario básico. La importancia del salario inicial en la carrera docente reside en que, además de constituir la señal (monetaria) por antonomasia para atraer a nuevos postulantes al ejercicio profesional, fija el piso sobre el cual se desarrollará la carrera salarial y, por lo tanto y en conjunción con la restricción presupuestaria, condiciona el desarrollo de la escala salarial y el sueldo máximo al que se puede aspirar profesionalmente.

A los efectos del salario de inicio de carrera se suele dar por supuesto (lo que no significa que esté reflejado en el valor absoluto de esos haberes) que debe asegurar un estándar de vida digno para los trabajadores. En otras palabras, el mínimo debe cubrir un nivel de vida *adecuado*, independientemente de la carrera profesional, los adicionales y otros beneficios monetarios (y no monetarios) que eventualmente pudieran establecerse.

A su vez, en el proceso de determinación de la estructura salarial docente, el primer punto a considerar –paralelamente al básico salarial– deberían ser los criterios o, mejor dicho, los conceptos que se supone remunera su salario. En otras palabras, se deberían abordar las cuestiones que atañen a las calificaciones, experiencia, nivel de responsabilidad, estructura de los sistemas educativos, etcétera.

El resultado de ese análisis debería ser el punto de partida para definir el valor relativo asignado a cada cargo y función. Si se hiciera, ese proceso serviría para determinar la estructura relativa de las remuneraciones para diferentes categorías docentes dentro de la profesión. Estructura relativa pues una vez que se establece la misma, se define un valor absoluto y se halla la suma para el resto del escalafón. Naturalmente, esta cuestión no posee la sencillez que aparenta ya que la determinación final dependerá de factores nada desdeñables tales como la definición del *valor* de cada concepto que se remunera, la restricción presupuestaria, etc. Estos criterios son los que se deberían tener presente en el momento de la organización de la estructura salarial docente; es decir, de las diferentes categorías, niveles y puestos que ocupan con un grado *apropiado* de diferenciación en la escala salarial para cada uno de ellos.

En forma paralela a la cuestión del salario al inicio de la carrera docente existen, como es sabido, numerosos factores extramonetarios (pero susceptibles de adquirir un valor económico) que también deben considerarse para completar el cuadro de elementos que se conjugan para atraer a alguien a ésta como a cualquier otra profesión.

Así, la cantidad de temas a tratar para explicar los determinantes salariales en el sistema educativo pueden abarcar desde los más generales, como la cobertura del valor de la fuerza de trabajo, hasta cuestiones tales como la relación alumnos/docentes (que es una de las tantas medidas de la carga laboral del sector). En el medio, la evolución y magnitud de la demanda educativa, la dispersión y concentración de la población, la cantidad de horas teóricas y efectivas de trabajo, el grado de sindicalización, la importancia del sector público en la contratación de docentes, la disponibilidad de recursos fiscales, la carrera profesional docente, los mercados y condiciones laborales (además de los respectivos ingresos) de otras profesiones, la tasa de desocupación de la economía, la evolución y magnitud de la propia oferta de maestros y los beneficios supletorios son sólo algunos de los tantos aspectos que integran el amplio abanico de condicionantes que se entrecruzan e inciden sobre el nivel absoluto (y relativo) del salario docente.

La falta de consideración de estos motivos es la que hace que, cuando se realiza el cotejo de los salarios de los maestros con otros trabajadores de la economía resulte, la mayoría de las veces, insatisfactorio. En este sentido, y sólo por citar dos de los obstáculos para la comparación que se presentan con mayor asiduidad, son clásicas las controversias sobre las horas teóricas y efectivas de trabajo y los regímenes de licencia en la relativización de esas remuneraciones.

Un estudio realizado por Liang (2000) para el Banco Mundial, analizó los salarios docentes en Bolivia, Brasil, Chile, Colombia, Costa Rica, Ecuador, El Salvador, Honduras, Panamá, Paraguay, Uruguay y Venezuela con el objetivo de clarificar cómo son esos salarios con relación a los de otras actividades en el mercado laboral y en qué medida la estructura salarial docente difiere de las que corresponden a otras actividades.

La comparación simple entre los salarios anuales de los docentes y los de otros sectores de actividad de características similares (v.g. duración de su formación de grado), muestra que los ingresos de los docentes son significativamente menores. Las diferencias oscilan entre el 5% en Colombia y el 37% en Ecuador. Esta comparación habla por sí sola sobre el nivel de vida de los docentes comparado con otras profesiones y empleos.

No obstante, cuando el autor compara el valor de la hora trabajada, sin tener en cuenta las vacaciones, encuentra que en diez de los países considerados los docentes ganan tanto como otros trabajadores y en siete ganan más. Únicamente en Brasil y Ecuador se mantienen por debajo del valor de la hora en otras actividades.

Por último, si bien el tiempo de vacaciones varía en cada país, en todos ellos los docentes tienen más vacaciones que cualquier otra actividad. Si se asume que los maestros trabajan el 75% de los días del año y se compara entonces el valor de la hora con el de otras actividades, resulta que el salario docente es un tercio más alto que el de otros trabajadores de igual sexo, nivel de educación, etcétera.

La conclusión es que si bien es cierto que los docentes cobran menos, en términos de la cantidad de horas de clase, estarían mejor remunerados. Precisamente, como se señalaba más arriba, la falta de acuerdo sobre la cantidad de horas que se trabaja en el hogar en la preparación de las clases, etc., es una de las tradicionales discrepancias en el momento de discutir el salario efectivo por hora trabajada.

Respecto de la estructura salarial, en la mayoría de los países existen escalas uniformes y la variación dentro de la carrera es menor que en otras actividades en las que se refleja la *productividad* individual. El salario es mucho más predecible que en otras profesiones y los despidos son ocasionales. En este sentido, hay más seguridad y menor incertidumbre sobre los ingresos y estabilidad que en otras actividades consideradas.

Pero esto atañe a la estructura de salarios relativos de una economía y las dificultades se acentúan si se intenta profundizar el análisis y proceder como correspondería en primer lugar: la definición del valor absoluto de la fuerza de trabajo; es decir, las necesidades de reproducción (en este caso, del docente en tanto su carácter de tal).

Con lo cual, el problema sigue estando en su punto de partida: la determinación del nivel en que debe fijarse el ingreso inicial (y futuro) del maestro para atraerlo, monetariamente, a la docencia.

En el documento citado, Liang (2000) señala que, a diferencia de lo que sucede en otras actividades, en siete de los doce países el salario representa menos de la mitad del ingreso familiar. Sobre el particular, un estudio realizado por Morduchowicz (1999) sobre la base de información de las provincias de Buenos Aires y Córdoba de la Argentina concluía que para los distintos tipos de *situación* familiar (hogares unipersonales, familias tipo, etc.), el salario inicial no permite cubrir la totalidad de los gastos de las respectivas canastas de consumo consideradas. Esto, naturalmente, señala la necesidad de otro ingreso (ya sea por medio de más trabajo del docente o de otros integrantes del grupo familiar) para consumir las canastas de los hogares en cuestión.

Por su parte, para esas provincias, la comparación con los hogares unipersonales muestra que el salario de un docente que recién se inicia en la carrera y desea vivir solo no es suficiente para cubrir la canasta del promedio de habitantes de esos hogares. En la provincia de Córdoba, un maestro debe acumular diez años de antigüedad antes de poder irse a vivir solo y tener ese nivel de gasto *estándar*. En Buenos Aires, a ese consumo se puede arribar solamente después de transcurridos veinticuatro años de ejercicio profesional.

Como se puede observar, los trabajos citados sólo nos permiten ilustrar la (limitada) contribución del salario inicial del maestro al gasto de los hogares; pero no más. Desde la perspectiva económica que aquí estamos siguiendo, la dilucidación de la medida en que esa remuneración constituye un atractivo para el ingreso a la docencia continúa siendo una tarea a resolver. No obstante, más allá de las magnitudes, la posibilidad de contribuir al hogar con un ingreso fijo y creciente en el tiempo en un contexto de desempleo, flexibilidad laboral y, por lo tanto, incertidumbre, es una hipótesis a indagar en el futuro.

De otro modo, la consideración del nivel absoluto salarial (además de los motivos vocacionales) sería insuficiente para comprender la elección de la carrera docente como medio de vida. Naturalmente, el interrogante sobre si esta estructura permite atraer y retener buenos docentes, deberá continuar sin respuestas satisfactorias.

Sumario y conclusiones

1. Las distintas críticas formuladas a la estructura salarial y la carrera profesional docentes se pueden sintetizar en pocas palabras: no ofrecen estímulos, promueven el igualitarismo y desalientan, por omisión, la iniciativa docente. Como se vio, las que rigen en la actualidad sólo permiten diferencias e incrementos salariales originados en la antigüedad, en la percepción de adicionales o en el cargo ejercido. Este modelo ha entrado en crisis en los distintos sistemas educativos desde hace poco más de una década en que los especialistas comenzaron a cuestionar insistentemente: a) la pobreza de la variable antigüedad como indicador *proxy* de la experiencia y las habilidades y, b) la dificultad de retener buenos docentes frente al aula. En efecto, la estructura de la carrera magisterial desincentiva su permanencia dentro del curso para intentar desempeñar tareas de administración escolar (secretario, director) aun cuando, posiblemente, ni al sistema le resulta conveniente ni al docente atractivo (más que por una cuestión monetaria).

Hasta ahora, las funciones principales reconocidas implícitamente en las estructuras salariales piramidales han sido la magisterial y la directivo-administrativa. A su vez, para determinadas tareas se han ido contemplando las figuras de especialistas de áreas específicas que tendieron a consolidar el sistema de remuneraciones por cargo. Así, no está prevista la posibilidad de estructuras de plantas flexibles con docentes que posean una formación general y, de modo adicional, conocimientos particulares que permitan complementar las necesidades no sólo del aula, sino de la escuela en general (diseño de propuestas innovadoras en la institución, innovación curricular, asesoría a otros maestros, tutorías a alumnos, etc.). De este modo, no hay estímulos y hay una tendencia al *igualitarismo*, desalentando la iniciativa en el ámbito de trabajo.

2. Las formas más recientemente sugeridas como vía para la superación de las tradicionales estructuras salariales docentes intentan responder a los requerimientos de las administraciones modernas. Según éstos una persona asciende porque demuestra que tiene la experiencia y competencias para hacerlo en el marco de una fuerte vinculación entre la compensación salarial y el ejercicio de la profesión docente, la organización escolar y el contexto institucional dentro del que se mueve la escuela.

Éstas son sólo algunas de las consideraciones que han llevado a los analistas ha insistir en la necesidad de reformar las estructuras salariales docentes. Naturalmente, una reforma en la estructura de remuneraciones no es ni la solución ni la única forma de mejorar la calidad de la educación. Simplemente, es un mecanismo –aunque poderoso– para apoyar o acompañar cambios en el sector. Por lo demás, existe consenso en señalar que, de no mediar reformas, entre otras, en la estructura organizacional de las escuelas, la *mera* reformulación de los sistemas de remuneración docente no conducirá a mejoras sustanciales en la calidad de la educación (más allá de cómo quiera o pueda medírsela).

Capítulo 5
Cómo se financia la educación

En nuestros países, el financiamiento educativo se encuentra en una encrucijada: si los recursos que se le destinan al sector son bajos, esto se debe a factores estructurales como la escasa recaudación impositiva que dificulta su incremento. Del otro lado, si son *altos* o se encuentran dentro de los estándares que se recomiendan internacionalmente, su aumento también se halla limitado. En cualesquiera de los dos casos, aunque por motivos diferentes, el resultado parecería ser el mismo: la cantidad de dinero para el sector habría encontrado un techo casi infranqueable.

Dada la permanente escasez de recursos para el sector, los interrogantes y requerimientos que se suelen formular giran, en general, alrededor del financiamiento; es decir, en torno a la fuente y forma de obtención de (más) dinero. Sobre este aspecto, es sabido que poco se puede hacer en un contexto en el que las decisiones sobre la magnitud de los recursos que se destinan a los sistemas educativos se dirimen en ámbitos distintos al del análisis económico. En el mejor de los casos, la discusión puede tratar sobre las bondades técnicas de tal o cual gravamen, etc. Aun así, en este tipo de debates suelen intervenir especialistas en Finanzas Públicas y, a lo sumo, en Derecho Tributario. Pero la participación de los *hacedores* de política educativa es, en el mejor de los casos, marginal. En cuanto a la Economía de la Educación, ya señalamos que, prácticamente desde sus orígenes, es una disciplina que versa sobre la asignación de los recursos que se disponen. En otras palabras, considera que su magnitud se encuentra dada y opera sobre esa base. Curiosamente, la de la distribución de los recursos es, precisamente, la dimensión en que los analistas educativos quisieran mantener alejados a los economistas de la educación; en cambio, la del financiamiento es en la única que quisieran que intervinieran...

Desde esta perspectiva, los aportes que se pueden realizar desde la economía de la educación para allegar más recursos a los sistemas educativos son más bien limitados. No obstante, donde sí puede contribuir es en la comprensión de los factores que explican la magnitud, estructura e incidencia de ese financiamiento. Naturalmente, esto no debe interpretarse como una renuncia a estudiar vías alternativas para acrecentar las fuentes de ingresos. Lejos de ello, en la medida en que en el corto plazo la disponibilidad de dinero para sostener y mejorar los sistemas educativos no pueda superar el techo alcanzado en la actualidad –al menos en la magnitud que parecería ser necesaria– la tarea a llevar a cabo residiría en la revisión de las características de dicho financiamiento y los usos que de él se hacen.

Lamentablemente, no se conocen otras vías de acercar recursos al sector que las de aumentar los que se asignan o hacer mejor uso de los que se le destinan. Al análisis de estas cuestiones se destina este capítulo. A estos efectos, en la primera parte se repasan las formas más comunes de financiamiento de la educación y, en la segunda, los indicadores más frecuentemente utilizados como medidas del esfuerzo financiero en el sector. En la tercera se comentan los problemas de eficiencia del gasto educativo y su aprovechamiento como fuente no tradicional para acercar recursos al sector. Por último, en la cuarta parte se discute brevemente el vínculo entre eficiencia, eficacia y el financiamiento sectorial.

I. Los recursos

Básicamente, existen cinco fuentes posibles para financiar la educación: la presupuestaria, los impuestos, la participación del sector privado, la concurrencia de los distintos niveles de gobierno y la ayuda externa. Estos ítem engloban las diferentes alternativas para acercar recursos a la educación; en función de ello sólo consideramos estas cuestiones como fuentes generales de financiamiento y no las diferentes formas de asignación de los recursos a las que se suele confundir con el financiamiento propiamente dicho (por ejemplo, la descentralización del gasto, el subsidio a la demanda, el manejo presupuestario de las escuelas, etc.). En otras palabras, cuando nos referimos al financiamiento estamos aludiendo a la obtención y origen del dinero y no de sus posibles usos y mecanismos de distribución.

I.1. La vía presupuestaria

La primera forma, y la más *a mano* de todas, es el aumento de la masa absoluta del gasto educativo por la vía de la asignación de mayores recursos... cuando los hay. Claro que ello tiene un límite que está dado, principalmente, por la disponibilidad de recursos fiscales y las demandas de otros sectores sociales (tales como salud, minoridad, etc.). En la actualidad no son pocos los sistemas educativos de la región que superan el 20% del gasto educativo como porcentaje del presupuesto total. Por eso, dada la restricción presupuestaria, un mayor volumen de recursos para educación sólo podría hacerse a expensas de la desatención de servicios también considerados prioritarios. Lo cual, como es sabido, no es ninguna solución.

A pesar de esa magnitud, uno de los mayores condicionantes al aumento de los recursos para el sector no suele ser sólo la magnitud de los que se le destinan sino las pujas ministeriales y, en su seno, la frecuente recriminación de ineficiencia o el desconocimiento del uso final que se le asignan. Resulta contrafáctico interrogarse qué sucedería si el sector pudiera dar cuenta de la utilización de cada peso que gasta; pero mientras esto no pueda probarse, el sustento técnico para justificar sus mayores necesidades siempre se encontrará debilitado.

En tal sentido, en nuestros países suele ser escaso, sino inexistente, el seguimiento de la eficiencia del gasto educativo y, por lo tanto, no tienen posibilidades de reorientar los recursos en función de parámetros técnicos que permitan mejorarla. Esto, a su vez, genera de hecho un sistema de premios invertido y desvía recursos a ítem de dudosa eficacia o impacto en el sector. El desconocimiento del grado de eficiencia del gasto educativo no necesariamente deriva de una desatención o descuido deliberado del problema sino que, directamente, no se ve. Por eso hay situaciones en las que correspondería referirse a *filtraciones* en el gasto en el sentido de que se desconoce o no se puede precisar con exactitud el destino de sus recursos. A pesar de ello, existe más o menos consenso sobre las posibilidades de generar ahorros de recursos para la educación por la vía de imprimir una mayor eficiencia en su asignación que podrían destinarse a otros gastos usualmente postergados.

Entonces, además de las ineficiencias propiamente dichas corresponde agregar las ineficiencias en el seguimiento de ese gasto (en su capacidad de autoevaluación). Los deficientes sistemas de contabilidad de costos, de la información educativa en general y la falta de control de las erogaciones sectoriales son causas y efectos que se retroalimentan para dificultar el conocimiento de la eficiencia del gasto educativo.

Esto último conduce a otro problema muy común y atañe a los procesos de planeamiento y presupuestación de los gastos. En principio, la inercia es dominante: no se programa en función del futuro sino de los gastos incurridos en períodos pasados. En esto incide significativamente la rigidez del gasto educativo que condiciona la posibilidad de incrementar los insumos no salariales y las necesidades de programación presupuestaria. A su vez, esto genera un círculo vicioso de ineficiencias en la medida en que la rigidez del gasto, las normas legales que pautan las condiciones laborales y salariales docentes, etc., quitan al sistema de capacidad autorreguladora cuando los recursos con que se financia varían (en uno u otro sentido).

Aun así, las metas presupuestarias suelen no cumplirse tanto por exceso como por defecto. Esto refleja problemas comunes: a) la dificultad en la ejecución de lo que se presupuesta por parte de los Organismos de Conducción educativa, b) la existencia de autorizaciones iniciales (aprobadas e incluidas en los presupuestos) para gastar que luego son limitadas por la falta de recursos y, c) las restricciones en el momento de presupuestar (desde el inicio mismo del proceso de presupuestación) que suelen imponer los Ministerios o Secretarías de Hacienda para desalentar el gasto. Luego, con el transcurrir del período, las necesidades reales imponen la necesidad de aumentar las partidas originalmente previstas y se desfasan los presupuestos aprobados en su oportunidad.

El segundo y tercer punto tienen como común denominador el hecho de que definiciones esenciales de la presupuestación no se realizan, salvo excepciones, en los Ministerios o Secretarías de Educación, ya que la mayor parte del proceso se realiza en los Ministerios de Economía, que son los encargados de fijar las metas presupuestarias. En otras palabras, los lineamientos más importantes del presupuesto del gasto en educación muchas veces se realizan fuera del propio sistema que brinda el servicio. Lo que retroalimenta, cuando no potencia, las dificultades *naturales* de gestión del propio sector.

Adicionalmente, uno de los mayores problemas de la programación y la presupuestación es que, en general, los presupuestos terminan utilizándose para el análisis contable de los gastos y recursos y no para el de las políticas. Este problema depende de la estructura en que el programa ha sido construido: si fue elaborado para la administración y el control, naturalmente reflejará las preocupaciones presupuestarias (cuestiones contables, limitación de recursos, etc.). En cambio, si su estructura fue diseñada para el planeamiento y diseñado de modo tal que permita análisis estructurales, estos últimos se focalizarán en las políticas.

El conocimiento desagregado de los costos del sistema vinculados con los programas que los originan, además de posibilitar la determinación de las necesidades finales de fondos tiene una justificación adicional y tanto o más importante que conocer la suma total a utilizar: permite señalar posibles incrementos en la eficiencia que posibilitarían hacer más cosas con los fondos disponibles. Esta cuestión no es menor y, por lo tanto, será tratada en la tercera parte de este capítulo.

I.2. El incremento de los impuestos

Esta posibilidad siempre se encuentra latente. Sin embargo, desde hace dos décadas la tendencia internacional es eliminar gravámenes o disminuir la presión impositiva. Además, en general, cuando ésta sube es para cubrir déficit presupuestarios, no para aumentar los recursos para áreas sociales. Por lo tanto, más allá de la prioridad que se le asigne al sector, estarían primando criterios de competitividad económica. En la medida en que el paradigma continúe siendo el de favorecer a los sectores productivos propiamente dichos, tampoco se puede esperar demasiado de esta fuente (ni para ésta ni para otras dimensiones sociales).

No obstante, no pocas veces se suele reclamar a favor de la asignación de recursos específicos para la educación. Ahora bien, aun cuando este tipo de ingresos han sido tradicionalmente *bien vistos* por la sociedad (frente a la discrecionalidad en la asignación de los recursos, constituyeron una especie de garantía en lo que a su destino final se refiere), la teoría de las Finanzas Públicas se inclina por su utilización sólo para programas con alcance limitado que atiendan objetivos precisos.

En efecto, se entiende que los recursos específicos como fuente única introducen rigideces en las decisiones ya que no permiten reaccionar con dinamismo frente a la coyuntura y, dependiendo de su magnitud, pueden ocasionar una sobre o subinversión que, finalmente, termina atentando contra el planeamiento o programación del gasto educativo. Además, conceptualmente, se originan como sustitutos del pago de cuotas. Por ejemplo, ante la dificultad de establecer puestos de peaje en todos los caminos, se recurre a los impuestos sobre la nafta como *proxy* para solventar su mantenimiento. Por eso, teóricamente, el sector no debería ser financiado con este tipo de recursos.

Pero las rentas generales también son fluctuantes y, si disminuyen, los sistemas educativos son más débiles que otros sectores para compensar esa merma de recursos o enfrentar la situación. Este hecho aporta un elemento adicional al consenso sobre la afectación de, aunque sea, una parte de los recursos: para garantizar un flujo monetario mínimo que sostenga la prestación del servicio como red protectora que evite que la educación se involucre en la puja distributiva entre Ministerios o Secretarías de Estado.

Sin embargo, a pesar de esto, la tendencia observada en las últimas décadas es que la fuente de ingresos sectorial sea de libre disponibilidad. En consecuencia, y en forma natural, las propias leyes de Presupuesto se constituyeron en *la* fuente de recursos del sistema.

I.3. La mayor participación del sector privado

Básicamente, el sector privado contribuye o puede contribuir al financiamiento de la educación por dos vías: a) el gasto de las familias y, b) el de las empresas. El primero, comprende desde las vestimentas, los útiles y demás materiales escolares tales como los libros de texto, hasta el pago de aranceles para sufragar las escuelas de gestión privada. Con excepción de estos últimos, el resto de los gastos de las familias son realizados, también, por aquellas que envían a sus hijos a escuelas públicas. Naturalmente, la excepción la constituyen los alumnos a quienes el Estado o alguna otra organización –escolar o no– facilita los medios para la adquisición o entrega en forma directa de esos materiales, etcétera.

En lo que respecta a la prestación privada del servicio, alentar la creación de escuelas privadas por un problema de financiamiento no parecería poder aportar una solución efectiva y, mucho menos, equitativa. Si bien el término "privatización de la educación" ha sido aplicado a hechos muy disímiles en América Latina en los últimos lustros, habría consenso en que las apelaciones al aumento del gasto de las familias cuyo objetivo implícito es reducir –y no complementar– la inversión pública en educación, podrían ser comprendidas con mayor certeza dentro de ese concepto. Más aún si, con el objeto de incentivar la matrícula en esas escuelas, las propuestas se encuentran acompañadas de subsidios o normas más flexibles que las vigentes en los establecimientos estatales.

Desde una perspectiva teórica, es posible aventurar que este tipo de acciones no contribuya a mejorar la eficiencia ni la equidad global. Más aún, es casi seguro que terminen asentando en la región una situación que se ha venido observando en los últimos años aun sin que mediara este tipo de medidas: la consolidación de un sistema segmentado jerárquicamente, con escuelas de gestión pública y privada, con circuitos para ricos y para pobres en cada uno de esos tipos de instituciones escolares (es decir, independientemente del tipo de gestión), que atienden a diversos grupos de acuerdo con su nivel de ingreso y origen sociocultural. Por lo demás, como veremos en el próximo capítulo, hasta los analistas más proclives de las ideas de introducir mecanismos de mercado en el sector educativo reconocen que el Estado debe continuar financiando el servicio: lo que cuestionan es, como veremos, su prestación. En síntesis, desde la perspectiva de paliar la escasez de recursos, incentivar la prestación privada para sustituir la pública tampoco parecería ser el remedio más eficaz.

En lo que respecta a la contribución de las empresas a la educación básica, tradicionalmente su aporte se ha limitado al padrinazgo de escuelas o al desarrollo de actividades con objetivos focalizados en premios, becas de estudio, etc. (además de la capacitación que puedan ofrecer en sus propios ámbitos de trabajo; pero aquí nos estamos refiriendo a su ayuda a la educación formal). En tiempos recientes, al menos en los países más desarrollados, parecería haber crecido el interés de las firmas –sobre todo las medianas y las grandes– por la educación básica.

Esta tendencia concordaría con el hecho de que los requerimientos en el mercado laboral ya no son para ocupar puestos de trabajo sino para cubrir trabajos que deben ser realizados (Bridges, 1994). Es en este sentido que debe entenderse el reciente y creciente interés de las empresas en el desarrollo, como mínimo, de competencias básicas. Acompañar, orientar y/o fomentar estas demandas no constituye, como podría pensarse, un peligro en sí mismo. Por el contrario, este tipo de calificaciones serán, probablemente, las más requeridas en los próximos años y omitir esa realidad puede ser un factor generador de inequidad.

Esto no constituye una necesidad pasajera de un período particular del desarrollo económico. Como vimos en el segundo capítulo, el rechazo prácticamente desde su origen del planeamiento educativo sustentado en las necesidades de recursos humanos, aunque por motivos menos refinados que los que plantea el marco teórico de las economías basadas en el conocimiento y el aprendizaje, permite señalar que las apelaciones a formas no específicas de instrucción son de larga data. Por lo demás, el viejo esquema de educación técnica era funcional o adecuado para el modelo fordista de acumulación y, en aquellas sociedades donde aún funciona, su eficacia obedecería más a particularidades y formas de gestión y articulación con la economía (que se encuentran arraigadas en las culturas de esos países) que a posibles bondades intrínsecas de ese tipo de instrucción.

Por eso, probablemente, lo que constituya un mayor riesgo sea insistir en la capacitación vocacional o profesional como alternativa dominante para atenuar los efectos de un desempleo que ha aumentado significativamente en los últimos años y, en algunas economías, comienza a hacerse crónico.

Esto no significa desconocer que "no basta sólo con educación" (Levin y Kelley, 1994). Pero, como es sabido, la educación: a) es una condición necesaria aunque no suficiente para mejorar el nivel de vida y los ingresos de las personas y, b) si no puede asegurar el empleo de sus egresados, al menos debe orientarse a garantizar su empleabilidad.

En función de ello, el verdadero riesgo es el (natural) interés de las empresas en focalizar su ayuda (o en el peor de los casos, su demanda pero sin su colaboración monetaria) sólo en aquellos estudiantes o escuelas con excelente desempeño. En definitiva, sus requerimientos de recursos humanos son inferiores a la cantidad de egresados que genera el sistema educativo.

Es aquí donde la acción del gobierno y la comunidad educativa debe ser activa para no fragmentar sistemas educativos en los que el origen socioeconómico y cultural de sus alumnos provee de todos los ingredientes para que ello suceda. En otras palabras, de lo que se trata es de encauzar el interés y la ayuda del empresariado de modo tal de impedir la traslación al ámbito escolar de los elementos más negativos de sociedades, como las latinoamericanas, con tendencias a la dualidad.

I.4. El aumento de la responsabilidad de los gobiernos locales

Más allá del grado de centralización que en un momento dado pueda llegar a tener el financiamiento y la prestación del servicio, la búsqueda de mayores recursos por esta vía no sólo no garantiza mayores recursos para la educación sino que puede impactar negativamente sobre la equidad regional.

En la medida en que los países tienen áreas geográficas más ricas que otras en su interior, la distinta capacidad tributaria de sus departamentos, municipios o localidades, determinaría una posibilidad diferente de proveer recursos para el sector. De hecho, esto ya sucede en aquellos países en los que los gobiernos locales no sólo tienen a su cargo brindar el servicio sino que contribuyen con parte de sus rentas a financiarlo. Por eso, en general, si se desea evitar el potencial impacto negativo de esa desigual capacidad regional, debe intervenir un nivel de gobierno superior (un Estado o una provincia) para equiparar esas diferencias, si es que lo hace. De lo contrario, se corre el riesgo de terminar acentuando la brecha entre las regiones más avanzadas y más rezagadas económicamente.

Ahora bien, recordemos que en este punto se está considerando la descentralización como forma de acercar más recursos por la dificultad de los niveles estaduales que antes tenían el financiamiento de la educación bajo su responsabilidad. Desde esta perspectiva, una política de este tipo no contribuiría a aliviar las arcas fiscales. Con lo que se volvería al problema de origen, que era la dificultad de aportar más dinero al sistema. En el mejor de los casos, si es que ello sucede, posiblemente el proceso concluya con un aumento de los recursos pero no por los motivos originariamente propuestos, sino por la necesidad de atenuar las disparidades producidas. De hecho, Carnoy y de Moura Castro (1996) habían tipificado a las reformas educativas latinoamericanas según sus objetivos, y una de esas clasificaciones ubicaba a aquellos países que las habían emprendido según si hubieran estado impulsadas por motivos de financiamiento... pero no para aumentar los recursos sino, precisamente, para disminuirlos.

Por lo tanto, una vez más, estamos frente a una potencial fuente de recursos sobre la que no deben alentarse demasiadas expectativas; al menos en el actual estadio de desarrollo de nuestros países.

I.5. El financiamiento externo

Más allá de la polémica sobre la condicionalidad en las políticas de gasto que impone este tipo de financiamiento (que excede los límites de este trabajo), esta modalidad suele ser marginal en comparación con la necesidad de recursos sectorial y no es mucho lo que puede esperarse por esta vía.

No obstante, cabe señalar *en favor* de esta fuente de recursos que su destino suele ser el financiamiento de infraestructura, equipamiento y gastos salariales no tradicionales (tales como reformas en la administración, asistencia técnica, capacitación, etc.). Desde esta perspectiva, su aporte se hace necesario en la medida que en el sistema nunca alcanzan los recursos para esos fines. Adicionalmente, en un contexto de puja interministerial por los recursos públicos, las cláusulas de contrapartida locales pueden constituirse, en algunos casos, provechosas, ya que comprometen a los respectivos gobiernos a destinar partidas presupuestarias a su cumplimiento (es decir, por la primera vía comentada). No obstante, siempre subsiste el interrogante de los motivos por los que se debe recurrir a este tipo de financiamiento si como participación del gasto educativo total es mínima y su contribución a la prosecución de acciones siempre postergadas es tan significativa.

II. Las medidas de la magnitud del financiamiento

Tradicionalmente se ha valorado el esfuerzo financiero en el sector educativo de una provincia, región o país por medio de la lectura y el análisis, principalmente, de tres indicadores: a) la participación del gasto educativo dentro del total de erogaciones y/o recursos públicos, b) el porcentaje de ese gasto dentro del PIB y, c) el gasto por alumno.

Cada uno de ellos brinda una aproximación distinta de la importancia asignada por una jurisdicción al sector educativo. Así, el primero señala qué parte de los recursos fiscales se destina a esta finalidad. Esta cuestión no es trivial: en un marco de restricción de recursos, el porcentaje del gasto educativo dentro del total del gasto público expresa, cuantitativamente, la importancia relativa del sector dentro de las políticas encaradas por un gobierno dado. Desde esta perspectiva de análisis, el segundo indicador es complementario del anterior ya que explicita la porción de la riqueza generada en una economía que se destina a la educación; en otras palabras, la importancia que la sociedad en su conjunto atribuye al sistema educativo.

Por su parte, el gasto por alumno sintetiza otra manifestación del esfuerzo financiero sectorial ya que, al relacionar el gasto educativo con la matrícula, expresa el gasto promedio del *producto* del sistema. Aun cuando como medida *per se* del esfuerzo en cuestión es insuficiente ya que, del mismo modo que los demás indicadores, hace abstracción de la efectividad de ese gasto, complementa la visión aportada por los otros dos.

Sin embargo, estos indicadores adolecen de una serie de limitaciones debidas a la lectura parcializada que aportan sobre el esfuerzo financiero. Veamos cada uno por separado.

II.1. El gasto educativo como proporción del gasto público y del PIB

Como se señaló más arriba, no pocos países de América Latina se encuentran en una situación en la que el gasto público en educación se encuentra por encima del 20% del gasto público total. Esta cifra suele considerarse como aceptable o deseable. Sin embargo, paralelamente, en esos mismos países el gasto público sectorial representa un 4% o menos del PIB; cifra bastante inferior al 6% que, también, se suele considerar como porcentaje deseable. Esta aparente contradicción se explica por la baja presión impositiva doméstica que estaría resultando insuficiente para satisfacer eficientemente la demanda de determinados servicios públicos. En efecto, si el presupuesto no se financia con déficit, recursos fiscales limitados implican una también baja magnitud del gasto público consolidado; por lo tanto, y por esa vía, aun una alta participación sectorial dentro de ese gasto resulta escasa.

Por eso, la dispersión de esfuerzos difiere sensiblemente según el indicador que se considere. Por otra parte, y en forma más general, países que en un caso están por encima de estándares internacionales, en el otro indicador se hallan por debajo.

Estos hechos, aparentemente contradictorios, se explican por los diferentes tamaños (presupuestos) de los sectores públicos respectivos. Así, además, dadas las necesidades de prestación del servicio, en los países que tienen un gasto público más alto, la participación sectorial es menor; en otras palabras, es mayor la posibilidad de asignar más recursos a otras finalidades sin que el financiamiento promedio por alumno se resienta. En sentido contrario, países con un porcentaje más alto del gasto destinado al sistema pero con un gasto promedio bajo señalan que, a pesar de la mayor porción del presupuesto captada para el sector, la suma destinada a cada estudiante *todavía* resulta inferior a las demás.

II.2. El esfuerzo financiero en educación

Independientemente de la interpretación o explicación de las diferencias, nos encontramos frente al problema de que los indicadores tradicionales del esfuerzo financiero educativo no permiten dimensionarlo en su verdadera magnitud. Concretamente: ¿cuál aporta la mejor medida de ese esfuerzo?, ¿el gasto por alumno, el porcentaje del gasto educativo dentro del gasto total o esa participación pero dentro del PIB? El problema reside en que cualesquiera de ellos sólo ofrece una idea parcial que es rápidamente relativizada por la presencia del otro. Esto se debe a que, usualmente, se hace abstracción de otras variables necesarias para cuantificar con precisión el verdadero esfuerzo en la inversión sectorial.

Sin embargo, limitar el análisis a ese aspecto excluiría del estudio del esfuerzo a parte de los requerimientos de prestación del servicio educativo. En efecto, una parte de las necesidades está incluida en el propio indicador que refleja el gasto por alumno. Pero relacionar el gasto educativo con la matrícula sólo vincula la inversión sectorial con la demanda efectiva haciendo abstracción de la potencial: dada la restricción de recursos existente en buena parte de nuestros países, a mayor nivel de cobertura del servicio, el gasto efectivo por alumno tiende a ser menor (en el corto plazo, no siempre es posible incrementar la asignación de recursos al sector *vis à vis* el aumento de la demanda). O, desde otro punto de vista, debe ponderarse a los países que mayor cobertura del servicio tienen. Así, por ejemplo, a igualdad del gasto educativo por alumno, del porcentaje de los recursos destinados al sector dentro del gasto público total, etc., no es lo mismo tener una cobertura del 80% que una universal. Desde la perspectiva de las estadísticas, dos países o regiones podrán presentarse como realizando similar esfuerzo en el financiamiento, pero en el momento de ponderarlo, deberá tenerse presente que el segundo ha alcanzado a una mayor parte de la población.

Por otra parte, también suele omitirse el tratamiento de la estructura etaria de los habitantes: los requerimientos financieros son diferentes según sea la proporción de niños y jóvenes respecto de los adultos. Esto último, básicamente, por dos razones: cuantos más adultos, menor es el porcentaje de población a atender en educación y, potencialmente, mayor la cantidad de gente que aporta, por medio de su trabajo, a la riqueza de un país (para atender, a su vez, una menor demanda por el servicio). Así, incluir en la discusión la estructura de la pirámide poblacional aporta un elemento adicional en la ponderación del esfuerzo financiero en educación.

En síntesis, contra lo tradicionalmente aceptado, no son los alumnos más costosos ni los presupuestos más abultados los indicadores adecuados para apreciar el esfuerzo de financiamiento de la educación. Por el contrario, una medición más rigurosa puede señalar resultados completamente opuestos.

II.3. Alcances y limitaciones del gasto por alumno

La relación entre el gasto público destinado a la educación y su demanda deriva en un indicador de utilización frecuente: el gasto por alumno. Su empleo se encuentra ampliamente difundido en los análisis de planeamiento y gasto sectorial aún cuando en sus distintas variantes interpretativas adolece de limitaciones que restringen su aplicación.

Conforme el usuario, el gasto por alumno ha sido utilizado por los analistas de diversas maneras. Una de esas aproximaciones lo ha visualizado como medida cuantitativa del apoyo oficial a la educación. Como tal, ha servido de complemento de otros indicadores que expresan una idea similar; entre estos se encuentran, como vimos, la proporción que se destina del gasto público total al sistema educativo y el gasto sectorial como porcentaje del Producto Bruto.

Ahora bien, este empleo del indicador tiene un alcance limitado en cuanto a la información que brinda. La lectura que debe hacerse del gasto por alumno tradicional, a diferencia de los que relacionan al gasto educativo con el PIB o con el Gasto Público total es siempre en términos relativos a otras magnitudes de gastos por alumno. En otras palabras, para afirmar que una determinada provincia, país o región destina una parte de su riqueza o de su gasto público a la educación, no es necesario recurrir a su comparación con estándares o con otras jurisdicciones. Sin embargo, el abordaje del indicador que nos ocupa supone, siempre, la necesidad de apreciarlo en relación con el observado en otros casos. Esto es un hecho y, en sí mismo, no hay razones para su objeción. La dificultad estriba en que esos gastos no son homogéneos y, por lo tanto, sus comparaciones carecen de valor descriptivo. En efecto, el gasto por alumno resume la asignación de recursos del sector independientemente de la dispersión de población, la eficiencia en la ejecución del gasto, la ineficiencia interna educativa, etcétera.

En tal sentido, por ejemplo, se debe tener presente que el gasto por alumno es un indicador del gasto promedio y, como tal, supone la relación con el tamaño de la matrícula. Por lo tanto, no es extraño que los países que más se esforzarían según esta medida sean los de menor cantidad de habitantes y mayores recursos fiscales per cápita. Por eso, aun destinando menores porcentajes de su presupuesto al sector, pueden invertir por alumno más que el resto. En sentido inverso hay países que deben asignar una mayor porción de su gasto total al sostenimiento del sistema y, aun así, esas sumas son insuficientes para la atención de su mayor demanda por el servicio en términos relativos.

Además, afirmar, que un país gasta más que otro no contribuye a explicar los motivos de esas magnitudes y siempre subsiste el interrogante de si ello se debe a la mayor ruralidad o si, por el hecho de gastar más, se obtienen mejores resultados en la educación, etcétera.

A título ilustrativo, imaginemos dos países iguales en todo (remuneraciones, gasto público, matrícula, etc.) pero cuya única diferencia son sus distintos niveles de repitencia. A efectos de simplificar la visualización del ejemplo, se presume que no hay otras influencias en el gasto por alumno que la de los salarios docentes y que, además, la estructura y organización del sistema es la misma. Para mayor sencillez aún, supongamos que se trata de calcular y comparar el sobregasto derivado de la repitencia (50% de la matrícula) en un país con el gasto de otro en el que promueve el 100% de los estudiantes de un curso de tan sólo un año lectivo en el que la cantidad de alumnos exigió la apertura de dos cursos. La información y cálculos pertinentes se muestran en el siguiente esquema:

	País A	País B
1. Cantidad de alumnos	60	60
2. Matrícula promovida	60	30
3. Tasa de promoción (2 : 1)	1	0,5
4. Cantidad de docentes	2	2
5. Remuneración de cada docente	$ 30	$ 30
6. Costo total del curso (4 x 5)	$ 60	$ 60
7. GASTO POR ALUMNO *TRADICIONAL* (6 : 1)	$ 1	$ 1
8. GASTO POR ALUMNO PROMOVIDO (6 : 2)	$ 1	$ 2
9. GASTO *EFECTIVO* POR ALUMNO (7 x 3)	$ 1	$ 0,5

En la línea argumental seguida usualmente, se señalaría que ambos se encuentran en un mismo plano de igualdad en lo que a recursos monetarios afectados a la educación se refiere. Sin embargo, resulta evidente que ambos gastos se encuentran influidos por el grado de eficiencia interna de cada sistema educativo: en el caso particular que comentamos, el país B podría haber ahorrado o destinado a otros fines la mitad de lo que gastó; la efectividad del gasto realizado se encuentra dada por el porcentaje de alumnos promovidos respecto de la matrícula total. Por eso, la suma destinada a educación que es materialmente efectiva es la que corresponde a la parte de la matrícula que no repite un curso.

En función de estas consideraciones, no debe llevar a error la menor magnitud del *gasto efectivo* que se obtiene luego de deducir la repitencia y/o el porcentaje de respuestas incorrectas o no contestadas de una prueba de aprendizaje: su cálculo permite homogeneizar los gastos por alumno de los distintos sistemas educativos relativizando la idea de *esfuerzo* financiero. En síntesis, el gasto por alumno en su presentación tradicional sólo permite ubicar el interés o la necesidad de asignación de recursos monetarios al sector, pero no habilita a la valoración de ese esfuerzo.

En cuanto a los otros usos del gasto por alumno, dado que no es objetivo de este acápite su profundización, sólo les dedicamos unos pocos comentarios. A veces se sugiere su utilización pero contrastando el gasto de funcionamiento del sistema educativo por alumno con el costo de inversión en infraestructura y equipamiento, también por alumno. La forma propuesta es un derivado de otro indicador que aporta información similar: la participación de los gastos en personal y en inversión real (infraestructura y equipamiento) dentro del gasto total educativo. Desde esta perspectiva, la información que aporta es, en cierto modo, redundante.

Si bien no encontramos reparos respecto del indicador en sí mismo, los corolarios que suelen derivarse a partir de la información que suministra provienen de análisis superficiales de la naturaleza y composición del gasto sectorial. En efecto, se encuentra arraigada la idea de que la alta proporción del gasto en personal en relación con el total sería un síntoma de la mala asignación de los recursos del sistema educativo. Usualmente se abren juicios de valor sobre la escasa inversión con relación al gasto salarial omitiendo que esto no puede ser de otro modo: mientras el servicio educativo continúe siendo intensivo en mano de obra, más que abogar por una mayor inversión real debería propenderse a la eficientización de los gastos corrientes en lugar de alentarse su disminución relativa.

En tal sentido, el único análisis riguroso sobre la *bondad* de la relación gastos en inversión/gastos en funcionamiento –en el actual estado del arte de la tecnología educativa– provendría de una evaluación a partir de la disponibilidad de la información sobre los requerimientos de la demanda y la adecuación de la oferta a los mismos. Es decir, los gastos en inversión real son función de la demanda y ésta, a su vez, depende del crecimiento de la matrícula (población). Sólo contando con los datos sobre la suficiencia del stock de capital existente para satisfacer una demanda dada, sería posible discutir la correspondencia de la magnitud invertida. En general no se puede afirmar categóricamente sobre la necesidad, por ejemplo, de mayor infraestructura escolar. Las inversiones que se desarrollan, se llevan a cabo, la mayor parte de las veces, sobre la base de la presunción de que los edificios disponibles son insuficientes.

Finalmente, el gasto por alumno también suele emplearse en el planeamiento educativo. Dado que la información que brinda señala el gasto por unidad de producto (gasto medio), resulta útil a los efectos de estimar y proyectar gastos del sistema ante eventuales situaciones tales como el incremento de la cobertura, ahorros por disminución de la ineficiencia interna educativa, etc. Así, dada una situación, permite proyectar y simular –en otras palabras, inferir– el impacto financiero de modificaciones en el sector educativo.

En rigor, éste constituye un método corto para alcanzar los resultados de la estimación de cursos necesarios para operar un establecimiento educativo (cuya presentación sintética se desarrolló en el tercer capítulo). Sin embargo, esta forma de empleo tiene dos limitaciones principales. La primera es que descansa en el supuesto de economías constantes a escala; esto es, sólo permite estimar posibles cambios presumiendo que los gastos (o ahorros) serán proporcionales a los vigentes. En otras palabras, los cálculos basados en los gastos promedios suponen una relación lineal entre la matrícula (la variable sobre la cual se trabaja) y los cambios, no contemplando la existencia de gastos marginales y la distribución espacial de esa matrícula. Así, por ejemplo, si un alumno repite, el método supone que se incrementará el gasto educativo en la magnitud del gasto por alumno (el estudiante cursa dos veces el mismo año). Sin embargo si, por ejemplo, no se requiere la apertura de una nuevo curso, no hay motivos para una variación en el gasto educativo.

Otra limitación para el planeamiento es que el gasto por alumno incluye los gastos teóricos de prestar el servicio más las ineficiencias. Por lo tanto, de algún modo, su utilización podría implicar sobreestimar los requerimientos y/o, en el peor de los casos, legitimar esas ineficiencias.

Hasta aquí, vimos tres empleos y lecturas diferentes que se pueden realizar a partir de una misma variable. Ahora bien, las limitaciones comentadas no son falencias propias del gasto por alumno: atañen al concepto mismo de *indicador* y, por lo tanto, algo similar puede decirse de las otras medidas del esfuerzo financiero en educación. La construcción de indicadores como el que nos ocupa no tiene otro fin que permitir la descripción y evaluación cuantitativa de fenómenos. Como tales, sólo sugieren una aproximación a la realidad que se quiere conocer y, por eso, no se puede pretender que brinden una visión acabada de la realidad tal cual es. Sólo aportan el marco referencial cuantitativo de fenómenos que tienen componentes cualitativos que, análisis más acabados, deberían contemplar.

III. La eficientización del gasto

Como se vio en la primera parte de este capítulo, parecería ser que la restricción de recursos es un factor que no puede ser modificado en el corto plazo. Por eso, no debe desatenderse la posibilidad de mejorar la asignación de los recursos que actualmente se destinan. Esto no es otra cosa que eficientizar el gasto; en nuestro caso, educativo. Aumentar la eficiencia no significa simplemente reducir costos, ya que una disminución paralela de los resultados no es eficiencia: implica la posibilidad de hacer más con los mismos recursos.

Conceptualmente, cuando se habla de eficientización del gasto como pauta de financiamiento para la educación, se está aludiendo a la subutilización de los recursos. Por eso, se suele proponer el empleo de insumos más económicos, el uso de aquellos que mejoren la relación costo-efectividad, la mejora de la eficiencia interna y la calidad de la educación, la reasignación del gasto intrasectorial y la mejor organización de la oferta escolar. Concretamente, eficiencia es la relación entre lo que actualmente se logra y lo que podría ser alcanzado dada la disponibilidad de recursos.

La eficiencia es un concepto relativo al contexto y situación de que se trate. Un ejemplo sencillo lo constituiría el caso de una escuela rural de sólo un aula en la que se dictan varios cursos al mismo tiempo y con pocos alumnos. Si es imposible obtener una producción mayor (tanto cuantitativa como cualitativa) con los recursos destinados al sistema, el mismo es técnicamente eficiente. Distinta sería la situación si, por ejemplo, se evaluase que proveyendo de un medio que transporte a esos chicos a otro establecimiento cercano se pudieran fusionar las dos escuelas tornando menos costosa la producción del servicio.

No es éste el único ejemplo sobre concepciones erróneas de la (in)eficiencia educativa. Se suele creer que el alto porcentaje de los salarios docentes dentro del presupuesto del sector constituye un indicador de ineficiencia o mala asignación del gasto. Sin embargo, como se dijo más arriba, en la medida en que la *tecnología* para la prestación del servicio consiste principalmente en la interactuación de personas (docentes y alumnos), la proporción del gasto no puede ser otra que la que manifiestan los diferentes sistemas educativos. Más aún, con el estado del arte actual, una magnitud diferente estaría señalando que, para bien o para mal, algo distinto a lo previsible está sucediendo y, por lo tanto, correspondería estudiar la cuestión focalizadamente.

Otra visión limitada de la eficiencia económica en el sector señalaría, por ejemplo, que la implementación de una reforma –por ejemplo de un cambio en el modelo de organización escolar– es más ineficiente económicamente por el simple hecho de ser más costosa y *producir* la misma cantidad de alumnos.

No es necesario extenderse demasiado sobre la improcedencia de este tipo de lecturas del proceso educativo. Simplemente cabe señalar que conviene y corresponde tener presente que la relatividad del concepto de eficiencia supone y se interrelaciona —y esto es esencial al análisis— con los resultados que se obtienen del proceso de que se trate. Esto no es otra cosa que la eficacia. En forma general, esta última es la capacidad para alcanzar determinados resultados. Por eso se dice que una acción es eficaz si puede lograr lo que se propone y ello sólo es posible evaluando el grado de cumplimiento de las metas propuestas. Sin embargo, su medición supone no pocas dificultades; entre ellas, la definición clara de los objetivos de una organización y la posibilidad de cuantificarlos.

En lo que a nosotros respecta, suele requerirse de los análisis de costos que, al menos, permitan relacionar los insumos utilizados con los resultados alcanzados y a alcanzar. Aquí es donde los criterios de efectividad tienen particular significación. Si, por ejemplo, lo que se desea es lograr la eficiencia económica, sin estos criterios el análisis no se puede evaluar el desempeño ni relacionar los resultados con los costos en orden de lograr dicha eficiencia.

El análisis de la eficiencia y eficacia del gasto educativo debería suministrar información que aporte el marco cuantitativo para responder, entre otros, a los siguientes interrogantes:

a) ¿cuánto se ha realizado de lo que se ha propuesto la actividad?, b) ¿lo realizado satisface la demanda (en cantidad y calidad)?, c) ¿qué relación hay entre los resultados que se esperan obtener y los obtenidos con los recursos utilizados (en cantidades físicas y financieras)?, d) ¿cuánto cuesta cada unidad de producto?, e) ¿cuánto debe pagar la sociedad en educación?, f) en función de esto último, ¿lo que se gasta en la actualidad es adecuado?, g) si los recursos son insuficientes, ¿cómo deben distribuirse?, h) es decir, ¿cuánto debe gastarse en cada nivel y programa?, i) ¿cuál es el nivel salarial socialmente más eficiente para los docentes?, ¿cuándo deben retirarse?, ¿con qué pensión? j) ¿cómo debe distribuirse el gasto según su composición económica (en personal, en materiales didácticos, textos, mantenimiento, infraestructura, en administración del sistema)?, k) ¿más gasto por estudiante significa que se está impartiendo mejor educación? l) ¿cuál es el vínculo entre el aumento de la eficiencia interna educativa y el gasto sectorial?, por ejemplo, ¿cuánto cuesta revertir el abandono escolar? o ¿cuánto permite ahorrar la disminución de la repitencia?, m) en suma, ¿los niveles de gasto significan un gasto eficiente o ineficiente?

En general ni los hacedores de política se formulan estos interrogantes, ni el sistema de información educativa o, alternativamente, el del planeamiento y la programación presupuestaria permiten contestarlos, siquiera, en forma somera.

Esto en parte se debe, también, a que las administraciones educativas enfrentan, en su mayoría, una serie de elementos estructurales que condicionan las posibilidades de modernización de los aparatos de gobierno del sistema.

Quizás la mejor forma de ilustrar el concepto de modernización sea por medio de las dificultades que se presentan en el gerenciamiento educativo: en este conjunto de condicionantes se mezclan aspectos tan diversos como el marco normativo en que se desenvuelve el sector con los problemas de coordinación y comunicación en el interior de los organismos de conducción educativa; las dificultades en la explicitación de los criterios políticos y técnicos que fundamentan muchas de las decisiones que se adoptan con problemas en la división del trabajo; la falta de racionalidad en los procesos administrativos con la incapacidad (o despreocupación) de previsión de las dificultades que se generan en la operatoria cotidiana, etcétera.

La implementación de reformas (y aun de pequeños cambios en la gestión administrativa) genera resistencias, en el contexto de estructuras de conducción burocratizadas, caracterizadas por un débil control sobre el trabajo y por la ejecución de tareas que responden más a la inercia que a una discusión de alternativas de acción para obtener los resultados que se esperan de los organismos de conducción.

Como podemos ver, sino todos, la mayoría de los problemas mencionados son endógenos al sistema y, por lo tanto, modificables. Sin embargo, en general no son abordados por las administraciones educativas.

Todas esas falencias generan costos tanto para los destinatarios de los procesos –especialmente, en términos de tiempo– como para la propia organización: además de los costos monetarios, multiplicación de esfuerzos, costos de oportunidad derivados de la asignación de recursos humanos a actividades no sustantivas, etcétera.

El hecho de que en no pocas áreas de las administraciones educativas no se trabaje para lograr mejoras en la eficacia y eficiencia de los procesos y tramitaciones en los que intervienen responde, probablemente, a una visión inercial de la organización: las cosas se hacen y continuarán haciéndose así porque siempre se han hecho de esta manera. Por eso, quizás, no se perciben –y, en consecuencia no se discuten– posibles alternativas de acción.

IV. El vínculo entre la eficiencia y la eficacia

Como se señaló más arriba, analizar la eficiencia sin contemplar la efectividad de las acciones que se emprenden, resta rigurosidad al estudio de la racionalidad de los procesos. El vínculo entre la eficiencia y la eficacia es, naturalmente, el producto o, dicho de otro modo, los resultados. Esto queda explicitado, incluso, en las mismas definiciones de esos conceptos. Ahora bien, la eficiencia constituye una dimensión más abarcadora ya que incorpora en su análisis tanto a los insumos como al resultado del uso de los recursos (Thomas, 1990). Así como la eficacia es un concepto más restringido que el anterior, debe considerárselo como un subconjunto de aquél. Y por eso un proceso puede ser eficaz sin ser eficiente pero no es posible la situación inversa: ser eficiente sin haber sido eficaz. Esta postura difiere de la de Atkinson quien señala que "se puede ser eficiente haciendo mal las cosas" (citado por Thomas, 1990).

Los ejes de la discusión se pueden sintetizar por medio de la siguiente matriz:

	Cumplimiento de los objetivos	Fracaso de los objetivos
Minimización de costos	I	II
Desperdicio	III	IV

La lectura del primer y cuarto cuadrante es inmediata: el primero corresponde a un proceso totalmente eficiente y eficaz y el segundo a uno completamente ineficiente e ineficaz. El tercero comprende aquellas situaciones en que se alcanzan las metas pero a un mayor costo que el que cabría haber esperado. Por último el segundo cuadrante es alrededor del cual gira el debate sobre la posibilidad de su existencia.

La divergencia entre uno y otro enfoque radicaría en que, como el que señala que es posible ser eficiente sin ser eficaz considera cada concepto en forma aislada, puede estudiar el proceso productivo propiamente dicho abstrayéndose de los resultados finales. Así, los insumos pueden haberse combinado apropiadamente y no haber producido los efectos esperados independientemente de los motivos por los cuales esto podría haber sucedido.

En tal sentido, para una de las corrientes si la evidencia empírica mostrase que la cantidad de alumnos por grupo o las relaciones de alumno por docente fueran las que dictan los estándares o la propia normativa que regula esos parámetros, el proceso sería eficiente (ya que la combinación de *insumos* sería la correcta). Más allá del grado de eficacia finalmente alcanzado.

La otra línea de análisis, más que enfocar el proceso técnico propiamente dicho, centra su interés en la *pertinencia* de la asignación de los recursos. Así, a efectos ilustrativos, en la situación extrema en que el año escolar concluyera con una tasa del 100% de repitencia, aun cuando la combinación hubiera sido la apropiada, el *proceso productivo* habría sido un derroche de recursos.

Ahora bien, aclaradas estas diferencias, debemos señalar que en la realidad no suelen verificarse situaciones tan extremas como la planteada. Nuestros países son parcialmente ineficaces y los indicadores de eficiencia (combinación de insumos y relación insumo-producto) muestran que en muchos casos se asigna mayor cantidad de recursos que los que se tendrían que destinar en una situación óptima. O, en otras palabras, el mismo *producto* (por ejemplo, un egresado, cualquiera sea el nivel educativo) puede resultar más caro que lo que debería costar en otras circunstancias. Lamentablemente, la restricción de recursos ha calado tan hondo que los análisis de costo-efectividad han sido sustituidos por análisis de costos *a secas*. Y ello, cuando se hacen. En los sistemas educativos, lo dominante son los estudios de efectividad o de costos por separado. A partir de lecturas economicistas y, por lo tanto simplificadoras de la realidad, suelen recomendarse cantidades de insumos –y la respectiva asignación de recursos monetarios para sostenerlos– con independencia de objetivos, metas físicas, etc. Cabe aclarar que si las lecturas son economicistas, no se debe al lenguaje empleado sino a la utilización parcial e incorrecta de una lógica que, bien aprovechada puede, por ejemplo en el tema que estamos discutiendo, generar mayores recursos para la educación.

El análisis de costo-efectividad de una política pública que permita relacionar los insumos utilizados con los resultados alcanzados tiene (o debería tener) una secuencia que, sintéticamente, es posible resumir del siguiente modo:

a) en primer lugar se formula el problema y se establecen los objetivos,
b) a partir de allí, se diseñan alternativas y se evalúa la potencial efectividad de cada una de ellas,
c) en este punto, se cuantifican los costos de las que se juzgaron pertinentes y se relacionan con la efectividad de la política o acción a seguir y,
d) en caso de ser necesario –y esto es lo que suele suceder– se reitera esta secuencia hasta arribar a la solución costo-efectiva más viable.

La lectura aislada de la efectividad puede tornarse impracticable por falta de realismo financiero. Pero la focalización exclusiva en los costos puede significar, si no un total derroche de recursos, un desperdicio significativo si es que se asignan en forma insuficiente. Al menos en la concepción seguida aquí, en el sentido de que una política pública es ineficiente si es ineficaz aun cuando se hubieran respetado y seguido los parámetros *pertinentes* en la asignación de recursos.

Este aspecto suele soslayarse cuando se juzgan políticas públicas –particularmente las sociales y, en lo que a nosotros respecta, las educativas–. En definitiva, de lo que se trata es de indagar hasta qué punto la propia limitación en los recursos que se asignan a una acción, etc., no constituye una suerte de condicionamiento a su eficiencia.

Sumario y conclusiones

Las administraciones educativas no han sido ajenas a los avatares fiscales, organizacionales, etc., del resto de la Administración Pública a la que pertenecen. Por eso, a pesar de su especificidad, hasta el presente el sistema educativo no se diferenció, en esencia, de las características y vicisitudes de la evolución del aparato estatal en su conjunto. En lugar de que este último sea el resultante de la agregación de las dinámicas de sus componentes (v.g. educación, salud, seguridad, etc.), cada uno de ellos se adaptó a una dinámica de orden más global y, generalmente, sujeta a la restricción de recursos.

Esta última ha jugado un rol de significativa importancia en el financiamiento sectorial. Las limitaciones al gasto imponen un patrón similar al comportamiento presupuestario de los distintos subsectores. Pero cuando se indaga un poco más, se observa que ese denominador común también se verifica en los déficit de la administración, organización y gestión de los recursos humanos y materiales de buena parte de los sistemas educativos. Y el vínculo de estos ítem con la cuantía del gasto ya es un poco más discutible.

La educación es un servicio en el que la demanda debería tener un rol fundamental en la generación de la oferta. Sin embargo, existen procesos que no encuentran sustento técnico (tales como el sostenimiento de algunos establecimientos, la apertura de nuevos grupos de alumnos, el nombramiento de determinados cargos, la realización de cursos de capacitación prácticamente sin alumnos, etc.) que nos llevan a pensar que se espera que la oferta genere su propia demanda. Y de ahí a la creencia generalizada de que el sector es inherentemente ineficiente, sólo media un paso.

Si se atiende al presupuesto que *manejan*, los organismos de conducción educativa se encuentran entre las organizaciones más grandes de sus respectivos Estados. No obstante, la gestión de ese presupuesto aparenta ser muy poco flexible ya que una gran proporción –en general, alrededor del 90%– se encuentra asignado o comprometido, mucho antes de ser gastado, al pago de salarios docentes. Paralelamente, la mayor parte de los recursos humanos que administran –esos mismos docentes– se desempeñan con un significativo grado de autonomía en sus escuelas y aulas. Sin embargo, los Ministerios y Secretarías de Educación son responsables por la eficiencia y eficacia del uso de los recursos que se les destina.

Quizás, el hecho de que una parte tan significativa del financiamiento disponible se destine a la contratación de personal, contribuye a explicar los motivos por los cuales la sola alusión a su eficiencia sea visualizada como una eventual prescindencia del mismo y, por lo tanto, constituya uno de los mayores obstáculos a llevar a cabo procesos de eficientización del gasto. Como es sabido, éste es un tema tabú. Lamentablemente, la discusión sólo discurre entre alternativas extremas sin reparar que en sistemas con necesidades de expansión y mejora en su calidad, de lo que se trata, es de aprovechar los recursos disponibles y no de minimizarlos.

En este sentido, promover procesos costo-efectivos y evaluar aquellas dimensiones donde es posible introducir mejoras y un mayor aprovechamiento de los recursos permitiría que se emplee al propio gasto educativo como fuente de financiamiento. Paradójicamente, si el sector lograse captar para sí esos recursos, habrá sido una *suerte* haber contado con esas ineficiencias. Por el contrario, si no permanecen en el sistema, más que para potenciar y mejorar las reformas o cualquier otro tipo de acción educativa de la región –y, por esta vía, contribuir a mejorar la equidad de la prestación del servicio– sólo servirán para el ajuste de las cuentas fiscales.

Desde la perspectiva de la formulación de políticas no se podría impugnar como carente de ambiciones al curso de acción cuyo horizonte fuera el de: a) eliminar el nivel de ineficacia de la parte atribuible o endógena al sistema educativo y, b) mantener o aumentar el gasto educativo. En este sentido, si bien la disminución del grado de ineficacia no se traduce en una mayor asignación de recursos monetarios al sector, significa un menor desperdicio de los que actualmente se le destinan. Desde este punto de vista, la superación de este problema tendría un efecto similar al de un aumento en la magnitud de la inversión educativa. Lo cual, en las actuales circunstancias, no es poca cosa.

Capítulo 6

La equidad del gasto educativo

Prácticamente no hay política educativa en los últimos lustros que no haya tenido entre sus objetivos mejorar la equidad para promover la igualdad de oportunidades. Más numerosas que las políticas son los trabajos de los analistas dedicados al tratamiento del tema. Fueron necesarias diferentes perspectivas, dimensiones, disciplinas e ideologías para arribar a uno de los pocos consensos de que disponemos en educación: nuestros sistemas escolares son inequitativos. Por eso, también, hay más o menos acuerdo sobre las formas concretas que deben asumir esos objetivos de política: los diagnósticos explican claramente las desigualdades y, por lo tanto, los ejes problemáticos que se deberían revertir. Pero el consenso —cuando lo hay— termina allí: la controversia gira, en general, sobre el modo de atender la desigualdad. Las propuestas, por ejemplo, pueden invocar desde una mayor presencia estatal hasta la introducción de mecanismos de mercado en el sector. En ambos casos, con sustentos, aunque controvertidos, no carentes de sentido o lógica que comparten el objetivo explícito de atender la equidad y favorecer, nuevamente, la igualdad de oportunidades. Paralelamente, están las innumerables discusiones sobre acciones puntuales tales como los programas compensatorios en las que se cuestiona desde su propia existencia hasta la forma en que se ejecutan y la selección de las escuelas y/o alumnos destinatarios de esos programas.

No obstante, en su método, estas disputas tienen algunos elementos en común: uno de los más distintivos es que suelen discutir sólo el emergente sin adentrarse demasiado –a veces sin siquiera hacerlo– en los orígenes y sentido de lo que se está haciendo o se propone hacer en el plano de la acción. Por ejemplo, se promueve o cuestiona el subsidio a la demanda, pero se deja a un lado la discusión sobre el rol del Estado en la educación. Demás está decir que esto último contribuiría a clarificar bastante, entre otras cosas: a) el tipo de provisión del servicio –estatal, privado o una combinación de ambas formas– y, b) el mecanismo de asignación de recursos a las escuelas.

Continuando con esta lógica, también nos remitiremos al tratamiento de un emergente: el gasto educativo. Pero el camino que seguiremos es valernos de él para explicar por qué la forma en que se asignan los recursos no es –no puede serlo– equitativa. Nuestro interés gira entorno de la discusión sobre los eventuales cursos de acción de las políticas públicas en educación o las vías para corregir sus posibles defectos. En función de ello, en este capítulo se repasan y discuten, desde la perspectiva de la economía: a) los principales conceptos de equidad e igualdad de oportunidades, b) algunas formas de medirlos cuantitativamente y, c) los motivos que explican la intervención del Estado en el financiamiento de la educación.

I. Los diferentes principios

I.1. De la igualdad a la diversidad

Desde el inicio de los sistemas educativos como tales, la equidad en el financiamiento de la educación estuvo estrechamente ligada a la idea de igualdad de oportunidades educativas. Ésta, a su vez, había estado identificada con el acceso a la escuela; es decir, con tener escuelas a las que asistir. La igualdad (en nuestro caso, de oportunidades) es un concepto relativo a algo: dos personas u objetos son iguales respecto de un atributo; en educación el atributo era ser niño o joven y, por lo tanto, potencialmente alumno.

Basados en el postulado aristotélico de *igual tratamiento para los iguales* –denominado principio de equidad horizontal– los distintos sistemas educativos occidentales se encargaron de proveer –con notable éxito– condiciones materiales similares, cuando no iguales, para su población en edad escolar.

Operacionalmente, la aplicación estricta de este principio requiere igual gasto por alumno, iguales recursos para la educación básica, igual relación de docentes por alumno, etc. El tratamiento conferido al asunto presentaba varias ventajas concurrentes: la primera, de índole práctica, facilitaba la prosecución de políticas públicas. Para llevarlas adelante es necesario cierto mínimo de homogeneidad en la provisión de un bien o servicio a una población objetivo dada. Es decir, criterios comunes para implementar masivamente las acciones que se hubiera determinado llevar adelante.

En tal sentido, como se comentó en el segundo capítulo, la dificultad actual de discriminar o desagregar a la población escolar conforme sus diferentes rasgos sin caer en la casuística es la que traba o sustenta, según el caso, no pocas propuestas de política. Así, es frecuente contraargumentar que la generalización de medidas en el ámbito educativo no contempla la especificidad de cada escuela y la población que concurre a ella. En su intento de defender todas y cada una de las particularidades, se pierde de vista que esos mismos son los argumentos que, en última instancia, avalan las ideas que se presentan como alternativas a la provisión estatal de la educación (volveremos sobre este punto en el séptimo capítulo). En efecto, si no hay un patrón común sobre el que se pueda regular y se desconocen cada una de las particularidades que deben atenderse, el papel que pueden desempeñar las administraciones centrales es muy limitado y éstas deben dar lugar a un tipo particular de autonomía escolar: cada escuela debe encontrar su propio método para *producir* educación. Es lo que se puede llamar "descentralización por desesperación". Y de allí, como señalamos más arriba, sólo media un paso para la mercantilización y la competencia por los recursos.

En segundo lugar, la práctica de la equidad horizontal daba por supuesto que garantizando condiciones materiales mínimas y comunes, se aseguraba una igual contribución de la escuela a los resultados en la vida adulta, tales como los ingresos futuros, la inserción laboral, etc. Esto se correspondía con la visión y convicción de que la escuela era un agente de igualdad social. Por medio del *sencillo* expediente de facilitar la accesibilidad a la escolarización a todos los niños, el Estado combinaba la aplicación del principio de equidad horizontal para garantizar uno de los tantos criterios de igualdad de oportunidades existentes: aquél que las define por la negativa. Según éste, la posibilidad de escolarización de un niño no debe depender de factores ajenos a él tales como, entre otros, las circunstancias económicas en las que se encuentran sus padres o familia, el lugar donde viven, el sexo, la religión y/o la pigmentación de su piel. La proliferación de escuelas en medios rurales es un ejemplo emblemático de esto.

Esta concepción fue potenciada y refinada con distintos argumentos con posterioridad a la Segunda Guerra Mundial. Los estudios referidos a la contribución de la educación al crecimiento económico y a la inversión en capital humano repercutieron en los países occidentales, promoviendo un incremento de la inversión en educación para aumentar la cobertura de los sistemas educativos. La visión dominante era que la educación iba a ser el instrumento que, junto con el crecimiento del sector industrial, permitiría el desarrollo de los países, haría evolucionar a la sociedad política hacia la democracia y sería el canal de movilidad social basado en la capacidad y el esfuerzo. La expansión del nivel medio de las últimas décadas le debe bastante a estos razonamientos.

Esta percepción continuó hasta la década del setenta: a partir de ésta, diferentes estudios comenzaron a mostrar que las diferencias de nivel socioeconómico, de lenguaje y de cultura daban ventajas a unos y desventajas a otros. En el extremo, el Informe Coleman de 1966 concluiría, entre otras cosas, que la escuela aportaba poco y nada a mejorar las oportunidades. Con posterioridad, este documento sería cuestionado, por un lado, metodológicamente por economistas y otros cientistas sociales y, por el otro, empíricamente a partir de los hallazgos de los estudios sobre escuelas eficaces en los que se mostró que las escuelas sí podían establecer una diferencia. No obstante, el golpe ya había sido asestado y, más allá de las distintas posturas, quedó claro que la igualdad de oportunidades en el acceso no eliminaba las disparidades iniciales: la visión optimista de la educación había comenzado a desmoronarse en un contexto en el que, además, el propio Estado Benefactor estaba siendo fuertemente cuestionado arrastrando, con el ajuste fiscal, al sector educativo. Interesantemente, la expansión de los sistemas educativos tenía sus raíces en otras circunstancias y se relacionaba muy poco con el apogeo de ese Estado Benefactor (Filmus, 1996).

Lejos de las discusiones de los países centrales, en los latinoamericanos las conclusiones sobre la (falta de) contribución de la educación a la equidad eran similares pero los diagnósticos diferentes. La masificación de la matrícula, acompañada por dificultades presupuestarias, demandas crecientes de tipo asistencial, etc., derivaron, básicamente, en el deterioro de la calidad de los servicios educativos incrementando la desigualdad en la posibilidad de acceder a los conocimientos de acuerdo con la zona, el capital cultural, las historias pre-escolares, el nivel socioeconómico, etc. (Tenti, 1992).

La aceleración de la ampliación de la cobertura escolar junto a una falta de recursos endémica en América Latina produjeron, además, una verdadera segmentación de la oferta. Los Estados no pudieron atender adecuadamente las metas de equidad y calidad y esto perjudicó a las escuelas que atienden a los alumnos de sectores de menores ingresos (Rama, 1984). Así, bajo la apariencia de un sistema educativo homogéneo, se había creado un sistema segmentado jerárquicamente, con escuelas de gestión pública y privada, con circuitos para ricos y para pobres en cada uno de esos tipos de instituciones escolares, que atiende a diversos grupos de acuerdo con su nivel de ingresos y su origen sociocultural.

En este contexto, se percibió la necesidad de dotar de diferente significado a la expresión "igualdad de oportunidades en educación": ahora, para promoverla, debía propiciarse un tratamiento y ofertas diferentes, no iguales. En nuestro ámbito, procesos homogéneos pueden derivar en resultados heterogéneos; por eso, para alcanzar resultados homogéneos, a veces es necesario actuar heterogéneamente (Schiefelbein y Tedesco, 1995).

Los analistas y políticos comenzaron a comprender la insuficiencia de la equidad horizontal como criterio hegemónico para la provisión de educación. Se hizo evidente que se debía incorporar el principio, también aristotélico, de *desigual tratamiento a los desiguales*; es decir, el de equidad vertical. A partir de esto resultaba claro que la suposición de que todos los alumnos son sustancialmente iguales, es fácilmente refutada. Luego de estos diagnósticos se hizo imperioso sustituir ese atributo frente al cual los niños y jóvenes eran iguales. Ahora se trataba de establecer los atributos frente a los cuales el grupo "alumnos" era igual o desigual a otro grupo de alumnos. Esto, naturalmente, no es sencillo: a medida que vamos clasificando por grupos a la sociedad, menos personas son pasibles de ser alcanzadas por el tratamiento horizontal. Hasta que llegamos a cada individuo porque ninguno es igual a otro. Por lo tanto, más pragmáticamente, el criterio de equidad horizontal debería ser aplicado en forma directa sólo a subgrupos, donde la igualdad entre los alumnos debería ser acordada. En síntesis, la equidad horizontal como principio rector quedó debilitada. Lo que, como es sabido, suscitó nuevos interrogantes, numerosos diagnósticos y pocas soluciones al problema de la inequidad.

I.2. De la diversidad a la equidad del gasto

No obstante estos avances, la percepción de lo que debería ser el gasto educativo es bastante diferente. Así, por ejemplo, es usual señalar como una medida de inequidad las disparidades regionales (dentro de un país) del gasto por alumno; sobre todo en aquellos que tienen estructuras federales o descentralizadas en la provisión del servicio. Este tipo de afirmaciones pueden ser parcialmente verdaderas, aunque no por los motivos que se suele creer. Veamos esto con un poco más de detalle. La inversión en educación tiene, al menos, dos aspectos básicos que deben ser tenidos en cuenta en el análisis de la equidad del financiamiento sectorial: el primero es el nivel de la inversión, y su importancia relativa reflejada en el esfuerzo financiero que hace un país, región, localidad o el nivel de gobierno que estuviera prestando y solventando el servicio; la segunda es el grado de desigualdad en la distribución de los recursos.

En lo que a la equidad se refiere, de la primera cuestión nos interesa la proporción de gastos en educación respecto de la capacidad fiscal. La provisión local de educación ha sido largamente debatida en distintas disciplinas. En lo que atañe a la economía, el eje problemático es el conflicto que se suscita entre la eficiencia y la equidad. Si en última instancia *algo* sustenta la centralización educativa es su capacidad de imprimir mayor equidad. Las disparidades económicas regionales implican posibilidades diferentes de financiar (por la vía de impuestos) un servicio, por ejemplo, el educativo. Por eso, en estructuras federales o descentralizadas debe intervenir un nivel de gobierno superior para mitigar esas diferentes capacidades tributarias que establecerían diferencias materiales en la oferta educativa según el lugar donde le hubiera tocado nacer o vivir a los alumnos.

Por su parte, si también en última instancia *algo* sustenta la descentralización educativa, es su capacidad de imprimir mayor eficiencia (que sería la expresión y consecuencia, en términos económicos, de la hipotética mayor participación y democratización de las decisiones, etc.). No poco de lo que se dijo sobre la descentralización educativa perdió de vista que los acuerdos y divergencias derivaban –la mayoría de las veces en forma implícita– de la posición que se tuviera respecto de una u otra dimensión de análisis.

Quizás el país que más activamente encaró este punto en los últimos cien años fueron los EEUU. Con su larga y envidiable tradición de litigios de los particulares a los distritos escolares por la probable inconstitucionalidad en la igualdad de oportunidades del servicio estatal, se vieron obligados a desarrollar fórmulas y mecanismos para compensar esas disparidades locales. Si bien el tratamiento del tema es extenso y complejo –lo suficiente como para haber dado origen a toda una literatura especializada dentro de la economía de la educación– en este lugar basta con señalar que la búsqueda de formas para compensar las diferentes capacidades fiscales es el intento de aplicación fáctica del principio de neutralidad fiscal que, a su vez, se basa en que el gasto por alumno no debe verse influido por las bases tributarias locales. En forma más general, el servicio ofrecido por el Estado debe respetar la igualdad de oportunidades respecto de la riqueza, las condiciones socioeconómicas, lugar de nacimiento, etcétera.

Esto no impide que si el nivel de gobierno encargado de prestar el servicio –un municipio, una provincia o un estado– decidiera ejercer una mayor presión tributaria sobre sus habitantes para asignar más recursos, no lo pueda hacer. De lo que se trata es de igualar capacidades tributarias para garantizar un mínimo nivel de gasto por alumno dentro de un país.

Lo que nos lleva al segundo aspecto que hay que considerar cuando se discute la inversión educativa y la equidad: la distribución desigual de recursos. La evidencia señala que existen grandes brechas en el gasto por alumno dentro de los países y que éstas no se encuentran compensadas por un nivel central. De ahí, la disconformidad de algunos analistas respecto de las diferencias en ese indicador. Cabe señalar que estas consideraciones también se realizan para rechazar las disparidades en la inversión entre países, debido a lo que ya no es sólo un análisis que atañe a sistemas federales o más descentralizados de gobierno sino que forma parte del sentido común imperante.

Estos criterios serían aceptables en un cien por ciento de no ser que las diferencias en el grado de inversión educativa (reflejadas, por ejemplo, en el gasto por alumno) se deben, en gran medida, a las diferentes funciones de producción educativas y a factores extraescolares nada desdeñables tales como, por ejemplo, las ineficiencias del gasto.

Consideremos en primer lugar a estas últimas. En la medida en que se desconozca la cifra del desperdicio de recursos debido a estas circunstancias, un mayor gasto por alumno puede brindar –a lo sumo y con las limitaciones señaladas en el capítulo anterior– una idea de la magnitud del esfuerzo financiero en educación. Pero si las ineficiencias en un sistema fueran tal que su costo por alumno, neteado de ellas, cayera hasta quedar en una posición, por ejemplo, inferior a otro cuya magnitud era menor, entonces la inversión educativa podría ser superior, pero la cantidad de dinero efectivo que *llega* a cada alumno, no.

El punto puede clarificarse si se considera el gasto en suplencias docentes. Cuando éstas constituyen una doble erogación, derivan, naturalmente, en un mayor gasto que el que en teoría debería incurrirse. En este sentido, podrían implicar un mayor costo por alumno que el de otro sistema educativo en el que –en el extremo de este ejemplo– no existieran. Como se puede ver, eso no significa que aquel con mayor gasto por alumno realice una asignación de recursos más equitativa.

En cuanto a la función de producción, el análisis sobre el vínculo entre los factores que la componen y la equidad, debería ser realizado con sumo cuidado y detenimiento. En el tercer capítulo señalamos que, prácticamente no hay decisión de política educativa que no afecte el gasto. Pero de allí a afirmar que el costo por alumno que se deriva de esas decisiones puede constituir un indicador sobre la equidad –o el diferencial de equidad entre sistemas educativos– hay un largo trecho. A lo sumo, una vez más, pueden constituir la base para el análisis de la brecha en el esfuerzo financiero sectorial (esto, a su vez, ha dado lugar al desarrollo de una serie de indicadores que se repasan en la segunda parte de este capítulo).

Pero para que el análisis de la relación entre el costo por alumno y la equidad pueda ser certero en sus conclusiones, debería detenerse en el estudio del vínculo entre las definiciones del modelo de organización escolar y la equidad, el currículum y la equidad, etc. O si se quiere, en el estudio de los costos que implican esas decisiones y componentes y la equidad.

Para ilustrar la ausencia de unidireccionalidad de las funciones de producción y la equidad consideremos una de sus dimensiones principales: el salario docente. Existen tantos niveles salariales docentes como sistemas educativos y, por lo tanto, una parte del diferencial en el gasto por alumno tanto dentro de un país como internacionalmente, se debe a este motivo.

Como es sabido, el gasto educativo se destina, principalmente, a atender las remuneraciones docentes. Pero estas disparidades no significan, necesariamente, una manifestación de inequidad, al menos en el sentido al que hemos venido aludiendo. Por ejemplo, si las diferencias en el gasto se explicaran por distintos niveles salariales que no influyen en el servicio brindado, entonces más que un gasto inequitativo respecto de los alumnos se estaría frente a una inequidad en el tratamiento de las remuneraciones. Esto podría deberse a diferentes capacidades para financiarlo, distintas posibilidades de negociación de los respectivos gremios, etc. Pero en este caso, el principio violado sería el de *igual remuneración por igual trabajo*, otro aspecto que, como se sabe, también deja bastante que desear en nuestras estructuras salariales. De ser así –lo que habría que analizar empíricamente y esto no es nada fácil– en lo inmediato se dispondría de un curso de acción que debería seguirse sin más dilaciones: la corrección de esas diferencias.

Por el contrario, si las disparidades fueran intencionadamente dirigidas a, por ejemplo, atraer y compensar docentes cuyo esfuerzo y capacidad diferencial, etc., son necesarios para atender a una matrícula heterogénea que requiere de docentes con atributos distintivos, entonces ese gasto por alumno desigual estaría en concordancia, precisamente, con el principio de equidad vertical. En otras palabras, un desigual gasto por alumno no es un indicador categórico de la inequidad del gasto.

Sin embargo, en general, los sistemas salariales no incentivan la atracción de buenos docentes para estos grupos. La evidencia señala que, tradicionalmente, las escuelas a las que concurren alumnos pobres o marginales con déficit en su capital sociocultural, etc., constituyeron la vía de acceso a la carrera docente de los recién graduados; es decir, de los que menos experiencia tienen. Con el transcurrir del tiempo, y en la medida en que su inserción y antigüedad en el sistema lo permiten, suelen incorporarse a escuelas menos conflictivas. Más recientemente se ha comenzado a intuir que este circuito se habría modificado (y agravado) en alguna medida ya que quienes ejercen en esas escuelas –independientemente de su antigüedad y conocimiento del sistema– son docentes que provienen de esos mismos bajos estratos de ingresos y capital cultural.

Mientras tanto, los sistemas educativos continúan remunerando adicionales de dudoso vínculo con estas situaciones –tales como bonificaciones por ejercer en zonas rurales o en escuelas *desfavorables*– que en los hechos sólo intentan remediar la escasez de oferta docente en general pero no la de oferta docente de calidad diferente. Definir una estructura salarial que compense y atraiga a docentes para atender situaciones heterogéneas es una de las tareas que todavía están pendientes en buena parte de nuestros países.

Como podemos ver, los problemas no se refieren sólo al nivel absoluto del gasto sino a su composición. Pero la nómina salarial no es el único rubro del gasto. En los últimos lustros, la oferta de acciones para grupos vulnerables comenzó a expandirse y agruparse bajo el nombre genérico de *programas compensatorios*.

Éstos son motivo frecuente de debate. Las controversias no son pocas y demuestran el estadio embrionario en que nos encontramos para tratar de resolver el problema de la equidad vertical –que es adonde se orientan, en teoría, estos programas–.

Pero más allá de las disputas, el consenso sobre la necesidad de las acciones para grupos vulnerables es amplio. No obstante, los programas compensatorios tienen problemas, tales como los de su duración y continuidad.

Respecto de la duración, cabe señalar que si el origen fuera *esencialmente* educativo, la distribución de recursos a esos efectos debería ser limitada temporalmente y, a lo largo de su instrumentación, sujeta a la verificación de la aplicación de los recursos a los objetivos perseguidos.

Por el contrario, si las políticas compensatorias del sector encontrasen sus principales causas en situaciones extraeducativas, no deberían abrigarse demasiadas esperanzas en la reversión de los problemas por la mera asignación de recursos a esos fines. Los comedores escolares constituyen un ejemplo de una política compensatoria permanente desarrollada en el ámbito educativo y de origen extrasectorial. En la medida en que su origen se encuentra fuera del sector, no ha sido (ni será) suficiente una acción puntual y limitada en el tiempo.

De modo similar, si el analfabetismo, el fracaso escolar, etc., tienen sus raíces en problemas socioeconómicos, una política compensatoria de esas características podrá colaborar en la reversión temporaria del problema, pero no a darle fin de modo terminante. En otras palabras, si la población objetivo es un flujo, en la medida en que no se resuelva el contexto en el que se lleva adelante el servicio educativo, la política compensatoria deberá perpetuarse sin solución de continuidad. Y, si éste fuera el caso, los sistemas educativos deberían debatirse entre gastar más para sólo atenuar carencias o no hacer nada. Dado que los programas compensatorios tienen su origen en problemas exógenos a la educación, frente a las críticas, la disyuntiva para el formulador de políticas públicas es aguardar a que en algún momento se resuelvan o coadyuvar a atenuarlos (por más que se prolonguen de modo indefinido en el tiempo). Mientras tanto, en función de las disparidades socioeconómicas y culturales de nuestros países, todo parece indicar que este tipo de proyectos deberá continuar en el futuro. En lo que atañe a la educación, curiosamente, se espera que ésta influya positivamente sobre la distribución del ingreso cuando todos los indicios estarían señalando que, precisamente, hasta que no se resuelvan los problemas de distribución del ingreso, difícilmente se solucionen el fracaso y las falencias educativas.

Finalmente, respecto de la continuidad, estos programas, como muchas otras acciones (innovadoras o no) en educación, se ven siempre amenazados por la restricción de recursos. Más allá de su verdadero aporte a la efectividad en los aprendizajes, etc., y las objeciones y comentarios realizados, el hecho es que muchas veces cubren carencias materiales mínimas de las escuelas. Lo paradójico es que estas acciones representan una baja proporción de los presupuestos educativos. En estos casos, en general, el problema ya no se refiere solamente a cómo incrementar las sumas que se destinan, sino a cómo garantizarlas mínimamente. Si se atiende al rol del Estado respecto de la equidad, podría comprenderse –aunque no aceptarse– que la escasez de recursos impida que mejorar la equidad sea un asunto de la agenda pública inmediata. Pero lo que debería quedar claro es que prevenir pérdidas en la equidad sí debería serlo (Berne y Stiefel, 1984).

I.3. De la equidad en el gasto a su adecuación

Desde un punto de vista prescriptivo, contrariamente a lo que podría parecer, disponemos de varios criterios orientadores sobre cómo llevar a la práctica la igualdad de oportunidades. Sólo nos detendremos en algunos de ellos. El primero, el más consensuado y frecuentado analítica y fácticamente ha sido el que la define por la negativa. Recordemos que, según éste, la riqueza de una región, ciudad, etc., no puede ser un factor condicionante al momento de proveer educación. De modo complementario, se argumenta a favor de garantizar un nivel mínimo de servicios para toda la población en edad escolar proveyendo *aspectos básicos* (aunque, en los hechos, como sabemos, a veces ni siquiera eso). La gran ventaja de este principio –y por eso es y ha sido el dominante– es que, al enfocar la provisión de la educación desde el lado de los insumos, es el más fácil de ser llevado a la práctica. Por eso, en rigor, a este criterio para operacionalizar la igualdad de oportunidades se lo identifica como *de igualdad de recursos*.

Pero este principio, así aplicado y por las razones que expusimos más arriba, resulta insuficiente en la actualidad. No sólo no dice nada sobre el uso y calidad de los insumos sino que se abstrae totalmente de los resultados del proceso de enseñanza-aprendizaje. Por eso, más recientemente se ha sugerido adoptar el principio de adecuación (Clune, 1994).

Según éste, la igualdad de oportunidades en educación requiere de la prestación de un servicio que permita alcanzar elevados niveles mínimos de resultados para los estudiantes más desfavorecidos. En tal sentido, *adecuación* significa adecuado para algún propósito, específicamente los resultados de los alumnos. La idea es vincular el financiamiento al desempeño, pero no por premios o incentivos sino en función de los objetivos y necesidades de las instituciones escolares y sus alumnos.

Básicamente, los componentes principales de las nuevas propuestas incluyen, entre otros aspectos (Clune ed., 1994): estándares académicos más rigurosos y nuevos marcos curriculares, sistemas de responsabilidad centrada en el desempeño escolar, mayor descentralización, coordinación y participación de la comunidad y estrategias de financiamiento vinculadas a la calidad y adecuación de los insumos para alcanzar determinados niveles de resultados en el aprendizaje.

En lo relativo al financiamiento y gasto, las diferencias respecto de las modalidades vigentes de asignación de recursos son, esencialmente: a) la elección de los grupos-objetivo y, b) la estructura de la fórmula de financiamiento escolar. Respecto del primer punto, la elección de las escuelas ya no estaría vinculada a la pobreza de la zona en que se encuentran o de los alumnos que atienden sino a los rendimientos que presentan. En cuanto al segundo, simplemente, la importancia relativa del gasto educativo en las escuelas destinatarias de los programas de adecuación se modificaría a favor de la parte compensatoria.

En función de esto, programar la adecuación torna más compleja la implementación de las políticas en varios aspectos (Adams, 1994). Primero, modifica los valores subyacentes que animan la política educativa ya que altera la concepción convencional de equidad, centrándose en los resultados en vez de en los insumos, específicamente cambiando de recursos disponibles a resultados alcanzados. Al definirse en términos de resultados de los alumnos, la implementación y la equidad misma requieren que los resultados se logren efectivamente, a diferencia de lo que ocurre en las concepciones usuales en las que la compensación implica la existencia de un programa operando, produzca o no resultados específicos.

El enfoque de la adecuación, al basarse en la igualdad de resultados en lugar de la igualdad de oportunidades, trae consigo numerosos problemas a resolver; entre otros, desde la propia definición de los resultados hasta las limitaciones en nuestro conocimiento sobre la verdadera y efectiva incidencia de los insumos y procesos en los resultados educativos, cualesquiera fuesen los que se definan (para un tratamiento extenso del tema, véase los diferentes trabajos incluidos en Clune ed., 1994).

A los efectos del diseño de políticas públicas –porque el enfoque de la adecuación supone una presencia estatal más activa aún– todo pareciera indicar que el estado del arte nos relega a tener que asegurar sólo condiciones necesarias pues las suficientes continúan constituyendo la piedra filosofal de la educación.

En cuanto a los resultados, podrían incluir un amplio espectro de posibilidades tales como pruebas estandarizadas de aprendizaje, competencia en diferentes áreas y niveles, mayor graduación escolar, menores índices de repitencia, etc. No obstante, debería procederse con cautela cuando se discuten y diseñan programas de esta naturaleza que contemplen estos resultados. Siempre está latente la solución simplista de fijar como criterios de éxito los de la escuela, sin modificar los procesos para atender a estas poblaciones heterogéneas con configuraciones culturales diferentes (Tenti, 1992). En la medida en que el principio de igualdad de resultados no logre modificar prácticas de enseñanza y atención a los grupos desfavorecidos, podrían devenir no sólo en los usuales programas compensatorios sino que, al continuar refiriendo el desempeño escolar conforme el modelo pedagógico tradicional, las posibilidades de revertir el fracaso escolar y mejorar los resultados en el aprendizaje, etc., continuarán siendo limitadas sin haber modificado los problemas de equidad que se querían resolver. Como suele suceder, disponemos de algunas orientaciones prescriptivas pero carecemos de elementos para operacionalizar, efectivamente, los conceptos de equidad.

En la siguiente tabla se sintetizan algunas de las diferencias más significativas entre los tradicionales enfoques de la equidad del gasto –basados en los insumos provistos por el Estado– y los actuales modelos de adecuación de ese gasto –basados en los resultados del proceso educativo–.

Características	Modelo de insumos	Modelo de resultados
Preguntas guía	¿Cuánto puede gastarse en educación? ¿Cuál es el mínimo de recursos que el estado debe proveer?	¿Adecuado para qué? ¿Qué nivel de resultados mínimos de aprendizaje se espera para todos los niños?
Objetivos primarios y metas	Determinar qué recursos esenciales se necesitan para proveer un mínimo estándar de recursos en todo el Estado. Definir una fórmula de distribución destinada a igualar el gasto por alumno en todo el Estado y asegurar que igual tasa de impuestos genere igual poder de gastos.	Establecer un alto mínimo de estándares de desempeño para todos los niños y determinar cómo medir el rendimiento. Definir la naturaleza y costos de los insumos y mejorar los procesos escolares necesarios para que todos los niños alcancen el mínimo.

Características	Modelo de insumos	Modelo de resultados
El principio de equidad reflejado en la fórmula de costos	El objetivo es igualdad de gasto por alumno (equidad horizontal) conjuntamente con igualdad de carga impositiva. "Equidad plus" avanza un paso más ajustando la fórmula para gastos extra asociados con condiciones especiales (alta concentración de pobreza, etc.).	El objetivo es igual oportunidad de adquirir elevados estándares mínimos, más allá de la riqueza de la comunidad o de la familia (equidad vertical). Una fórmula de cálculo del gasto por alumno desigual asociada con necesidades especiales y circunstancias de la comunidad.
Otros ajustes de costos	Esfuerzo suplementario de igualación a través de ayuda especial para paliar las diferencias en zonas pobres.	Programas de incentivos que reconocen el avance a las escuelas y maestros. Supervisión extra y fondos especiales para las escuelas que no alcancen los mínimos de desempeño.
¿Qué se busca igualar?	La oportunidad para ofrecer un mínimo de educación básica e igualdad de acceso al dinero de los impuestos. La medida habitual es el gasto por alumno.	Oportunidad para todos los niños de aprender y alcanzar altos niveles; mejorar el desempeño de los alumnos. Se mide a través de los tests.
Responsabilidad	Responsabilidad local. El progreso en el desempeño es una cuestión local.	Resultados alcanzados por alumnos, escuelas, distritos y Estado. Cómo se obtienen los resultados es principalmente una preocupación local. El progreso es una responsabilidad compartida local y estatal.
Medición de los resultados deseados	Tamaño de las bibliotecas, calificaciones de los maestros, horas de clase, ofertas curriculares, tamaño de las clases, etc. Son fáciles de medir y verificar independientemente.	Difíciles de verificar, con influencias de factores sobre los cuales las escuelas tienen poco control.
Influencia del hogar y otros factores externos	Irrelevante. Se basa exclusivamente en las oportunidades que ofrecen los fondos disponibles.	Los resultados dependen de factores externos tanto como de los procesos internos de la escuela. Esta combinación se considera crítica para el éxito de la educación.

Características	Modelo de insumos	Modelo de resultados
Fortalezas del modelo de financiamiento	Fuerte control local sobre el gasto. Fórmulas más sencillas que las que se centran en los resultados. El concepto de igual gasto por alumno (equidad horizontal) es más fácil de entender que el de gastos desiguales basados en las necesidades (equidad vertical).	Se centra en aspectos educativos. Tiende mejorar la productividad y a igualar el acceso a oportunidades educativas de calidad para todos los niños, más allá de la riqueza o pobreza y de las necesidades particulares de aprendizaje.
Debilidades del modelo de financiamiento	Falta de relación entre los insumos y el rendimiento de los alumnos. El gasto está limitado por la riqueza local. Las fórmulas tienen poco éxito en suavizar las disparidades locales, si bien las fórmulas de equidad-plus alivian la situación al reconocer costos extra en determinadas circunstancias.	Es nuevo y está en evolución, aun en aquellos estados donde ya ha ejercida gran influencia. Si bien los resultados preliminares parecen promisorios, se requiere más tiempo para que los investigadores afinen los procedimientos de costos y se valide la habilidad del modelo para lograr su objetivos.

Fuente: Clune ed, 1994.

I.4. De la adecuación a, nuevamente, la igualdad

El principio de la igualdad de resultados en educación no contradice al de oportunidades. De modo similar al criterio de igualación de insumos, es una forma de orientar las políticas para promover esa igualdad de oportunidades. Definidos los resultados, se trata de comprometer los recursos de modo tal que garanticen la igualdad de oportunidades para alcanzarlos.

Una vez más o menos clarificados estos principios rectores, el problema es acordar cuál es el límite de la redistribución. Una perspectiva igualitarista extrema señalaría que se deberían seguir asignando recursos hasta el punto en que el beneficio marginal de continuar haciéndolo fuera nulo. En otras palabras, se debería proveer un servicio diferente tal que todos los estudiantes puedan alcanzar su máximo potencial. Pero esto presenta algunas dificultades prácticas; entre las principales, podemos señalar que la aplicación de una propuesta de esta naturaleza implicaría tener que aumentar permanente e indefinidamente los recursos. Por otra parte, no está claro si un criterio semejante no iría más allá del compromiso social de igualar oportunidades.

En su clarificador trabajo, Roemer (1995) propone que un acuerdo sobre la igualdad de oportunidades para alcanzar los resultados que la sociedad se propone, sería el de asignar recursos para compensar aquellas circunstancias que fueran ajenas al control y responsabilidad de las personas. Así, sólo se aceptarían diferentes resultados en la medida en que fueran consecuencia de las elecciones individuales no influidas o determinadas por esas circunstancias.

Con esta *pequeña* vuelta de tuerca, el autor reintroduce la discusión de la igualdad de oportunidades por la negativa incorporándole la responsabilidad por las decisiones que cada persona toma. La discusión es compleja debido a las dificultades para delimitar aquellas situaciones que se hallan fuera de nuestro control. Por eso, Roemer sugiere que la sociedad debería acordar aquellos factores que ésta entiende se encuentran fuera de la influencia de las personas y actuar en consecuencia.

Las complicaciones para esa tarea se van acrecentando a medida que el individuo ingresa en su vida adulta; pero en el caso de la educación, el consenso sería menos laborioso. Algunas de estas variables ya las hemos mencionado y se encuentran presentes en la mayor parte de los estudios que discuten las desigualdades educativas. De todos modos, la tarea nos es sencilla ni está al alcance de las manos. Sobre todo si se considera que, como vimos en el tercer capítulo, esos parámetros son los que, desde la perspectiva de las políticas públicas en educación, se consideran *no manipulables* (Cohn y Geske, 1990).

Por otro lado, más arriba comentábamos que las nuevas tendencias referidas a la adecuación modificaron la perspectiva de la elección de los grupos-objetivo. En este sentido, la tarea es más compleja aún: se trata de adecuar la prestación del servicio educativo en función de resultados acordados para aquellos alumnos que no pudieran alcanzarlos por circunstancias ajenas a ellos y no a su voluntad.

Como se puede ver, lo que ha cambiado entre la época de la expansión cuantitativa de los sistemas educativos y la actualidad es el enfoque sobre las dimensiones en que se debe actuar. Tradicionalmente, el Estado –por motivos que veremos en la tercera parte de este capítulo– actuó sobre la oferta (de fondos); las *nuevas* perspectivas insisten en influir en la demanda por educación que, según el grupo de pertenencia, difiere en cantidad y calidad. A su vez, estas políticas son las que impulsarían y determinarían el cambio y magnitud de aquella oferta.

II. Indicadores para la medición de la equidad del gasto

La equidad se refiere a la distribución de un *bien* (considerado en un sentido amplio; es decir, éste puede ser: dinero, bienes propiamente dichos, servicios, oportunidades, etc.). Así, por ejemplo, un tratamiento posible en educación es el de analizar la distribución de resultados tales como los de pruebas de aprendizaje, de tasas de egreso de los respectivos niveles educativos, de inserción laboral, etc. Como se vio en el punto anterior, estos aspectos constituyen una tendencia en la discusión teórica –aunque no cuantitativa– de los últimos años.

No obstante estos posibles tratamientos, dentro de las finanzas públicas de la educación, la medición más frecuentada de la equidad en la asignación de recursos es la que utiliza al gasto por alumno (Berne y Stiefel, 1984). Probablemente, a las dificultades de disponer de información o indicadores síntesis adecuados sobre los resultados educativos, la posible explicación del interés en el gasto por alumno se deba a la idea imperante de que la educación debe garantizar la igualdad de oportunidades; en este caso, por medio de la provisión equitativa del servicio.

Sin embargo, como hemos visto más arriba, aun cuando la utilización de este indicador es materia controvertida, su empleo es el más frecuentado por la literatura. En este sentido, su inclusión en este trabajo obedece a dos motivos. El primero, la necesidad de referirse, aunque sea brevemente en un texto introductorio como éste, a algunas de las herramientas que brinda el estado del arte. La segunda, porque a pesar de sus limitaciones, esto indicadores sistematizan las medidas de dispersión del gasto por alumno y, como tales, aportan elementos adicionales para su análisis, a pesar de todas sus limitaciones.

II.1. Las medidas para los principios de equidad del gasto educativo

Entonces, con las reservas del caso, en las finanzas públicas de la educación, la equidad se calcula mediante medidas de dispersión en la distribución del gasto que señalan cuán lejos se encuentra la asignación de los recursos de la equidad horizontal perfecta. Estos indicadores son los que se describen más abajo. En cuanto a la vertical, si bien existen propuestas de cuantificarla, las dificultades para medirla hacen que, en general, no se la calcule. Entre los escollos, además de la falta de consenso sobre qué diferencias deben considerarse, se encuentran los que atañen a la dificultad de definir la magnitud de recursos necesarios para revertirlas (volveremos sobre esto más adelante).

Si bien los indicadores que se utilizan, con excepción de uno de ellos, son medidas usuales de la estadística, la originalidad e importancia del aporte de Berne y Stiefel (1984) fueron, entre otras, agruparlos a efectos de analizarlos en forma conjunta.

El primero y más intuitivo de los indicadores es el Rango: es, simplemente, la diferencia entre el mayor y el menor gasto por alumno en una distribución. Cuanto mayor es el resultado del indicador, mayor es el grado de inequidad. Como suele suceder, su mayor atractivo constituye su mayor desventaja. Esto es así debido a que sólo considera los valores extremos, por lo tanto: a) el grado de dispersión se ve influido por lo que sucede en sólo dos jurisdicciones (ya sean distritos, departamentos, municipios, provincias) que bien podrían tener ese desempeño por alguna circunstancia atípica o por características que les son propias sólo a ellas y, b) hace caso omiso del resto del gasto educativo en las demás jurisdicciones. No obstante, suele incluírselo en este tipo de análisis.

Dadas estas limitaciones, a los efectos de la cuantificación de la dispersión se calcula, también, el Rango Restringido que es la diferencia entre el percentil 5° y 95° del gasto por alumno de la distribución que se está considerando. Aquí también, cuanto mayor es el resultado del indicador, mayor es el grado de inequidad. Si bien es más realista porque logra sortear el problema de los valores extremos, su mayor limitación continúa siendo que nada dice sobre el grado de dispersión del resto de los casos.

Un modo alternativo de presentar a este último indicador es presentarlo como índice para comparar la evolución entre diferentes años en contextos de inflación. El estadístico resultante es la Tasa del Rango Restringido[1] y se obtiene dividiendo el *rango restringido* por el gasto por alumno del 5º percentil de la matrícula. Dado que es un derivado del indicador anterior, corre su misma suerte: cuanto mayor es su resultado, mayor es el grado de inequidad.

A efectos de considerar a todas las áreas geográficas involucradas en el análisis –y no sólo a los valores extremos–, se recurre al Coeficiente de Variación que es la relación entre el desvío estándar y la media de la distribución (por ejemplo, del gasto por alumno). A nuestros efectos, cuanto mayor es, mayor es el grado de inequidad en la asignación de recursos. Ahora bien, como siempre hay algún grado de dispersión, no hay un valor óptimo del coeficiente, aunque algunos autores como Odden y Picus (1992) se inclinan por señalar que se puede considerar que la distribución de recursos entre alumnos es horizontalmente equitativa si el resultado es inferior a 0,10.

Al análisis de la dispersión del gasto por alumno entre jurisdicciones se puede aplicar sin mayores inconvenientes una medida que los economistas suelen utilizar para medir el grado de desigualdad en la distribución del ingreso. Se tra-

---

[1] Su denominación en los EE.UU. es *Federal Range Ratio* debido a que es el indicador más utilizado por el gobierno federal para determinar la ayuda o distribución de programas a los distintos estados. Aquí se optó por una traducción libre que va más allá del contexto en que se lo aplica en su país de origen.

ta del Coeficiente de Gini que, por su parte, se deriva de la curva de Lorenz. Ésta resulta de graficar, a los efectos de este trabajo, la distribución acumulada del gasto por alumno y la distribución acumulada de alumnos. Esa curva surge de unir los puntos de iguales percentiles de gasto y de alumnos. Así, el indicador –que mide el área de la curva y una línea de 45° que sale del eje de coordenadas– refleja cuán lejos se encuentra la distribución del gasto por alumno si tomamos el mismo porcentaje de alumnos (por ejemplo, el percentil 5°) con el mismo porcentaje del gasto (5° percentil). El coeficiente varía entre 0 y 1 y cuanto más cerca de 0, más equitativa es la distribución. Aquí también Odden y Picus (1992) manifiestan que una distribución del gasto por alumno *deseable* es aquella en la que el coeficiente es menor a 0.10 aunque a esta cifra también le caben las mismas consideraciones sobre los juicios de valor que implica asignarle una determinada magnitud al indicador.

Hasta aquí, las medidas se refieren a: a) la brecha existente en el gasto por alumno de las jurisdicciones en que se gasta más y menos y, b) la dispersión de ese gasto para el conjunto de esas jurisdicciones. Un caso particular en estos estudios es el análisis de las áreas geográficas que presentan un más bajo gasto por alumno. A la manera rawlsiana, la atención se centra en la evolución de las jurisdicciones que menos invierten en sus alumnos. Para ello se utiliza el Índice McLoone que fue diseñado por su autor especialmente para el sector. Es la tasa resultante de relacionar a la suma de los gastos por alumno por debajo de la mediana (que es el valor que corta en dos partes iguales una distribución dada) con lo que se gastaría si se asignara a cada estudiante el gasto por alumno de esa misma mediana. Su resultado se encuentra siempre entre 0 y 1 y es el único indicador de los presentados aquí cuyo valor, cuanto más alto, indica mayor equidad en la asignación del gasto. Con las mismas salvedades de los estadísticos anteriores, la recomendación de Odden y Picus (1992) es la de un valor por encima de 0,9.

Con el objeto de ilustrar cómo se interpretan los resultados de un análisis de medidas de equidad del gasto educativo, en lo que sigue se incluye un ejemplo que, si bien forma parte de un estudio realizado para la Argentina, a nuestros efectos podemos considerarlo como el análisis de un país hipotético para el que se sigue una de las formas posibles de empleo de estos indicadores. En este sentido, aquí se ha considerado: a) la evolución de la equidad horizontal en un lustro en los niveles primario y medio y, b) esa misma evolución agrupando a las divisiones político-administrativas en la que se encuentra dividido ese país (provincias, municipios, departamentos) según su nivel de necesidades básicas insatisfechas (NBI) fuera bajo, medio o alto. Cabe señalar que el gasto por alumno considerado en los cálculos es el que se realiza en esas divisiones políticas.

Como se puede ver en el Cuadro 1, entre esos cinco años el conjunto de los indicadores muestra que la dispersión en el gasto por alumno, tanto en el nivel primario como en el medio, ha disminuido. Ello no significa que las brechas no existan (para eso, basta con observar los valores absolutos sin necesidad de recurrir a tanto artilugio matemático). Pero esta evolución, de algún modo, estaría mostrando que, a nivel agregado y en los años considerados, no sólo no aumentaron las disparidades inter-provinciales en la inversión educativa sino que, incluso, se acotaron.

Esta disminución pareciera que fue mayor aún en el nivel medio que en el primario. Sin embargo, cuando se compara la brecha entre los dos niveles, se observa que en aque-

Cuadro 1. Medidas de equidad para el total del país

	Nivel Primario		Nivel Medio	
	1994	1999	1994	1999
Rango (en $)	1.596,8	1.735,1	3.945,8	3.292,0
Rango Restringido (en $)	969,3	674,6	842,3	433,7
Razón del Rango Restringido	1,89	1,44	0,81	0,41
Indice Mc Loone	0,74	0,87	0,74	0,87
Coeficiente de Variación	0,37	0,30	0,35	0,26
Coeficiente de Gini	0,181	0,131	0,160	0,102

llos estadísticos que consideran a todas las divisiones político-administrativas en su medición (el Índice Mc Loone, el Coeficiente de Variación y el de Gini) los resultados son parejos: esto estaría significando que, para el conjunto del país en cuestión, las disparidades en la distribución del gasto son similares en ambos niveles educativos.

Si se reagrupa la información según NBI, los resultados son diferentes en el nivel primario (Cuadro 2 a). Aquí cada grupo de regiones tuvo un desempeño distinto: las de Bajo NBI tendieron a disminuir su grado de dispersión del gasto por alumno, las de NBI Medio mantuvieron las brechas que existían cinco años atrás (aunque con una leve tendencia a acotarlas) y las de Alto NBI, incrementaron la disparidad en el interior del grupo. Dado que en estos casos se toma a cada conjunto de regiones por separado, el desempeño donde hay mayores necesidades básicas insatisfechas no significa otra cosa que la inequidad tendió a acentuarse entre las jurisdicciones con mayores índices de pobreza. En cuanto al nivel medio (Cuadro 2b), disminuyeron las brechas en el gasto por alumno en cada grupo de regiones.

La comparación entre niveles según NBI también difiere respecto del total del país: en las regiones de NBI Bajo y

Cuadro 2. Medidas de equidad por regiones según NBI

a) Nivel Primario

	1994			1999		
	Bajo	Medio	Alto	Bajo	Medio	Alto
Rango	1.076,6	1.399,3	270,8	1.426,1	1.395,6	372,9
Razón del Rango Restringido	1,86	0,73	0,53	0,87	0,67	0,79
Indice Mc Loone	0,74	0,81	0,82	0,85	0,83	0,83
Coeficiente de Variación	0,38	0,23	0,15	0,28	0,24	0,18
Coeficiente de Gini	0,16	0,119	0,082	0,097	0,112	0,099

b) Nivel Medio

	1994			1999		
	Bajo	Medio	Alto	Bajo	Medio	Alto
Rango	1.926,0	3.945,8	571,0	1.672,9	3.292	334,9
Razón del Rango Restringido	0,74	2,09	0,54	0,36	1,73	0,32
Indice Mc Loone	0,67	0,74	0,87	0,80	0,90	0,92
Coeficiente de Variación	0,27	0,38	0,14	0,18	0,40	0,08
Coeficiente de Gini	0,116	0,203	0,077	0,077	0,179	0,043

Alto, los resultados del nivel primario muestran que el gasto por alumno está más desigualmente distribuido que en el nivel secundario. En cuanto a las de NBI Medio, con excepción del Índice Mc Loone, los demás indicadores estarían señalando una situación inversa.

Ahora bien, el mejor desempeño del conjunto del país ¿implica una mejora en la equidad en la asignación de los recursos a los alumnos? Para los analistas que creen que las brechas entre regiones son una manifestación de la inequidad de la inversión educativa, la evolución de las medidas de dispersión deberían representar categóricamente una mejora. No obstante, dado que el principio de equidad horizontal no es el único que debe satisfacerse en términos de justicia distributiva, una disminución en las disparidades regionales no necesariamente implica una mayor equidad. Para completar el análisis deberíamos conocer cómo ha evolucionado la equidad vertical. Como se explicó más arriba, este principio reconoce que los estudiantes son diferentes y se basa en que al ser desiguales deben recibir tratos desiguales. Estas diferencias pueden ser consideradas como "legítimas" mereciendo un tratamiento desigual, o "ilegítimas" no mereciendo un tratamiento diferencial (Monk, 1990). Las controversias respecto de la legitimidad o no de estas diferencias es significativa y la inmensa literatura sobre la justicia distributiva es una muestra de ello. La carencia de análisis cuantitativos de la equidad vertical se debe, en parte, a las dificultades de lograr consenso sobre su medición y, por eso, tampoco son desarrollados en este trabajo.

II.2. Medidas de la igualdad de oportunidades

Aquí también Berne y Stiefel (1984) sistematizaron un conjunto de medidas estadísticas para analizar el vínculo entre variables asociadas a la riqueza y el gasto por alumno. Una variable pasible de ser utilizada a estos efectos es el PIB per cápita de cada región, provincia, ciudad, etc. Intuitivamente, el objetivo es observar si la riqueza generada en cada jurisdicción influye en la magnitud de los recursos que se asignan a sus alumnos.

Tres de los indicadores más utilizados son el Coeficiente de Correlación de Pearson, la Pendiente de las curvas que surgen de relacionar los valores de cada una de esas variables y la Elasticidad de esas mismas variables. El primero señala en qué medida hay una relación lineal entre dos variables. En nuestro caso mide, por ejemplo, qué le sucede al gasto por alumno cuando el PIB per cápita de una jurisdicción crece: acompaña ese crecimiento? ¿Se mantiene invariable o disminuye? Si las dos variables se mueven en la misma dirección, eso significa que hay una asociación positiva entre ambas. El indicador puede adoptar valores entre 0 y ± 1: un valor cercano a 1 refleja una relación positiva y uno cercano a –1, una negativa; si se encuentra cercano a 0, eso implica que no hay asociación entre las dos variables.

En lo que atañe a la pendiente mide el cambio porcentual que se produce en la variable dependiente (en el análisis que sigue, esa variable es el gasto por alumno) cuando la variable independiente (el PIB per cápita) se modifica. Su resultado puede ser cualquier valor pero cuanto más cercano se encuentre a 0, ello significa que no hay relación entre las dos variables.

Por último, en forma complementaria a la pendiente, este tipo de análisis suele incluir a la elasticidad que refleja el cambio porcentual que se produce en la variable dependiente (el gasto por alumno) ante un cambio de un 1% en la independiente (PIB). Aquí también la magnitud puede arrojar cualquier valor y, en la medida en que se encuentre más cerca de 0, menor será la relación entre las variables intervinientes.

Para el total de nuestro hipotético país, el resultado de los cálculos realizados se presenta en el Cuadro 3. En primer lugar, se puede observar que el gasto por alumno es, prácticamente, independiente de la riqueza que se genera en cada región.

En este sentido –y al menos para esta variable– la asignación de recursos a cada alumno no se encontraría condicionada por el grado de desarrollo y de actividad económica de cada división político-administrativa del país. Esto se confirma cuando se las agrupa según su NBI:

Cuadro 3. Medidas de igualdad de oportunidades para el total del país

	N. Primario		N. Medio	
	1994	1999	1994	1999
Coeficiente de Correlación	0,41	0,39	0,31	0,32
Pendiente	0,0030	0,0027	0,0024	0,0020
Elasticidad	0,22	0,18	0,29	0,22

En las regiones con habitantes con mayores necesidades básicas insatisfechas, unos años atrás, esa relación era inversa (cuanto menor el PIB por alumno, mayor el gasto por alumno) y, en el último año, es nula; es decir, el gasto por alumno es independiente de esa variable. Situación similar se manifiesta en las regiones más desarrolladas; la única diferencia es que al inicio del período considerado la baja relación existente era positiva y, ahora, ese vínculo es más bajo aún.

Cuadro 4. Medidas de igualdad de oportunidades por grupos de regiones

a) Año 1994

	NBI BAJO		NBI MEDIO		NBI ALTO	
	N. Primario	N. Medio	N. Primario	N. Medio	N. Primario	N. Medio
Coeficiente de correlación	0,54	0,26	0,80	0,72	-0,42	-0,40
Pendiente	0,0028	0,0013	0,0110	0,0078	-0,0133	-0,0055
Elasticidad	0,29	0,21	0,41	0,50	-0,41	-0,30

b) Año 1999

	NBI BAJO		NBI MEDIO		NBI ALTO	
	N. Primario	N. Medio	N. Primario	N. Medio	N. Primario	N. Medio
Coeficiente de correlación	0,30	0,19	0,81	0,75	-0,29	0,02
Pendiente	0,0018	0,0006	0,0125	0,0102	-0,0125	0,0002
Elasticidad	0,15	0,08	0,51	0,73	-0,38	0,01

III. La necesidad de la intervención estatal

Hasta aquí dimos por supuesta la intervención estatal en educación. Aun más, repasamos –desde la perspectiva de las finanzas públicas– la forma en que nuestros países intentaron resolver los problemas de la equidad y se señalaron algunas tendencias recientes para corregir esos problemas. Sin embargo, falta comentar –aunque sea brevemente– las ideas en las que, nuevamente desde la economía, se sustenta la racionalidad de esa intervención en términos de equidad. La perspectiva económica para justificar la participación estatal en términos de eficiencia será discutida ampliamente en el capítulo que sigue.

Para los no economistas el argumento puede resultar un tanto extraño; pero la principal explicación del financiamiento estatal es la existencia de mercados de capitales imperfectos (Becker, 1993): los *consumidores* de educación –básicamente niños y jóvenes– no poseen recursos para sostener su educación. Tampoco pueden acceder al mercado financiero que les facilite los recursos para solventarla. Del otro lado, los padres no pueden comprometer el futuro de sus hijos endeudándolos para que éstos salden el crédito que toman para pagar su educación (Hoxby, 1996). Si estos padres poseen los recursos para financiarla, sus hijos gozarán de los beneficios de la educación; pero si carecen de ellos, entonces, *alguien* debe asumir el costo que implica escolarizar a los niños y jóvenes que de otro modo quedarían excluidos por el imperfecto funcionamiento del mercado de capitales. Entonces, si no fuera por esto último, no habría impedimentos económicos para que el financiamiento del consumo y la inversión educativa fuera pura y exclusivamente privado. De este modo, el Estado aparece aquí para asegurar los fondos que coloquen en igualdad de oportunidades a pobres y ricos.

Tan relevante es esta cuestión que ningún economista –ni aun los mayores defensores y promotores de la introducción de mecanismos de mercado en el sector– cuestiona la necesidad del Estado para financiar la educación. La controversia se suscita cuando se discute la provisión del servicio.

En el tema que nos ocupa, la pregunta central con relación a la equidad y la intervención gubernamental es si ésta es necesaria para alcanzarla. Monk (1990) señala que si la alternativa existente es la provisión por vías del mercado, la pregunta deriva en si éste es capaz de garantizarla por sí solo y señala que todo depende del criterio (definición) utilizado. Por ejemplo, si se considerase que sólo se asignasen recursos en función directa al beneficio obtenido por los estudiantes, seguramente la solución de mercado sería más eficiente y equitativa. Sin embargo, se violarían otros criterios, tales como los de provisión para los menos capacitados o más desfavorecidos a los que el mercado no atendería, pues su búsqueda se orienta a la eficiencia (máxima producción). Por el contrario, si se pudiese establecer que el objetivo es la equidad, podría encontrarse una solución técnicamente eficiente que estuviera en función de aquélla (eficiencia dada una función de equidad determinada). Claro que uno podría preguntarse si la equidad es un objetivo de los individuos. Si éste no fuera un objetivo social, claramente no habría razones para la intervención estatal.

Ahora bien, como se explicó en el capítulo anterior, para la teoría económica, el *costo* de la equidad es la pérdida de eficiencia. No sólo por la intervención estatal –debida a sus características institucionales de organización compleja, jerárquica, etc., y no, como se tiende a suponer, por su carácter de estatal– sino porque el Estado está asumiendo los mayores costos de educar a quienes, como vimos, en condiciones puras de mercado quedarían excluidos del servicio (que no permitirían maximizar el producto al menor costo). Este hecho, a su vez, modifica artificialmente las tasas de retorno de la educación de los diferentes niveles educativos desviando la que sería la asignación natural de recursos de no mediar esa *interferencia* estatal.

Esto, al menos, teóricamente, pues en los hechos debe ser relativizado. La *vieja* provisión igualitaria (igual costo por alumno, etc.), indica que tampoco el Estado asume los mayores costos de la escolarización de los más desfavorecidos. Si el gasto que realiza fuera suficiente para proveer de educación adecuada a estos grupos de alumnos, entonces, la provisión estatal sería inequitativa por motivos diferentes a los que se suele creer: en la medida que el gasto por alumno es igual para todos, se estaría sobreinvirtiendo en los que menos lo necesitan.

No obstante, como vimos, la presencia del Estado se justifica teóricamente por la desigualdad en la oferta de fondos para la educación entre ricos y pobres. Como decíamos más arriba, actuar sobre la Demanda es más difícil que operar sobre la Oferta y, por eso, históricamente, el Estado se concentró en la modificación de esta última.

Pero los estudios sobre la incidencia del gasto educativo sobre los diferentes estratos de ingresos muestran, justamente, que la intervención estatal es redistributiva a favor de los más pobres. Sin embargo, esta incidencia sería menor a medida que se avanza desde la educación básica a niveles superiores. Lo que estaría señalando que la apropiación de los beneficios de esa distribución es menor para los estratos más bajos de ingresos o, desde otro ángulo, que los estratos más altos tienen mayores posibilidades de aprovechar la igualación de la oferta estatal de recursos. Ésta, recordemos, tenía su origen, precisamente, en la necesidad de compensar el imperfecto funcionamiento del mercado de capitales para con los más pobres.

Independientemente de esto último, los resultados de los estudios de la incidencia del gasto educativo sobre la distribución del ingreso suelen dejar conformes a quienes llevan adelante este tipo de cálculos y a los analistas deseosos de ver confirmadas sus *hipótesis* sobre la acción progresiva del gasto estatal en el sector. Pero estas conclusiones son el resultado algebraico de una situación que debería ser más o menos clara intuitivamente: dado el igual gasto por alumno para una población escolar determinada, los efectos de la transferencia de ingresos (derivada de la provisión estatal del servicio a los particulares) tienen mayor impacto en los estratos más bajos que en las familias más ricas. En este punto es donde tienen lugar las diferentes interpretaciones. En lo que a nosotros respecta, mientras no nos anime un espíritu de autocomplacencia, esos resultados tienen una lectura unívoca: la redistribución existe, por supuesto, pero, habida cuenta de los resultados obtenidos hasta ahora, es insuficiente.

Sumario y conclusiones

1. La equidad debe ser uno de los escasos temas que se encuentra presente en casi todas las disciplinas que tratan sobre educación: la sociología, la pedagogía y la economía, entre otras, la discuten desde sus correspondientes perspectivas. Como suele suceder, mirada desde la óptica individualista de cada una de ellas, para los investigadores recelosos de las otras disciplinas el análisis suele presentarse como parcial, insuficiente. Pero en la medida que cada una tenga algo para decir y no sean integradas, esta visión –y, en rigor, forma de tratar el tema– permanecerá de ese modo.

En lo que respecta a la economía de la educación, el enfoque tradicional e imperante es su estudio a partir del gasto sectorial. Ello no quita o desmerece otras dimensiones tales como la de la equidad de acceso, de género, de financiamiento (quién paga y quién se beneficia con la educación), y de resultados: a) tanto en el interior del proceso educativo (en los aprendizajes, en el fracaso escolar) como, b) en el mercado laboral.

Pero el gasto educativo tiene una gran ventaja respecto de otras variables cuantitativas empleadas en los análisis del sector: quizás sea la única variable capaz de sintetizar las dimensiones de cantidad y calidad. A su vez, en particular, a pesar de sus déficit y limitaciones como indicador, el que probablemente mejor refleje esas dimensiones sea el del gasto por alumno. Como se señaló en el capítulo tercero, la importancia del gasto se encuentra dada porque expresa y es el resultado de las decisiones de política educativa. En otras palabras, permite homogeneizar, bajo una misma unidad de medida, los recursos aplicados a la educación que comprenden desde la cantidad de libros y materiales didácticos hasta la relación alumnos por docente y, en forma más general, todas las variables que implícita o explícitamente conforman la oferta y demanda educativa. Ahora bien, como cualquier análisis unidimensional, no carece de limitaciones. Como se comentó, el gasto educativo (por alumno) y las medidas estadísticas aplicadas a él, permiten cuantificar la evolución de la equidad de la asignación de recursos al sector y/o la comparación entre áreas geográficas diferentes (sean éstas países, regiones, municipios, provincias, etc.). Pero nada nos dice sobre la asignación de esa asignación. Es decir, por sí sólo no puede indicar cómo se distribuye –qué lo conforma–. De modo similar a nuestro análisis sobre los costos del tercer capítulo, aquí también interesa el gasto; pero tanto o más importante, lo pertinente a la discusión es qué se hace con ese dinero. O, si se quiere, qué políticas y acciones está financiando. Adicionalmente, aunque esto escapa a los objetivos de este trabajo, es más relevante aún dilucidar cómo se implementan esas políticas o, en forma más directa, cómo se interpretan y/o llevan a cabo en las escuelas.

No obstante, como cualquier análisis cuantitativo, si se tienen presentes los alcances y limitaciones de los indicadores empleados, la utilización del gasto educativo y las medidas de dispersión asociadas a él deberían constituir una dimensión más a tener en cuenta en las investigaciones sobre el tema.

En síntesis, fuera de contexto no es posible afirmar nada respecto del impacto de una variación del gasto educativo sobre la equidad del servicio. Estas limitaciones no son propias del análisis económico ya que su dilucidación no se encuentra dentro de su campo específico; al menos, no es la única disciplina que debe contribuir a esclarecer este asunto. Los recursos necesarios para alcanzar una educación de calidad son múltiples y, de éstos, los monetarios son sólo la expresión final (aunque probablemente decisiva) de definiciones de política. Por supuesto, los que finalmente se asignen dependerán de la interactuación de éstas y la restricción presupuestaria que impone (severos) límites a su efectiva prosecución.

Pero debe quedar claro que en la ecuación de la equidad de la educación, la incógnita de los recursos necesarios sólo es posible hallarla cuando se conoce el resultado de la incógnita referida a las políticas, proyectos y acciones concretas que permiten alcanzarla. En síntesis, el interrogante que correspondería plantearse no es (sólo) cuánto dinero se necesita sino qué políticas hay que llevar adelante y, derivado de esto, cuál es su costo y los recursos necesarios para ellas.

2. Dentro de la economía, uno de los aspectos que aún se encuentran sin resolver para la mayor parte de los analistas es el conflicto existente entre los principios de eficiencia y de equidad. Según la corriente dominante, políticas públicas que tengan entre sus objetivos una de las dos dimensiones, podrían atentar contra la prosecución de la otra. Por ejemplo, en educación, si el cálculo de las tasas de retorno indicara que es más rentable invertir en niveles superiores de enseñanza y los gobiernos se dejaran guiar por estos resultados, entonces, la menor asignación relativa de recursos a la enseñanza básica podría suponer un perjuicio para el principio de la igualdad de oportunidades educativas. Por el contrario, si se invirtiera

más en la escolarización primaria, la política podría ser más equitativa, pero menos eficiente ya que se estaría perdiendo la posibilidad de incrementar la productividad global de la economía derivada de una política que hubiera gastado más en educación superior que en los otros niveles de estudio.

Otro ejemplo de la presencia de este problema en el sector educativo es el de la asignación de recursos en zonas rurales. En general, en estas áreas geográficas el costo de escolarización de un alumno es más alto que ese mismo costo pero en ámbitos urbanos. Aun suponiendo un igual ingreso futuro en la vida laboral de los estudiantes de una y otra zona para un mismo nivel educativo, la tasa de retorno social sería inferior en las áreas rurales ya que su costo de instrucción es mayor. De este modo, la política de cobertura universal podría ser más equitativa pero, nuevamente, más ineficiente pues se habrían asignado más recursos en una inversión menos rentable.

Ante este dilema, para el paradigma dominante, si la política seguida se rigiera por otros criterios que los de eficiencia, se estaría guiando por el juicio de valor del hacedor de política y no por criterios de racionalidad económica. Esto es así pues, para ese discurso, esta racionalidad se funda en principios de eficiencia y no necesariamente de equidad.

No obstante, en los últimos lustros, los analistas encontraron que el conflicto entre estas dimensiones podía no ser tal ya que existen situaciones en las que es posible: a) mejorar la equidad sin perjudicar la eficiencia, b) mejorar la equidad, sin reducir la eficiencia o, c) mejorar tanto la eficiencia como la equidad (véase, por ejemplo, McMahon, 1982). Sobre todo si nos encontramos en un punto, como parece ser el caso, en el que nuestros sistemas educativos contradicen todas esas combinaciones: son tanto ineficientes como inequitativos.

Las investigaciones que explican los orígenes y causas de la inequidad, como señalamos, son numerosas. Las que demuestran las ineficiencias bastante menos; pero las apelaciones a la eficientización son mayores y de más antigua data. Sin embargo, no son muchos los estudios que den cuenta de la conjunción de ambos factores en nuestros sistemas educativos.

Lo curioso es que "la prioridad a la educación en las estrategias de desarrollo estuvo siempre basada en el argumento según el cual ella es la única variable que afecta simultáneamente la equidad social, la competitividad económica y el desempeño ciudadano." (Tedesco, 1998). En otras palabras, hace tiempo que se diagnosticó que tanto la eficiencia como la equidad pueden verse potenciadas por la educación.

Es decir, el supuesto que anima a esas políticas es que, muy probablemente, sea económicamente eficiente desde un punto de vista social la inclusión de la mayoría en los beneficios de una educación de calidad. El punto no es menor ya que no se trata sólo de los juicios y compromisos morales de una sociedad respecto de los más desfavorecidos –que, en definitiva, son los que nos acercan y animan a la discusión del tema– sino que es posible orientar el análisis con el propio herramental y racionalidad económica de aquellos que aún hoy podrían postular la pérdida de eficiencia que significa la mayor equidad.

Capítulo 7

Estado o mercado en la prestación del servicio

Entre los economistas, el inicio de la discusión acerca del papel que debe jugar el Estado en las sociedades en general, en las actividades económicas y también en la educación, se remonta al siglo dieciocho. Después de más de doscientos años, podemos decir que, en el plano de las ideas, se trata de una controversia no resuelta, aunque claramente el paradigma actualmente dominante otorga un rol central al sector privado y a las fuerzas del mercado en la asignación de los recursos de una sociedad. La educación no escapa a esta tendencia, como lo demuestra la proliferación de propuestas de reformas que introducen mecanismos de mercado en el sector y la fuerza que éstas han adquirido en los últimos años.

En rigor de verdad, estos economistas no niegan la necesaria participación del Estado en la educación, sino que se debate el grado en que éste debe actuar. Lo que dificulta la discusión es que no siempre es posible adoptar posiciones *objetivas* sujetas a un cálculo económico racional. Por ejemplo, es más sencillo señalar que aquellos sectores en los que la "seguridad nacional" está involucrada deben ser atendidos exclusivamente por el Estado. Pero esto no es tan categórico en otros donde ese problema no se encuentra presente. Y las opciones se amplían cuando se debe determinar la forma de provisión del servicio, en nuestro caso, educativo. Así, ¿debe ser provisto totalmente, debe subsidiarse, deben permitirse deducciones impositivas, deben entregarse *vouchers*? Ninguna de estas cuestiones tiene respuestas unívocas (Cohn y Geske, 1990).

En la literatura histórica, sociológica o política, el sector público suele ser considerado como el resultado de procesos histórico-políticos y como una institución orgánica que ha venido cambiando en respuesta a imperativos de seguridad nacional, expectativas sociales cambiantes en relación con el Estado del Bienestar, etcétera.

En cambio, en el marco de la teoría económica tradicional, la necesidad de la intervención del Estado −y la propia naturaleza de lo público− se determina en un plano puramente teórico y se explica como un residuo de las fallas que muestran los mercados privados para alcanzar una asignación eficiente de los recursos. En otras palabras, el orden natural está dado por el mercado y las acciones del Estado son necesarias sólo para corregir las eventuales distorsiones provocadas por el sector privado.

En cuanto a la equidad, si bien la incorpora entre los motivos para la intervención estatal, el análisis económico convencional omite su tratamiento exhaustivo y por lo general concluye, como se señaló en el sexto capítulo, que existe un conflicto entre aquélla y la eficiencia.

En este capítulo se repasan algunos de: a) los argumentos económicos que sustentaron tradicionalmente la provisión pública de la educación; b) los contraargumentos que se han esgrimido para apoyar la introducción de mecanismos de mercado en la asignación de recursos sectorial y; c) las formas concretas que se han propuesto para limitar la participación estatal en educación.

I. El mercado y la eficiencia en la asignación

Para comprender el concepto de eficiencia recién mencionado, es útil presentar los supuestos que subyacen a este enfoque teórico. En esencia, se considera que: a) cada individuo es quien mejor puede juzgar su propio bienestar, b) la sociedad puede entenderse de un modo no orgánico, simplemente como la suma de los individuos que la conforman y, por último, c) si es posible una reasignación de recursos que mejore el bienestar de un individuo sin empeorar el de cualquier otro, entonces el bienestar de la sociedad también mejora.

El tercer supuesto lleva implícita, precisamente, la noción de eficiencia: se entiende que una economía es eficiente cuando la asignación de recursos y de productos existente es tal que resultaría imposible, a través de una reasignación, lograr que una persona esté mejor sin que otra esté peor que antes del cambio. Contrariamente a lo que suelen postular los economistas neoclásicos, la aceptación de estos supuestos está lejos de ser obvia; por el contrario, cada uno de ellos es un juicio de valor sujeto a discusión (Cullis y Jones, 1998).

Aquí nos interesa notar, en particular, que la concepción de la mejora en el bienestar de una sociedad y de la eficiencia evita cualquier tipo de comparación del bienestar entre las personas y de lo "buena" o "mala" que es la distribución del ingreso. Así, una economía puede ser eficiente aunque algunos miembros puedan vivir muy bien y otros muy mal. En el mismo sentido, una mejora en el bienestar del individuo que vive mejor, mientras no empeore ningún otro, significa una mejora en el bienestar de la sociedad en su conjunto. El conflicto entre la eficiencia –tal como se concibe en este marco teórico– y la equidad se encuentra en el núcleo de buena parte de la discusión económica y también resuena en el debate acerca del rol del Estado en la educación.

Sólo si se aceptan los supuestos señalados, es posible demostrar teóricamente que los mercados competitivos, a través del mecanismo de precios, son mejores que la planeación del gobierno para alcanzar una asignación eficiente de los recursos de una sociedad. La explicación intuitiva es que, en condiciones de mercado perfectamente competitivas (numerosas empresas, ninguna de las cuales puede influir por sí sola en los precios), las empresas deben ser lo más competitivas posible: esto significa que compran sus insumos al más bajo precio posible, los usan para extraer la máxima producción posible y venden sus productos a un precio sólo suficiente para permitirle a la empresa sobrevivir en el mercado. En cuanto a los consumidores, estos siempre compran sus productos de acuerdo con sus preferencias personales y sus finanzas, lo cual garantiza que el producto se asigna automáticamente de modo tal que maximiza el bienestar.

Así, hay eficiencia en la producción porque la economía está utilizando sus recursos de un modo tal que no sería posible aumentar la producción de una mercancía sin disminuir la de otra. También hay eficiencia en el consumo porque es imposible aumentar el bienestar cambiando la distribución de mercancías entre los consumidores. La economía es eficiente en el sentido de que ninguna reasignación lograría que algún individuo –productor o consumidor– esté mejor sin que otro empeore.

I.1. Las fallas del mercado

Sin embargo, hay una gama de casos en los cuales los mercados no logran una asignación eficiente, en otras palabras, "fallan". Intuitivamente, podemos pensar en situaciones en las cuales algo no funciona bien en el mercado. La teoría económica justifica la intervención del Estado, siempre y cuando pueda corregir las fallas o, al menos, no exacerbarlas.

Algunos autores sostienen que el síntoma más claro de estas fallas del mercado es el alto nivel de desempleo que, periódicamente y a lo largo de los últimos dos siglos, han venido mostrando las economías capitalistas (Stiglitz, 1992). Además de la incapacidad de los mercados para lograr el pleno empleo y evitar otros fenómenos como el de la inflación, también se considera que fallan ante la presencia de monopolios: si éstos no son regulados, restringen la producción a fin de aumentar el precio. Asimismo, los mercados suelen suministrar una cantidad de información que resulta insuficiente para que las personas o las empresas tomen decisiones (pensemos en las normas que establecen los gobiernos para que los bancos especifiquen claramente las condiciones que imponen para el otorgamiento de créditos, o para que los productos alimenticios incluyan información sobre el contenido, la fecha de vencimiento, etc.).

Aunque sobre algunas de estas cuestiones volveremos luego, nos interesa detenernos ahora en otros dos casos de posibles fallas del mercado: los bienes públicos y las externalidades. El motivo de nuestro interés es que estos conceptos –estrechamente vinculados entre sí– constituyen la base a partir de la cual el paradigma dominante en economía suele justificar la intervención del Estado en la educación.

I.1.1. Los bienes públicos

Se trata de bienes (o servicios) que, o bien directamente no son suministrados por el mercado o, cuando lo son, la cantidad ofrecida es insuficiente. Los bienes públicos tienen dos características básicas: a) no cuesta nada que otra persona más disfrute de sus ventajas, por eso algunos autores sostienen que el racionamiento de estos bienes no es deseable. Vista de otro modo, esta característica significa que la cantidad que consuma un individuo no reduce la cantidad que pueden consumir los demás; b) en general, es difícil o imposible impedir que se disfrute del bien público a aquellos que no pagan por él: en otras palabras, su racionamiento es inviable. Esto implica que si la sociedad evalúa que el bien debe ser suministrado, debe ser el Estado el que lo suministre. Formalmente, la primera característica se traduce en el principio de "no rivalidad en el consumo" y la segunda en el principio de "no exclusión".

El ejemplo más típico de un bien público e infaltable en la literatura sobre finanzas públicas es el de la defensa nacional, ya que es uno de los pocos que cumple perfectamente los dos principios explicados. Por un lado, si el gobierno instala una base militar que protege al país de los ataques, está protegiendo a todos los ciudadanos. A su vez, si una nueva persona emigra o muere, o nace otro niño en ese país, los costos de la defensa nacional prácticamente no resultarán afectados.

Por otra parte, sería imposible excluir a algún ciudadano de los servicios de defensa nacional o racionar el suministro a través del cobro de un precio. Supongamos que la defensa nacional esté en manos de una empresa privada. Para proveer el servicio debe cobrar un precio.

Sin embargo, como todos los ciudadanos saben que, paguen o no, igualmente se beneficiarán de él (serán protegidos), no tendrían incentivos para pagarlo voluntariamente. Por el contrario, tratarían de no revelar sus preferencias y no pagarlo con la esperanza de que otros soporten el costo de la provisión. Esta estrategia de disfrutar sin costo personal se llama, en economía, estrategia del "polizón" (*free-rider*) y provee una base potente para la intervención del Estado: los potenciales proveedores privados del bien público no pueden cubrir los costos de producción y, por lo tanto, el mercado no existe. Si el bien público ha de producirse, el pago debe ser compulsivo. El Estado debe suministrar el bien público y cobrar impuestos para financiarlo. Algunos autores consideran que el problema del polizón como sustento de la intervención del Estado es la implicación central de la teoría de los bienes públicos (Cullis y Jones, 1998).

Los bienes que cumplen simultáneamente los principios de no rivalidad en el consumo y no exclusión se denominan bienes públicos *puros*. Además de la defensa nacional, otros ejemplos de bienes públicos puros son los faros y la iluminación de las calles. En estos casos, un número potencialmente infinito de usuarios puede beneficiarse en forma simultánea, no es posible impedir que la gente use el servicio y los consumidores no pueden rechazarlo (aunque un vecino no quiera tener la cuadra iluminada, el servicio de iluminación seguirá proveyéndose).

Muchos bienes comparten algunas características de los bienes públicos aunque no satisfacen completamente su definición. En estos casos se habla de bien público *impuro*, que puede ser no rival en el consumo pero permitir la exclusión, o bien no permitir la exclusión pero mostrar rivalidad, o bien mostrar ambas características pero no en su forma plena.

Una plaza, por ejemplo, en principio no excluye a nadie que quiera usarla. Sin embargo, si en algún momento se llena de gente y se produce congestión entonces la plaza comienza a mostrar rivalidad en el consumo ya que no todos podrán disfrutarla simultáneamente. La casilla de peaje de una autopista permite excluir a aquellos automovilistas que no paguen, pero si la autopista no está congestionada un automóvil puede usarla al mismo tiempo que lo hacen muchos otros. La misma posibilidad de exclusión y no rivalidad en el consumo –hasta llegar al límite de la capacidad– se da en un cine, un teatro o una pileta de natación. El mercado puede aplicarse en estos casos (de hecho, se aplica), pero la existencia de no rivalidad en el consumo –aunque sea limitada– indica que la exclusión generaría ineficiencia: el bien o servicio se estaría subutilizando o, dicho de otro modo, una persona podría estar mejor consumiendo ese bien sin que otra tenga que dejar de disfrutarlo y empeorar su situación.

¿Qué ocurre con la educación? Bajo *este* esquema conceptual, la educación no puede ser considerada un bien público, al menos en su estado puro. En primer lugar, no cumple totalmente el principio de no exclusión. La prueba más contundente en este sentido es el hecho de que, en la mayor parte de los sistemas educativos, el sector privado precedió al público en la prestación del servicio educativo. Mientras que el sistema de educación pública en general no excluye a ningún chico que quiera ir a la escuela, las escuelas privadas pueden cobrar por el servicio y quien no paga el arancel no puede concurrir. Esto se verifica incluso en el caso de los sistemas educativos con escuelas privadas subvencionadas por el Estado. Cabe señalar que la excepción a la exclusión por parte de estas escuelas estaría dada por los chicos que concurren becados o por las escuelas que no cobran ningún tipo de arancel.

Por otra parte, la educación tampoco satisface plenamente el principio de no rivalidad en el consumo. Del mismo modo que los ejemplos mencionados antes, todos los alumnos de una clase se benefician del servicio en forma simultánea, pero sólo hasta cierto límite, dado por la cantidad de bancos o vacantes previstas para esa clase. En este caso –es decir, cuando se llega a la congestión– el alumno deberá concurrir a otra clase dentro del mismo establecimiento o, directamente, a otra escuela.

Aunque algunos autores sostienen que la educación es un bien privado suministrado por el Estado, en general, en la literatura sobre los bienes públicos se la incluye dentro de la amplia gama de bienes públicos "impuros". Pero esto no nos dice mucho sobre la intervención del Estado en la educación. Sabemos que, en teoría, los bienes públicos puros exigen provisión estatal y financiamiento compulsivo, debido principalmente a que no es posible excluir a nadie de su consumo. En el caso de los bienes impuros la cuestión se hace más compleja, porque la "impureza" es una cuestión de grados imposible de cuantificar y, si bien se descuenta que alguna participación del Estado es necesaria, ni la naturaleza ni el grado de esa intervención surgen unívocamente como resultado de las consideraciones teóricas. En definitiva, si fuera un bien público puro, la necesidad de la intervención estatal sería incuestionable y no estaría sujeta al cuestionamiento que ha enfrentado en los últimos años.

Ante las dificultades de definir con precisión los bienes públicos impuros –en particular, la educación– a partir de los principios de no rivalidad y no exclusión, suele recurrirse al concepto de "externalidades", estrechamente asociado al del bien público y también incluido entre los factores causantes de fallas del mercado.

1.1.2. Las externalidades

Siempre que una persona o empresa emprende una acción que produce un efecto en otra persona o empresa sin que ésta pague o sea pagada, decimos que hay una externalidad (Stiglitz, 1992). Esto significa que se producen costos o beneficios *sociales* que surgen como consecuencia de esa acción pero no pueden ser captados por el mecanismo de precios.

Se distinguen dos tipos de externalidades: negativas y positivas. Entre las primeras, podemos mencionar, por ejemplo, el caso de una empresa que contamina el aire afectando a todas las personas que lo respiran y lo mismo ocurre con la polución provocada por las emanaciones de gases de los automóviles. Una empresa que arroja residuos tóxicos a un río genera externalidades negativas tanto para las personas como para otras empresas que utilizan esa agua. Si una persona fuma en un ambiente cerrado genera una externalidad negativa que afecta a los no fumadores que están allí.

Cuando hay externalidades, la asignación de recursos a través del mercado puede no ser eficiente y requerir la intervención del Estado. En el caso de las externalidades negativas, el nivel de producción del mercado puede ser excesivo. Recurriendo nuevamente al ejemplo de la empresa que contamina el aire, ésta podría utilizar recursos propios para disminuir o eliminar la contaminación que genera. Esto implicaría un beneficio para la sociedad, pero no para la empresa, de modo que no tendría ningún incentivo para gastar ese dinero. Si la empresa tuviera que hacerse cargo de los costos sociales que genera y adicionarlos a los costos normales de producción, su nivel de producción resultaría inferior al actual, que no los contempla.

Las posibles intervenciones del Estado en un caso como el del ejemplo pueden ser *prohibir* la externalidad (proponer un ley que declare ilegales a las actividades económicas que generan polución), *regularla* (estableciendo límites a la producción), o bien *cobrar un impuesto* (en este caso, a la polución).

Cuando la provisión de un bien o servicio tiene consecuencias beneficiosas no sólo para la gente que lo compra o recibe sino, además, para otras personas, se habla de externalidades positivas o de beneficios externos. Por ejemplo, cuando una persona paga por ser vacunada contra una enfermedad contagiosa, está beneficiando también a la gente con la cual interactúa porque reduce el riesgo de que se contagien la enfermedad.

En lo que respecta a la educación, los economistas reconocen una variada gama de externalidades positivas, tanto económicas como extraeconómicas. Entre las primeras, suelen mencionarse: el aumento de la productividad de trabajadores con poca educación derivado de trabajar en equipo con trabajadores altamente educados; la influencia de la educación de una generación sobre los logros y la productividad de generaciones venideras; etc. Asimismo, como se vio en el primer capítulo, hay una serie de beneficios que afectan en particular a la persona educada y a su familia, como, por ejemplo (Wolfe y Zuvekas, 1995): relaciones positivas entre la educación de un individuo y su estado de salud y el de su familia; entre la escolarización de un individuo y la escolarización recibida por sus hijos; contribución positiva de la escolarización sobre la eficiencia en la adopción de elecciones, tales como las de consumo; influencia en las elecciones vinculadas con la fertilidad, etc. Más allá de estos beneficios, se considera que hay amplias ganancias (no necesariamente monetarias) para la sociedad derivadas de la educación. Entre éstas las principales parecen ser la cohesión social, la transmisión de valores democráticos, la reducción del crimen, etc., pero también se mencionan la probable influencia de la educación sobre la caridad, sobre los ahorros y sobre el uso de nuevas tecnologías.

Algunos autores enfatizan la necesidad de darle un valor a las externalidades de la educación, en orden de extender esta serie de beneficios a una guía para las decisiones del sector público sobre la asignación de recursos en el sector; sin embargo, más allá de algunas propuestas de procedimientos y estimaciones tentativas (Wolfe y Zuvekas, 1995), no se han realizado grandes esfuerzos en este sentido.

Contrariamente a lo que sucede con las externalidades negativas, la provisión por parte del mercado de un bien o servicio que genera beneficios externos será demasiado baja: se supone que los consumidores solamente tienen en cuenta sus propios beneficios al demandarlo, por lo tanto ignoran las externalidades positivas que éstos puedan generar. En el caso de la educación, dudosamente los padres decidan enviar a sus hijos a la escuela por los beneficios sociales que resulten de esa escolarización y, si la provisión de educación sólo dependiera de los beneficios privados, la "cantidad" resultante sería muy inferior a la socialmente deseable.

Sobre la base del concepto de externalidades positivas, diversos autores categorizan a la educación como un bien semi-público, mixto o cuasi-público (Van Gendt, 1980; Cullis y Jones, 1998; Vanderberghe, 2000). La educación proporciona beneficios individuales y colectivos y este componente colectivo o social es el que se vincula estrechamente con la noción del bien público. Precisamente, los bienes que generan externalidades positivas y los bienes públicos tienen en común que, si su provisión se centrara en el mercado, la cantidad ofrecida sería inferior a la socialmente deseable.

En función de estas consideraciones, las externalidades constituyen la principal justificación que desde la teoría económica tradicional se otorga a la intervención del Estado en la educación.

Usualmente, las opciones de intervención propuestas en presencia de externalidades positivas son dos: la compulsión y el subsidio. Por ejemplo, es posible analizar la obligatoriedad de la educación básica como una de las opciones que tiene el Estado para garantizar que la gente "consuma" educación y de este modo se potencien sus beneficios externos (Bailey, 1995). Si el consumo es compulsivo, el financiamiento debe ser público, pero la teoría no provee bases objetivas para decidir si el Estado, además, debe encargarse de la prestación del servicio educativo, o subvencionar a escuelas privadas, entregar *vouchers*, etcétera.

En general, hay más consenso entre los economistas del paradigma dominante sobre la necesidad de que el gobierno financie la educación –especialmente, la básica– que sobre la conveniencia de que se encargue de la provisión del servicio educativo. Inclusive, quienes no adhieren completamente a las concepciones más ortodoxas sobre la naturaleza de lo público y, en cambio, consideran a la educación como un bien crucial para el bienestar de la sociedad, tampoco hacen referencia específica a que esto deba ir asociado a la prestación estatal del servicio.

En tal sentido, Bailey (1995) señala que "no es sólo una cuestión de cuáles sets de criterios abstractos otorgan a un servicio dado una naturaleza pública o privada, también es una cuestión que tiene que ver con la eficiencia de las formas organizacionales alternativas que podrían ser utilizadas para la provisión del servicio. Los principales servicios públicos como el gas, la electricidad y el agua no son menos públicos y más privados simplemente porque los derechos de propiedad se han reestructurado mediante la privatización. Todos continúan teniendo la esencia de la naturaleza pública en el sentido de que son cruciales para el bienestar de los ciudadanos de una nación. Lo mismo podría decirse para otros servicios como el ocio y la recreación, la educación y la salud. [...] De un lado, la naturaleza de lo público es conceptual y abstracta y depende crucialmente de un conjunto particular de condiciones socioeconómicas y los valores morales que existen en un momento dado [...] Del otro lado la naturaleza de lo público es también pragmática e institucional y depende de imperativos tecnológicos y organizacionales [...] Lo público no necesariamente requiere un total rechazo del sistema de mercado [...] ni requiere propiedad pública, ni niega la posibilidad de su cobro".

Detrás de estas reticencias para proponer intervenciones concretas del Estado en materia de brindar el servicio educativo, hay cuestiones (objeciones) prácticas (los sistemas de educación pública no han podido solucionar los problemas de la educación), ideológicas (posturas a priori en contra del Estado) y teóricas.

En efecto, a partir de los sesenta, los estudios referidos al aporte de la educación al crecimiento económico y a la inversión en capital humano contribuyeron a afianzar, en gran medida, esa visión. Como es sabido, esos análisis repercutieron en los países occidentales, promoviendo un incremento de la inversión en educación para aumentar la cobertura de los sistemas educativos. La visión dominante era que la educación iba a ser el instrumento que, junto con el crecimiento del sector industrial, permitiría el desarrollo de los países, haría evolucionar a la sociedad política hacia la democracia y sería el canal de movilidad social basado en la capacidad y el esfuerzo.

Como se vio en el segundo capítulo, al fervor inicial de los estudios de las tasas de rentabilidad que proveían un marco *objetivo* para decidir el destino de los recursos entre diferentes niveles educativos, le siguió la práctica de ampliar su campo de acción, llevando a cabo estudios sectoriales como un proceso de insumo-producto que permitirían predecir el impacto de la adición o reasignación de los recursos al sistema (Hanushek, 1989). Recordemos que, en sus comienzos, estos estudios tenían por objetivo mejorar la asignación de los recursos que se estaban destinando al sector. La primera ola del capital humano se encontraba en su apogeo y de lo que se trataba era de optimizar los recursos que se asignaban en el marco de un sector que contribuía en forma significativa al crecimiento económico.

Más allá de las objeciones metodológicas que se le hicieron a esos estudios, el hecho es que los estudios referidos a las funciones de producción han arribado a diferentes resultados o, cuando los hallazgos fueron similares, generaron explicaciones no pocas veces contradictorias entre sí. Por eso, la ausencia de correlación entre variables claves, el declive de la teoría del capital humano, las críticas sobre el vínculo entre educación y productividad, la evidencia sobre la escasa o nula mejora en la distribución del ingreso y la crisis fiscal, entre otras, allanaron el camino para que los estudios de las funciones de producción comenzaran a sustentar técnicamente el recorte o contención de los gastos educativos a la vez que potenciaron las ideas sobre la introducción de mecanismos de mercado en el sector que permitieran mejorar su productividad.

Estas consideraciones no son patrimonio de las investigaciones llevadas a cabo por economistas de la educación. Más bien, forman parte de la corriente dominante de la teoría de las finanzas públicas en los últimos lustros. Ésta comenzó a insistir en la necesidad de sopesar las fallas del mercado con aquellas en las que incurre el Estado que estarían explicando el bajo desempeño del sector público en general y, en lo que a nosotros respecta, el educativo en particular. No pocas de las propuestas de reforma en la asignación de recursos en el sector de los últimos años le deben su sustento a esta corriente de pensamiento y, por eso, el espacio que le dedicamos a continuación. Como se podrá ver, si bien para ganar en generalización se revé el tema dejándolo en el plano conceptual, en lo que sigue se pueden encontrar las raíces teóricas que respaldan a quienes promueven el menor intervencionismo estatal y/o la introducción de mecanismos de mercado en el financiamiento del sistema educativo y en las relaciones contractuales docentes.

1.2. Las fallas del Estado

Al abordar la cuestión de las fallas del Estado y de la falla burocrática, el paradigma económico dominante centra su atención en los incentivos como *la* diferencia entre el sector privado y el público y como causa principal de la ineficiencia de éste último. La falta de incentivos para que las agencias públicas generen los resultados socialmente deseables implicaría que los remedios del Estado a las fallas del mercado también pueden fracasar y, por lo tanto, deja de ser deseable la intervención estatal.

Como ya comentáramos en el cuarto capítulo, se consideran en primer término los *incentivos organizacionales* y, entre ellos, la ausencia de competencia en el sector público constituye el argumento fundamental de las propuestas dirigidas a introducir elementos del mercado en la educación. Por otra parte, se plantea la falta de *incentivos individuales* en el sector público que, debido a las restricciones de política salarial y estabilidad en el empleo, no provee incentivos a sus empleados.

Estas diferenciaciones tajantes entre lo público y lo privado respecto de la ineficiencia se relativizan si se acuerda que muchos de los problemas que suelen atribuirse a las burocracias públicas no se deben tanto a que se encuentran en el sector público como al tipo de tareas que realizan los funcionarios (Stiglitz, 1992). La naturaleza administrativa de gran parte de las actividades que realizan los organismos públicos dificulta la evaluación precisa de sus resultados; además, la mayor parte de las prestaciones por parte del Estado son de servicios y tienen una multiplicidad de objetivos. Estas características dificultan la medición del rendimiento de los trabajadores del sector público –incluidas las escuelas– y la creación de estructuras de incentivos eficaces, salariales o no salariales.

Desde el enfoque de los costos de transacción (derivado del neoclásico), se postula que tanto los mercados como las organizaciones jerárquicas –públicas o privadas– tienen ventajas y desventajas relativas mutuas. Las ventajas relativas de las jerarquías (respecto del mercado) residirían en que: a) facilitan la toma de decisiones adaptables y consecutivas; b) promueven expectativas convergentes; c) facilitan el monitoreo y permiten el diseño y aplicación de sistemas de incentivos para fortalecer los intereses de la organización; d) favorecen la generación de un ambiente de trabajo en el que, además de los objetivos propios de la organización, pueden contemplarse los intereses no pecuniarios y los valores de las personas (Williamson, 1975).

Pero también estarían sujetas a la actuación de una serie de factores que pueden provocar el deterioro en sus ventajas relativas y el surgimiento de desventajas o costos, especialmente a medida que se extiende el tamaño de la organización. Por un lado, se verificarían una serie de tendencias que contribuyen: a) a la proliferación de nuevos roles que responden más a demandas o presiones de subgrupos dentro de la organización que al cumplimiento de las metas (con un aumento asociado en los costos de supervisión) y, b) al mantenimiento de actividades, procesos o proyectos existentes pero que ya no sirven a los fines de la organización, son obsoletos o improductivos. En estas tendencias entrarían en juego comportamientos estratégicos que se revelan en esfuerzos por parte de uno o varios miembros de la organización por manipular el sistema con el objetivo de promover sus intereses individuales y de grupo.

Por otra parte, se argumenta que las organizaciones jerárquicas –especialmente, las más grandes– muestran deficiencias en términos de control y problemas de motivación, para sus integrantes, independientemente de su nivel de responsabilidad. Por último, este enfoque también hace hincapié en la cuestión de los incentivos: los esquemas de remuneraciones y ascensos propios de las jerarquías pueden limitar los incentivos a un buen desempeño y provocar efectos disuasivos para individuos con iniciativa que, de otra manera, estarían dispuestos a trabajar en la organización.

Hasta cierto punto, las consideraciones expuestas son aplicables a algunos de los numerosos problemas que suelen enfrentar los organismos públicos de conducción educativa. Por ejemplo, en general no hay una visión global de los procesos y tramitaciones, éstos carecen de una planificación adecuada y se llevan a cabo sin prever las posibles dificultades que puedan surgir durante su transcurso. Además, suelen no estar orientados a la satisfacción de los clientes externos o beneficiarios, mientras que los tiempos que demandan en la práctica, en varios casos, exceden cualquier previsión razonable. Pese a que existe una percepción generalizada sobre la ineficiencia de los procesos, prácticamente no existen planes de mejora y, cuando existen, son difusos.

Con respecto a los incentivos, las administraciones educativas deben sumar al problema de los bajos salarios –de docentes y administrativos– un conjunto de normas obsoletas que, por ejemplo, establecen aumentos salariales principalmente en función de la antigüedad en un cargo dado; dificultan (cuando no impiden) la reasignación del personal en función de las necesidades del sistema y de la organización que lo conduce; obstaculizan el establecimiento de un sistema que premie el buen desempeño, etcétera.

Sin embargo, podemos ver el asunto desde otra óptica y aplicar las referencias anteriores acerca de las dificultades para medir el rendimiento de los trabajadores del sector público y para crear estructuras de incentivos eficaces, cuando los organismos públicos tienen múltiples objetivos y la naturaleza de sus actividades es principalmente administrativa. La educación, precisamente, comparte ambas características: se trata de un servicio, que tiene múltiples propósitos, y buena parte de las actividades que se llevan a cabo en los organismos de conducción de los sistemas educativos son administrativas.

Otro ejemplo que sirve para desmitificar la idea de que, en principio, lo público siempre es peor y más ineficiente que lo privado proviene del análisis que permite la propia lógica neoclásica sobre los *vouchers* (a los que nos referiremos más abajo). Veníamos diciendo que el enfoque de los costos de transacción –que no se aparta de esa lógica– sostiene que tanto las burocracias públicas y privadas como los mercados tienen ventajas y costos. Para decidir si un intercambio cualquiera conviene que se efectúe en el mercado o dentro de una organización jerárquica, la teoría propone sopesar costos y ventajas de cada tipo de estructura (mercado, jerarquía).

Ahora bien, los defensores del esquema de *vouchers* argumentan que la competencia entre escuelas no sólo aumentaría la calidad sino que también bajaría los costos de provisión y, por esa vía, aumentaría la cantidad de educación en comparación con la que pueda prestar un esquema típico de escuelas públicas. Pero, con las mismas herramientas utilizadas para este razonamiento, puede demostrarse fácilmente que, cuando se contemplan los *costos de administrar* el esquema de *vouchers*, el resultado se invierte: considerando este supuesto más realista, los *vouchers* bajan el nivel de provisión de educación mostrando mayores costos en relación con un esquema de escuelas públicas sin subsidio a la demanda. Estos resultados teóricos se condicen con experiencias reales de aplicación de *vouchers* que debieron ser reconsideradas por quienes las habían promovido debido, precisamente, a los altos costos administrativos que generaban (Cullis y Jones, 1998). Esto no hace más que reforzar la idea de que lograr que los mercados funcionen, también tiene sus costos y que esto puede hacer conveniente la provisión pública –en este caso, de educación–, aun con sus ineficiencias.

Otra de las críticas que suelen hacerse a los sistemas educativos públicos se relaciona con las diferencias de información que tienen los actores locales y el nivel central. Éste nunca estaría bien informado acerca de las necesidades y las capacidades productivas de los actores locales, lo que derivaría en una asignación ineficiente o en un desperdicio de recursos.

En efecto, no es inusual que las administraciones educativas centrales –especialmente las que tienen a su cargo sistemas educativos de gran tamaño– cuenten con poca información y/o con información distorsionada acerca de lo que ocurre tanto en el nivel local como en las propias escuelas. Por ejemplo, es común que en la relación entre el nivel central y las dependencias o delegaciones ministeriales locales se verifiquen una serie de problemas al respecto: superposición de múltiples canales de ida y vuelta de la información, desconocimiento por parte del nivel central de quiénes son y qué actividades realizan los agentes locales, dificultades para monitorear sus acciones, etc. También es cierto que el sistema de educación pública no ofrece información ni señales sobre la calidad de las escuelas, la evolución de su desempeño, quiénes son los docentes, etcétera.

Esta cuestión puede analizarse desde la perspectiva de la relación principal-agente. Ésta surge cuando una persona (el principal) contrata a otra (el agente) para desempeñar tareas en su nombre. Esta delegación de funciones se puede deber a varios motivos: el agente posee capacidades y habilidades que el principal no tiene, o es menos efectivo que el agente para desempeñar esas actividades o, simplemente, puede usar su tiempo más productivamente en otras tareas.

Las relaciones del tipo principal-agente pueden encontrarse tanto en el mercado como dentro de las organizaciones. Así, por ejemplo, en una relación médico-paciente, el primero es el agente y el segundo el principal. En el campo de la política, en un proceso eleccionario, los votantes son los principales y los políticos son los agentes; en una organización burocrática, excepto el eslabón más alto y más bajo de la jerarquía, cada individuo es a la vez un principal y un agente, dependiendo de si la relación es con un miembro de menor o mayor rango dentro de la organización. En el caso de la relación entre un ministerio de educación y las escuelas, el primero hace las veces de principal y las últimas de agentes.

Asimismo, el enfoque es de utilidad para estudiar el comportamiento en las organizaciones y algunos de los problemas centrales que se presentan en éstas, como la selección y la motivación de los agentes, que incluye la definición de los sistemas de remuneración y de diferentes esquemas de incentivos, como, por ejemplo, el régimen de carrera profesional docente.

Cualquiera sea el caso, las relaciones de principal-agente suelen dar origen a situaciones en las que los objetivos de las dos partes pueden ser diferentes y, debido a problemas de información, el principal no sabe a ciencia cierta si el agente actuará en función de lo que se le encomendó o, en cambio, tomará decisiones que, desde la perspectiva del principal, no son las óptimas.

Decíamos que en la relación entre principales y agentes, estos últimos cuentan con información que el principal no tiene. Es decir, hay un problema de *información asimétrica* que hace que el principal no sepa si el agente decide y actúa en forma coincidente con sus intereses. En teoría, el principal siempre (aunque en diferente medida según las características del trabajo encomendado) es capaz de observar el resultado de la acción del agente (piezas fabricadas, productos vendidos, etc.). Sin embargo: a) puede desconocer o no ser capaz de observar la acción del agente o, b) aun observando la acción, puede no contar con otro tipo de información que hace al resultado de la relación y que, en cambio, el agente sí tiene.

La literatura dedicada al tema suele diferenciar dos grandes vertientes de aplicación del problema planteado por la existencia de información asimétrica, es decir la incertidumbre del principal acerca de si la forma en que el agente adopta sus decisiones y realiza las acciones es coincidente con sus intereses.

Una de estas vertientes se vincula a la escasez de información que tiene el principal acerca del tipo o características del agente. Esto se aplica a situaciones muy disímiles. Por ejemplo, en el ámbito de las organizaciones, este hecho se asocia inmediatamente al desconocimiento por parte de los empleadores de las características de los potenciales empleados y, por ende, a la incertidumbre sobre si resultarán o no adecuados para un trabajo dado. En este tipo de situaciones, el elemento común es la necesidad por parte del principal de seleccionar el tipo de agente adecuado.

La otra gran vertiente de la información asimétrica es el problema vinculado a un posible comportamiento oportunista del agente. Esto se debe a que hay acciones cuyos efectos sobre los resultados de una relación contractual no son fácilmente observables (de ahí que constituyen un problema de información); entonces, la persona que realiza las acciones puede optar por perseguir su propio interés a expensas de los demás. Este problema no requiere, necesariamente, que el agente de hecho actúe de manera contraria a los intereses del principal, sino que la sola posibilidad de que esto ocurra es lo que genera el problema (Petersen, 1995).

La cuestión central a resolver ante estos problemas es cómo garantizar que la acción del agente resulte acorde a los intereses del principal, de un grupo o de una organización. Como señalamos en el cuarto capítulo, las dos formas más relevantes para que esto suceda son: a) vincular los ingresos del agente al resultado de la acción y/o, b) asignar una mayor cantidad de recursos al monitoreo de la acción. Como también señalamos allí, esta segunda cuestión requeriría una mayor presencia estatal que, precisamente, es lo que cuestionan estos economistas. Por eso, en el acápite que sigue sólo trataremos la primera vía, es decir, la estructura de incentivos en educación.

II. Los incentivos en educación

Entre los economistas hay dos consensos en materia de incentivos en educación: a) que son necesarios, pero, b) no se sabe cuáles emplear. El problema es si éstos sirven a los propósitos u objetivos que se persiguen. Por ejemplo, Hanushek *et al.* (1994) señalan que existe una amplia gama de estructuras diferentes de incentivos para mejorar la educación. Sin embargo, no es un problema menor el hecho de que, hasta ahora, han sido escasamente evaluados de manera sistemática. Por ejemplo, no se sabe aún cuáles son mejores para determinadas circunstancias ni qué resultados se pueden esperar de algunos de ellos. Al respecto, Hanushek (1996) señala que no se puede precisar o recomendar que determinado curso de acción es mejor que otro. En última instancia, se puede sugerir un conjunto de estrategias más adecuadas que otras, entre las que se encuentran los incentivos a las escuelas. Por su parte, Hannaway (1996) señala que ninguna de las distintas medidas de reformas que suelen proponerse para mejorar la calidad de la educación sirve por sí sola, en forma aislada. Y nosotros podemos agregar que, si esto es así, es porque la *calidad* es cada uno y todos los aspectos a los que apuntan las diferentes propuestas.

En general, los estímulos institucionales en el sistema educativo descansan, en gran medida, en la descentralización en la toma de decisiones; esto es, en la autonomía escolar. Es interesante notar que hay una tendencia a considerar a esta última como un fin en sí mismo sin importar, o colocando en un segundo plano, los resultados. Por el contrario, los incentivos ponen en primer lugar al desempeño, y la descentralización es una forma de alcanzarlos (Hanushek *et al.* 1994). Esto explicaría, en alguna medida, los motivos por los cuales tiende a afirmarse la posición en favor de los estímulos a la prosecución de resultados.

Frente a la centralización, que regula el funcionamiento institucional, los incentivos se ven más apropiados para alcanzar determinados objetivos ya que otorgan libertad de elección respecto de la vía más adecuada para lograrlos: los estímulos permiten operar en la diversidad y complejidad de situaciones posibilitando que el trabajo se adapte a las necesidades de cada población objetivo. Así, una de las grandes desventajas de la centralización es que desconoce las diferencias existentes entre los actores y, por lo tanto, más aún, puede conducir a ineficiencias en la utilización de los recursos (porque asimila a todos por igual). Esto en educación es más grave aún pues es una actividad muy atomizada. Por eso las regulaciones actuales, que tienden a imponer uniformidad, fracasan. En síntesis, como señalan Hanushek *et al.* (1994), lo único en común entre la regulación y la descentralización es la definición de objetivos.

Se entiende que cuanto más descentralizado el proceso, se producirán mejores resultados. Pero no siempre la autonomía y los incentivos pueden funcionar mejor que una administración centralizada si no están bien definidos los objetivos y las reglas de juego (Hanushek *et al.*, 1994). Además, el problema de los incentivos es que el objetivo a premiar debe ser medible y si de los múltiples que tiene la educación sólo unos pocos de ellos pueden ser cuantificados, entonces se corre el riesgo de que la organización –en nuestro caso, la escuela– sólo se oriente a ellos (por ejemplo, enseñar para el test). Por otra parte, cuanto más débiles los incentivos monetarios, menos útiles son para predecir qué sucederá. Los efectos finales dependerán de cuán importante sea la influencia de los factores no-económicos.

En efecto, el problema no es sólo la carencia de incentivos monetarios. Al respecto, Powell (1996) sugiere que incentivos y motivación son conceptos similares y que lo único que los distingue es que el primero es un concepto utilizado en políticas públicas y es empleado básicamente por economistas, en tanto que el segundo es más utilizado por sicólogos y docentes. Sin embargo, Windham y Peng (1997) señalan que hay una diferencia entre ellos ya que un incentivo es un premio o castigo –intencional o no– que tiene por objeto la modificación de algún comportamiento. Por su parte, la motivación es "la condición de ser alentado para comportarse de determinada manera [...] es el resultado de la interacción de los incentivos con valores individuales y capacidades".

Por ejemplo, se puede incentivar con un adicional salarial, pero la posible respuesta depende de las motivaciones que tenga cada persona para reaccionar ante ese estímulo (por ejemplo: un adicional por trabajar en una zona desfavorable puede tener diferentes respuestas). Por eso, aunque conociéramos o pudiéramos ser capaces de diseñar un sistema de incentivos, la respuesta dependerá, en última instancia, de las motivaciones que tengan, en nuestro caso, los docentes. Debido a ello, entre otras razones, los incentivos no siempre funcionan o es posible que funcionen, pero de un modo diferente al que se espera.

Los incentivos monetarios a la oferta –que son los que nos interesan aquí– pueden concebirse a través de tres ejes /destinatarios principales: a) el sistema en general, b) los docentes y, c) las escuelas. Los dos últimos ya han sido comentados en el cuarto capítulo al discutir el pago por mérito y los incentivos grupales. Por eso, en lo que sigue se discute brevemente sólo el primer tipo de incentivos: las propuestas de reforma más integrales de introducción de mecanismos de mercado en el sector, en particular, la del *voucher* educativo. La literatura sobre el tema es amplia y las formas propuestas son numerosas. Por eso, sólo se describen de un modo general las características y dificultades que les son comunes en su forma más *pura*.

III. Cuasi mercados: ¿la solución?

Como vimos, la teoría económica tradicional justifica la intervención del Estado en la educación principalmente por los beneficios que ésta genera para la sociedad, es decir, aquellos que van más allá de los beneficios privados que obtiene el individuo que se educa. La racionalidad de la intervención estatal se centraría en que el mercado, por sí sólo, no es capaz de proveer este tipo de bienes de naturaleza cuasi o semipública en la cantidad socialmente deseable, sino que tenderá a suministrar una cantidad menor. En efecto, como se señaló, no hay por qué esperar que los padres decidan enviar a sus hijos a la escuela debido a los beneficios sociales que ésta genera ni tampoco que el sector privado contemple esos beneficios sociales –que no forman parte de la demanda que enfrenta– al decidir la cantidad de educación que ofrecerá.

Pero, como se señaló, la economía no ofrece respuestas unívocas en lo que se refiere a la naturaleza y el alcance de la intervención del gobierno en la educación. Así, en teoría, el Estado tiene opciones tanto en materia de financiamiento (éste puede ser parcial o total) como, especialmente, en la modalidad de prestación (pública-privada) y de asignación de los recursos al sector.

Por otra parte, dentro de esta lógica, el rol del Estado tiene un límite: el de sus propias "fallas". Así como su intervención se justifica porque el mercado falla, deja de considerarse conveniente si no provee una solución mejor a la del mercado. En este marco surgen una serie de argumentos que intentan demostrar que "el remedio es peor que la enfermedad".

Como vimos, las diferenciaciones tajantes entre lo privado y lo público respecto de la ineficiencia son difíciles de sostener. Sin pretender negar muchas debilidades que efectivamente muestran las burocracias públicas, entre ellas los organismos de conducción educativa, tampoco debe perderse de vista que: a) algunas de esas "fallas burocráticas" se explican más por la naturaleza de las actividades realizadas y el tipo de servicios prestados que por el hecho de que esos organismos estén bajo la esfera estatal; y que, b) los mercados también tienen desventajas y costos (administrativos, de información, etc.). En el caso de la provisión del servicio educativo, esas desventajas podrían inclusive superar a las del propio Estado y, por lo tanto, hacer preferible una provisión estatal.

De todos modos, más allá de la necesidad de tomar con cautela, y, en ocasiones, relativizar los argumentos en contra de la intervención estatal contemplando los problemas que muestran los mercados, la realidad es que la escuela de pensamiento dominante en las últimas décadas sostiene una postura anti-sector público (no sólo en educación). Como resultado práctico, están las políticas o propuestas de implementación de políticas dirigidas a reforzar los mecanismos y procesos del mercado (Bailey, 1995; Cullis y Jones, 1998).

En el caso concreto de la educación, la respuesta a las "fallas del Estado" vino de la mano de propuestas tendientes a: a) mantener el principio de financiamiento público para prevenir los problemas de equidad expuestos en el capítulo anterior y, b) al mismo tiempo, incorporar elementos que *imitan* al mercado para proveer incentivos a los docentes y las escuelas en orden a hacerlos más eficientes y capaces de rendir cuentas a la sociedad.

En este marco surgieron algunas propuestas e intentos de reformas, como las del pago por resultados a los docentes que, como vimos en el cuarto capítulo, no prosperaron. Aceptadas en teoría pero rechazadas en la práctica, las estructuras salariales docentes basadas en el desempeño enfrentaron los problemas comunes de la medición de la productividad en el sector servicios. Además, no contemplaron que el *mercado* educativo difería de otros sectores en aspectos tales como que lo que se requiere en las escuelas es la cooperación y no la competencia por un premio, que la productividad en la clase no es fruto sólo de la contribución individual de un docente sino de un grupo de ellos (v.g. los que lo precedieron), etcétera.

Con más fuerza que estos intentos de aplicación de contratos de incentivos apareció el concepto de los "cuasi mercados". Se trata de arreglos institucionales intermedios entre el Estado y el mercado que combinan el principio de financiamiento público –y los controles burocráticos que necesariamente lo acompañan– con los enfoques que promueven la competencia entre escuelas. A su breve análisis le dedicamos el resto del capítulo.

III.1. El subsidio a la demanda

A fin de neutralizar las desventajas de lo que para los economistas neoclásicos constituye un monopolio estatal, Friedman (1962) había propuesto que los recursos públicos no fueran directamente a las escuelas sino que el Estado otorgara *vouchers* a los padres. En su forma pura e ideal son cupones que representan una suma determinada de dinero que se le entrega a las familias. Estos certificados son transferidos al establecimiento seleccionado que, luego, los debe canjear ante la autoridad pertinente por su valor. Los padres pueden gastar el *voucher* sólo para pagar la escuela (estatal o privada) siempre que sea *elegible* o que cumpla ciertos requisitos mínimos impuestos por el gobierno. En este esquema, el rol a desempeñar por el Estado sería: a) proveer el financiamiento, b) establecer los criterios por los cuales las escuelas serían elegibles para funcionar bajo esta modalidad y, c) garantizar el funcionamiento eficiente y eficaz del *mercado* educativo, proveyendo información y asegurando la posibilidad de inscripción de todos los chicos que quisieran matricularse en esos establecimientos (Levin, 1991).

A mayor cantidad de alumnos, la escuela tendría más dinero para hacer frente no sólo al pago de su nómina salarial sino a otro tipo de recursos de su elección. Por eso, a esta propuesta se la suele enmarcar conceptualmente como *subsidio a la demanda* en la que *los recursos siguen a los alumnos*. Las escuelas más populares verían aumentada la matrícula y el financiamiento. Por el contrario, las impopulares, a fin de garantizar su existencia, deberían modificar sus programas de estudio, formas de organización escolar, métodos pedagógicos, etc., de modo tal de satisfacer los requerimientos de los padres. En síntesis, sólo las escuelas con más estudiantes podrían apropiarse de las economías de escala del servicio y, de ese modo, generar recursos para, una vez cubierto el servicio básico, desarrollar una oferta –en cantidad y calidad– capaz de atraer y retener a la demanda.

Como podemos ver, el principal fundamento económico del subsidio a la demanda es que genera competencia para atraer alumnos (y *vouchers*) a las escuelas y, por esa vía, una mejora en la eficiencia en el uso de los recursos y de la calidad de la educación. Para los propulsores del *voucher* hay una ineficiencia intrínseca en la provisión estatal por el carácter monopólico que le atribuyen a la prestación del servicio. Así como se verifican fallas del mercado, puede producirse una falla colectiva cuando se aplica el mecanismo presupuestario ya que ni siquiera hay señales que informen a las escuelas sobre la eficiencia y calidad del servicio brindado. En otras palabras, la provisión estatal no garantiza una asignación óptima de recursos a la educación. Según los sostenedores de la mercantilización educativa, la falla colectiva en el sector se debe a que el sistema educativo no responde a las preferencias del consumidor. En este marco, el *voucher* debe ser visto como un instrumento para corregir esa falla o, dicho de otro modo, para dar mayor influencia a las preferencias individuales en la asignación de fondos públicos que, por su intermedio, promovería la creación de nuevos programas, métodos de enseñanza, formas de organización escolar, etc., para que las preferencias del consumidor se vean fortalecidas.

En teoría, los cuasimercados que operan con *vouchers* combinan lo mejor del mercado y del Estado. Por un lado, el financiamiento público: a) asegura el acceso a la educación para todos y, b) limita las tendencias a que la inversión en educación resulte menor a la socialmente deseable (nuevamente, volvemos a la cuestión de las externalidades de la educación). Por el otro, la libre elección crea el entorno competitivo necesario para que las escuelas aumenten la eficiencia en el uso de los recursos y provean una educación de mayor calidad. Además, políticas de ese tipo mejorarían la calidad de la educación: en la medida que entren en juego los mecanismos de oferta y demanda (por la matrícula y, por medio de esa vía, los *vouchers*), las escuelas se verían forzadas a mejorar su oferta educativa con el consiguiente beneficio para el conjunto del sistema. En el largo plazo, sólo sobrevivirían las que han sido capaces de captar mayor cantidad de alumnos ofreciendo, en forma simultánea, un servicio de mejor calidad.

A medida que la idea del *voucher* se fue desarrollando y cobrando autonomía de sus propulsores originarios, comenzaron a surgir una gran cantidad de variantes haciendo perder de vista, a veces, qué se está discutiendo. Los *vouchers* difieren según el tipo de financiamiento, las regulaciones y la información (Levin, 1991). Existen modelos en los que: a) se permite que las familias agreguen dinero a la suma establecida en el cupón, b) los padres no pueden adicionar suma alguna, c) los certificados representan distintos valores en función de las necesidades y diversidad de la matrícula, d) los *vouchers* sólo se pueden emplear en escuelas privadas, e) sólo es posible utilizarlos en escuelas estatales, f) es indistinta su asignación a establecimientos estatales o privados, etc. Por eso cuando se discute sobre los posibles efectos del subsidio a la demanda, no siempre está claro qué se está analizando. Más importante aún es que plantear la discusión en forma dicotómica sin considerar esta diversidad de variantes a una misma propuesta puede tornar maniquea la discusión.

Por ejemplo, uno de esos modelos introdujo un elemento compensatorio para evitar la discriminación económica, religiosa y/o racial a la vez que se proponía la movilidad entre clases sociales. Según esta contrapropuesta, las escuelas no podrían cobrar una suma adicional por encima del valor del *voucher*, pero les estaría permitido recibir más fondos por la vía de cupones compensatorios entregados a los grupos desfavorecidos. En caso de exceso de demanda en una escuela se debería aplicar una política de admisión antidiscriminatoria para asegurar igual acceso a todos los chicos a cualquier escuela de su elección. En términos económicos, este modelo implicaría una redistribución de recursos educativos a favor de los alumnos pertenecientes a los estratos de más bajos ingresos.

III.2. El sistema educativo como sistema económico

Independientemente de la variedad de interpretaciones en torno al concepto e instrumento, uno de los elementos comunes a las distintas modalidades del *voucher* es, como dijimos, su objetivo de extender la elección y ampliar la influencia de las preferencias del consumidor. Así, los padres no sólo podrían elegir y cambiar la escuela de sus hijos sino que se promovería la competencia para atraer más *vouchers*. Según se postula, las que perdieran matrícula dispondrían de alicientes para mejorar y, si aun así no lo hicieran, deberían desaparecer.

En sentido contrario, las escuelas tendrían un incentivo monetario para captar mayor cantidad de alumnos. Esto fue criticado señalándose que no son organizaciones con fines de lucro y sus objetivos no son la maximización de beneficios. Más aún, es sabido que no siempre los docentes quieren más alumnos en sus aulas (situación que fomentaría este tipo de propuestas); por otra parte, no existen incentivos a los docentes para que quieran captar más alumnos. Además, la competencia en algunos casos estaría seriamente limitada por factores geográficos: sólo estarían comprendidas las escuelas ubicadas en áreas densamente pobladas y las zonas rurales con poca matrícula quedarían excluidas de esa posibilidad.

Por lo tanto, los comportamientos de sus integrantes pueden ser diferentes a los de una empresa y no por eso ser menos racionales. Además, no tienen la misma posibilidad que una empresa de reaccionar frente a aumentos en la demanda incrementando la escala de producción. Las escuelas estatales no abren sucursales y, justamente, uno de los problemas de los intentos de replicar las características de las escuelas eficaces a otras que no lo son es la dificultad de reproducir las experiencias exitosas. En forma más directa, las escuelas no son Mc Donalds en los que el consumidor tiene garantías de que el servicio ofrecido es el mismo en Buenos Aires, Nueva York o Burundi.

Para quienes no están acostumbrados al análisis económico, señalemos que la propuesta del subsidio a la demanda refleja en su forma más cabal la lógica del discurso neoclásico. En la versión friedmaniana de la asociación o aplicación a la educación de las reglas de juego del mercado, "las instituciones eran corporaciones, los docentes eran productores, los estudiantes eran consumidores y el sistema educativo era un mercado nacional o global" (Marginson, 1997).

Pero así como ni el más neoclásico de los economistas aspira *per se* a la quiebra de las empresas, tampoco promovería la de las escuelas. No tenemos que olvidar que uno de los objetivos del subsidio a la demanda es brindar las señales (que el sistema presupuestario tradicional no puede dar) para que las escuelas mejoren la calidad del servicio prestado.

Sin embargo, la economía nos enseña por qué una empresa puede desaparecer, pero no cómo hace para volver a operar en condiciones competitivas. Es decir, no explica cuál es el disparador de la dinámica que restablece a las firmas en la senda de la competitividad. El mecanismo dominante, preferido por esta corriente de pensamiento y que conduce a la asignación eficiente de recursos, es el de la *salida* según la cual, cuando un consumidor no se encuentra satisfecho con un producto, puede dejar de comprarlo y/o sustituirlo por otro (Hirschman, 1970).

Así como el mercado no brinda las respuestas de cómo debe cambiar el sector privado empresarial, el *mercado* educativo tampoco las tendría (Murnane y Levy, 1996). El éxodo de los alumnos de las escuelas a las que concurren sólo puede enviar señales de la declinación pero no el contenido del cambio que debería operar. Además, en las firmas privadas, aun cuando deseen cambiar –y de hecho lo hacen– los insumos y procesos se encuentran bajo su control. En cambio, como se dijo, para la política educativa hay variables –como el contexto socioeconómico de los alumnos, por ejemplo– que son del tipo *no manipulable* (Cohn y Geske, 1990) y, por lo tanto, poco es lo que se puede hacer por medio de acciones educativas propiamente dichas (Levin y Kelley, 1994). Por eso, no a todas las escuelas les demanda el mismo esfuerzo lograr buenos resultados educativos. A algunas les resulta más difícil que a otras y equipararlas por un mismo precio bajo reglas del mercado puede resultar, cuanto menos, peligroso.

Sin embargo, esta homogeneidad en la disponibilidad de recursos (humanos, financieros y materiales) también se encuentra presente en las escuelas estatales bajo el sistema actual. Como en otras tantas situaciones, el modelo de prestación del servicio vigente no escapa a muchas de las críticas que se le pueden hacer al *voucher*. En tal sentido, las dificultades de garantizar la equidad vertical ya han sido discutidas en el capítulo anterior. Pero el mecanismo de mercado no sólo no puede asegurarla sino que, incluso, podría contribuir a acentuar esas disparidades.

Originariamente, la literatura sobre la mercantilización educativa insistía en que los problemas de acceso diferenciado a información sobre la calidad de las escuelas por parte de las familias según su origen socioeconómico y cultural contribuirían a segmentar los circuitos escolares: aquellas con mayores posibilidades de disponer de esa información tenderían a agruparse en los mejores establecimientos y las familias con menor capacidad para acceder a esos datos terminarían confluyendo en las escuelas de más bajo rendimiento. No obstante, éste es un argumento débil si se considera que el actual sistema predominantemente estatal no escapa a esta (potencial o real) fragmentación por el mismo motivo.

Más amenazadora para la equidad en un sistema de mercado puro, sería la selección de riesgos (*cream skimming*) por parte de la escuela. Ésta se manifestaría en la posibilidad de que los establecimientos tiendan a aceptar u optar por aquellos alumnos en mejores condiciones de educabilidad. A los efectos del análisis económico de esta situación, nos debemos abstraer de los motivos socioculturales que podrían llevar a la dirección de la escuela a comportarse de ese modo (v.g. prestigio, etc.); aunque un análisis integral de cómo podrían operar los mecanismos de mercado en educación no debería desestimar la reflexión sobre el problema. Aquí nos centraremos en las implicaciones para la viabilidad económica y educativa de una eventual situación de este tipo.

La mejor forma de ilustrar este punto es por medio de un sencillo ejemplo numérico. Para simplificar, supongamos que sólo hay dos establecimientos con igual cantidad de alumnos, el cupón que les entrega el Estado por cada uno de ellos también es, bajo esta forma pura de mercado, del mismo valor y, por lo tanto, los ingresos de estas escuelas también lo son. Lo único que las diferencia, ni más ni menos, son las condiciones de educabilidad de sus integrantes. Supongamos que los estudios realizados concluyen que el costo por alumno de las acciones para brindar el servicio de modo tal de garantizar la igualdad de oportunidades educativas asciende a $800 para el grupo en mejores condiciones que concurre a la escuela A y a $1.200 para los más desfavorecidos de la escuela B. Estas sumas, a la vez, permitirían sostener económicamente y sin dificultades financieras a ambos establecimientos. Pero como el valor del *voucher* surge del promedio del costo de brindar el servicio, a cada unidad se le otorga un cupón de $1.000 por cada alumno que concurre a ella. El balance sintético de este ejemplo se presenta en la siguiente tabla:

	Escuela A	Escuela B
1. Cantidad de alumnos	500	500
2. Subsidio o voucher por alumno	1.000	1.000
3. Ingresos totales (1 x 2)	500.000	500.000
4. Costo por alumno del servicio básico	800	1.200
5. Costo total del servicio básico (1 x 4)	400.000	600.000
6. Beneficio (3 − 5)	100.000	-100.000

Bajo este hipotético esquema, la escuela A se beneficiaría con un excedente de $100.000. Aun suponiendo que no se le permitiera distribuir utilidades entre el equipo docente y que se le exigiera *reinvertirlas* en actividades escolares, los alumnos del establecimiento se beneficiarían de todos modos ya que contarían con la posibilidad de acceder a un mayor (y quizás mejor) servicio por la disponibilidad de ese financiamiento adicional al servicio básico de enseñanza-aprendizaje.

En la escuela B, la situación es más preocupante. Para que la apropiación de los contenidos básicos sea posible, se deben emprender acciones educativas adicionales cuyo costo es, como supusimos, mayor. Pero la mercantilización educativa genera un déficit de recursos y, por lo tanto, la posibilidad de adquirir los conocimientos básicos es menor. Como se podrá intuir, el problema no concluye aquí. Al finalizar los estudios, se habrá ampliado la brecha educativa entre ambos grupos de estudiantes: los de la escuela A, no sólo habrán accedido a los contenidos básicos curriculares sino que habrán ampliado sus conocimientos y experiencias escolares en la medida que el superávit entre sus ingresos y egresos lo permitió. En la escuela B, no sólo sus alumnos no habrán tenido esta oportunidad –que a esta altura casi constituiría un lujo– sino que ni siquiera habrán tenido la posibilidad de adquirir la totalidad de las competencias básicas por falta de financiamiento.

Los riesgos podrían acentuarse si consideramos que el dinero que recibe cada escuela se encuentra destinado a financiar salarios. En este caso, en la escuela B su equipo docente se vería obligado a percibir menores remuneraciones por insuficiencia de recursos. De ser así, las posibilidades de atraer buenos profesionales se vería dificultada y, si quisiera poder compensarlos del mismo modo que a sus pares de la escuela A, se vería obligada a incrementar la cantidad de alumnos por grupo (si físicamente esto fuera posible) para poder financiar, con esas economías de escala, iguales condiciones salariales en un mercado competitivo. Probablemente, quienes terminen *pagando* este deterioro en la calidad del servicio sean, como suele suceder, los propios alumnos...

Independientemente de los problemas de selección de riesgos —y aun cuando éstos no existieran— en un sistema de mercado educativo en funcionamiento, el ejercicio extremo de la opción de la salida acompañada de una caída de recursos puede ser el golpe final para una escuela. Pero no por indolencia o incapacidad sino por imposibilidad fáctica para reaccionar. El proceso se inicia cuando el establecimiento comienza a perder alumnos pertenecientes a las familias que perciben la caída en la calidad del producto. En este caso, ya no importaría tanto su capacidad para influir en la realidad sino el efecto puramente cuantitativo que se derivaría de su éxodo: su salida impone una caída adicional en la calidad por efecto de la menor cantidad de *consumidores*. Ahora lo que recibe la escuela es insuficiente para sostener los costos de funcionamiento, pero ni siquiera del nivel de calidad existente al momento en que se inició el éxodo sino peor. Se manifiesta un círculo vicioso que no es posible resolver por medio de las fuerzas del mercado y que, lejos de conducir a la mejoría deseada, acentúa la caída: las peores comienzan a perder alumnos y carecen de los recursos para mejorar; esto, a su vez, promueve una nueva pérdida de estudiantes y así sucesivamente.

Adicionalmente, estas propuestas no toman en cuenta la dinámica propia de la enseñanza y sacralizan ciertos supuestos de la *mitología económica* (la expresión es de Cohen y Farrar, 1977). Por ejemplo, todavía se desconocen los motivos que llevan a los padres a optar por una y no por otra escuela. Como se ve, esto corresponde más a análisis sociológicos que económicos. Probablemente éste sea el motivo de la omisión de este punto en las propuestas mercantiles de educación.

Aun así, es posible plantear el problema en términos económicos: las escuelas son organizaciones multiproducto. Si los padres-consumidores se orientasen por sólo uno de los diversos servicios que debe prestar un establecimiento y las escuelas-productoras atendiesen sólo a esa demanda, entonces la educación estaría fracasando en sus objetivos.

En la simpleza del juego de la oferta y la demanda se pierde de vista la complejidad y la importancia que reviste para el funcionamiento eficaz del *voucher* el conocimiento del proceso de elección (y de salida) de una escuela. Preguntas tales como los motivos por los que los padres e hijos eligen la escuela (v.g. disciplina, aprendizaje, distancia, valores), a través de qué medios se informan sobre ella y si el proceso de elección se encuentra influido por su origen socioeconómico y cultural, aún hoy no tienen respuesta categórica.

En otras palabras, las escuelas que eventualmente sobrevivan podrían hacerlo por razones muy distintas a las que se postulan o espera como deseable. En tal sentido, la efectividad en los logros en el aprendizaje es sólo uno de los múltiples motivos por los que un padre puede optar por una institución determinada. Además, esto requiere que se efectúen *buenas* decisiones: en términos de los supuestos de la teoría, las familias elegirían la escuela en función de sus mejores logros y no por otros motivos. Pero los padres conocedores de las dificultades en el aprendizaje de sus hijos bien podrían inscribirlos, precisamente, en escuelas de calidad deficiente en las que es más probable que culminen su escolarización *sin mayores problemas*.

Este comportamiento resulta tan racional como la decisión de inscribir a un hijo en una escuela de mayor efectividad. Más aún si en la función de utilidad educativa se incluyera no sólo el aprendizaje sino la finalización del nivel de enseñanza que se encuentra cursando el alumno.

Paralelamente, y más allá de las deficiencias posibles en la dinámica del modelo, si las señales a mirar por los padres fueran, por ejemplo, los resultados absolutos en las pruebas de aprendizaje, las escuelas que mayor valor agregado incorporan a sus estudiantes –y que aun así tienen indicadores de bajo desempeño– resultarían injusta e inconvenientemente (sobre todo esto último) castigadas por la pérdida de matrícula. No obstante, aquí también enfrentamos debilidades del sistema actual que, si bien no sanciona económicamente a estas escuelas, tampoco hace nada para premiarlas.

Por último, en la práctica, parece haber poca evidencia de que estos resultados teóricos se cumplan. La mayor parte de los estudios dirigidos a evaluar el impacto de los cuasimercados provienen de Estados Unidos y no permiten arribar a conclusiones definitivas respecto de sus ventajas y desventajas. Por lo demás, como señala Vanderberghe (2000), más del 85% de la educación en ese país es pública y los experimentos de *vouchers* –que es la forma de introducir el cuasimercado en educación en ese país– no conforman un verdadero "sistema" que permita evaluaciones de carácter general.

Sumario y conclusiones

1. En los últimos años se ha venido insistiendo en la necesidad de prestar más atención a los resultados que a los insumos y procesos. En este contexto es que se sugieren formas de incentivos con el propósito de influir en los procesos con miras a modificar resultados.

    Pero, como se dijo, no siempre se conoce cuáles son los apropiados. Por lo demás, no pocas veces los mecanismos de los que se dispone no se ajustan a la dinámica sectorial. Así, por ejemplo, fórmulas del tipo de subsidio a la demanda o pago por mérito no brindarían las respuestas correctas ya que se presentan como fórmulas "por fuera" de la naturaleza y características del *mercado* educativo. En cambio, a pesar de las críticas respecto de su lógica mercantil, los incentivos a escuelas parecieran amoldarse al funcionamiento de los establecimientos. Por eso, el punto a tener presente no es sólo la antinomia Mercado-Estado sino quién o qué garantiza la necesaria mejora en la equidad y eficiencia.

    Los incentivos son un intento de sustituir las regulaciones y la homogeneidad del servicio educativo. Los analistas los visualizan como mejores porque, entre otras razones, no son compulsivos ni coercitivos sino de aceptación voluntaria; son más fáciles de monitorear y, dentro de los límites apropiados, permiten promover la iniciativa individual. En síntesis, sus ventajas se encuentran indisolublemente asociadas a la descentralización de las decisiones.

    Pero para que funcionen requieren, en primer lugar, una buena definición de objetivos y reglas de juego claramente formuladas: es decir, deben estar bien diseñados, disponerse de buenos indicadores, equilibrar las sumas a otorgar, etc. Estas cuestiones atañen a la faz instrumental. Pero, desde una perspectiva más general, cabe recordar que las acciones que se llevan adelante en educación –y la implementación de incentivos forma parte de ellas– se vinculan al contexto en el que se desarrollan. Por ejemplo, un adicional salarial que intente promover determinado comportamiento (v.g. presentismo) en un ámbito en el que el salario apenas cubre el valor de la fuerza de trabajo, probablemente sea muy resistido por los docentes en la medida en que se lo perciba como una sustitución a parte de sus ingresos en lugar de una adición a los mismos. Además, no es una cuestión menor que, en contextos de ajuste, los incentivos –cualesquiera fueren– pueden constituirse en punitivos y, por lo tanto, visualizarse a su quita o retiro como un castigo. Debido a esto, podrían derivar en resultados diametralmente opuestos a los esperados.

Desde esta perspectiva, uno de los mayores riesgos del uso indiscriminado de incentivos lo constituiría el hecho de que, bajo la apariencia de propuestas de políticas públicas, en realidad se estaría en presencia de una forma de desentendimiento del servicio a brindar por parte del Estado (una versión extrema de esto serían las recientes propuestas de introducción de esquemas de incentivos monetarios a estudiantes de buen desempeño). Frente a la imposibilidad de conocer qué "produce" educación, se descentraliza el gasto, se imponen estándares y sólo hay que controlarlos, pero no mucho más. El resto correría por cuenta de las unidades prestadoras del servicio (sean éstas docentes o escuelas).

De modo similar a la descentralización, no debe perderse de vista que los incentivos no son un fin en sí mismo. Son, simplemente, un mecanismo, un instrumento para alcanzar determinados resultados. Esta cuestión suele soslayarse en no pocos análisis económicos de la educación y de allí, en gran medida, su rechazo o fracaso. Esto es el resultado de desconocer o no tener en cuenta otras dimensiones del sector cuya reformulación no descansa en un insuficiente, aunque necesario, estímulo monetario.

2. Como otros tantos debates, la secuencia del que disparó el planteo del subsidio a la demanda se inició como una idea general, le siguió una discusión teórica vigorosa en la que insistentemente se resaltó la inexistencia de evidencia empírica y, cuando ésta comenzó a presentarse, resultó contradictoria: de uno y otro lado se pudieron mostrar resultados sustentando posiciones totalmente encontradas (a veces, incluso, empleando la misma información). Curiosamente, a medida que se tornan más cuantitativos, los trabajos parecieran adquirir fuertes ribetes ideológicos apoyándose sólo en estudios que avalan las posiciones de sus autores.

Levin (2000) argumenta que no es posible concluir qué sistema es mejor: si uno orientado hacia el Estado o uno hacia el Mercado. En palabras del autor, esto pareciera depender de las "prioridades o preferencias de audiencias particulares por resultados particulares". En última instancia, los valores, etc., de cada individuo son los que inciden para que se incline por uno u otro sistema. En razón de la falta de acuerdo, ese autor propone un esquema de análisis de las propuestas y experiencias existentes para disponer (y ordenar), al menos, la discusión sobre la base de algún denominador común. Ese esquema se basa en las implicaciones que pueden tener en cuatro dimensiones: Eficiencia, Equidad, Libertad de elección y Cohesión social.

Ninguna de ellas es superior a la otra. Aun más, la atención focalizada o primacía que los analistas les otorgan a algunas de ellas sin considerar los efectos sobre el resto es, en esencia, la fuente de los desacuerdos y la que explicaría por qué la misma evidencia cuantitativa puede generar conclusiones tan divergentes (Levin, 2000; McEwan, 2000). Esto no sólo sucede con nuestro sistema de valores. Son las propias políticas educativas o las propuestas de reforma las que pueden derivar en tensiones entre esos criterios haciendo que nuestras opiniones se vuelquen en uno u otro sentido. Así, por ejemplo, es clásico el conflicto existente entre las dimensiones de eficiencia y equidad: una política que persigue la primera puede impactar negativamente en la segunda (y viceversa). Del mismo modo, la ampliación de la libertad de elección podría llegar a afectar la cohesión social (y viceversa) (McEwan, 2000).

Ante esto, una vez más, quizás el curso de acción más aconsejable sea la reflexión, el análisis empírico de cada una de estas dimensiones y, probablemente recién ahí, la comparación de las ventajas de uno u otro sistema de asignación de recursos.

3. Entre la centralización estatal y la mercantilización de los sistemas educativos existe una amplia gama de acciones pasibles de ser probadas. Tanto desde un punto de vista teórico como fáctico, parecería que ninguno de esos extremos conduce a la resolución de los problemas pendientes en el sector. En perspectiva, el aporte de las discusiones alrededor de esos ejes estaría dado más por su interés didáctico que por otra cosa.

Claro que relegar la riqueza de los debates a una mera cuestión pedagógica de transmisión de virtudes y dificultades es subestimar su contribución. Precisamente, las críticas y sus respuestas son las que, paulatinamente, van orientando las propuestas híbridas de cursos de acción.

Quizás el fervor que ha suscitado el debate en torno al *voucher* se deba a que la propuesta de subsidio a la demanda, aunque *sólo* una forma alternativa de asignación de recursos a las escuelas, recorre transversalmente casi todas las variables y actores involucrados activamente en y con el sistema educativo. La modalidad estatal de asignación de recursos también atraviesa casi todas las dimensiones del sistema, pero usualmente no es percibida de ese modo. En su remoción de viejos cimientos dispara y desafía conceptos y visiones fuertemente arraigados entre los analistas del sector. Es más cómodo y estamos más acostumbrados a discutir la escasez e insuficiencia del financiamiento que a analizar la distribución y composición del gasto. Esto último es prácticamente un tema tabú del que no debe hablarse y suele dejárselo *ahí*, intocable. Y el *voucher* viene, precisamente, a discutir ese tema. Más provocador aún, no para mejorar la forma actual de asignación de recursos sino para sustituirla por otra.

Simultáneamente y en forma independiente de la lógica económica, el *voucher* seduce por la sencillez de funcionamiento que se potencia, a su vez, por el aparente poder que otorga a los padres en la decisión del destino de la educación de sus hijos. En tal sentido, más allá de todas sus debilidades, este tipo de propuestas resultan muy atractivas, no tanto para quienes están en condiciones económicas de elegir la escuela que deseen para sus hijos pagando el correspondiente arancel si es privada sino, especialmente, para los sectores de población de menores recursos que van a la escuela pública. La posibilidad de acceder a escuelas privadas que, sin los *vouchers*, no tendrían, explica parte de esa atracción.

A pesar de las barreras que señalamos a la manifestación de la dinámica virtuosa que sugiere el subsidio a la demanda, desde un punto de vista teórico no se le pueden negar algunas ventajas en la eficiencia de asignación a nivel micro escolar. Sin embargo, recordemos que una de las principales razones para considerar a la educación como bien público o cuasi público es el de sus externalidades (formación de la ciudadanía, transmisión de valores democráticos, etc.). Este argumento no económico fue y continúa siendo el principal sustento de la teoría económica neoclásica para justificar la intervención estatal en el sector. Pero si se lo dejara librado a las fuerzas de mercado, que son indiferentes a estos beneficios externos, podría manifestarse una asignación no óptima de recursos a nivel de la sociedad en su conjunto (ya que no se verificaría, necesariamente, la prosecución de esos otros objetivos). Es aquí donde se proponen las regulaciones para atenuar o revertir estos potenciales problemas. Pero, a medida que las dificultades y las regulaciones crecen, el modelo de mercado educativo iría perdiendo su pureza y, por lo tanto, parte de las ventajas que se le suelen atribuir. Como consecuencia, se vería limitada la posibilidad de diferenciar a las escuelas que, en definitiva, es lo que se pretendía alcanzar.

Sin embargo, aun sorteando o atenuando esos escollos, los probables beneficios de una mayor eficiencia pueden ser más que compensados por los costos sociales del modelo, es decir, el aumento de la inequidad de oportunidades educativas. Éstas, contrariamente a lo que postula el consenso existente en el paradigma neoclásico, ya no se presentarían por una imperfección del mercado de capitales para financiar el servicio sino en la propia esfera de su *consumo y producción*.

Bibliografía

Adams, J. *Implementing program equity: raising the stakes for educational policy and practice*, Clune, W. (ed.), 1994.
ADE. *The Arizona Career Ladder Program. Program Description*. Arizona Department of Education, EE.UU., 1996.
Adnett, N. *Competition in the school curriculum: the economic and policy context in the UK*. Mimeo, Staffordshire university Business School.
Adnett, N. y Davies, P. *Reconciling the economic and sociological analyses of UK schooling quasi-markets*. Working Paper 98.5. Staffordshire University Business Scool.
Ahlawat, K. *Analyses of school size and grade structure in the public schools of Jordan: policy implications*. Amman, NCHRD, 1991.
Alexander, K. y Salmon, R. *Public school finance*. Allyn and Bacon. Boston, EE.UU., 1995.
Bacharach, S., Conley, S. y Shedd, J. *The New Handbook of Teacher Evaluation. Assessing Elementary and Secondary School Teachers*. Sage Publications, 1990.
Bailey, S.J. *Public Sector Economics. Theory, Policy and Practice*. Macmillan. Houndmills, Basingstoke, Hampshire and London, 1995.
Barker, R y Gump, P. *Big school, small school*. Stanford, CA: Stanford University Press, 1964. Citado por Swanson y King, 1997.
Becker, G. *Human Capital: a theoretical and empirical analysis with special reference to education*. Third Edition. The University of Chicago Press. EE.UU., 1993.
Benson, Ch. *The economics of public education*, 3° ed. - Boston: Houghton Mifflin, 1998.

Berne, R. y Stiefel, L. *The measurement of equity in school finance: conceptual, methodological and empirical dimensions*. The John Hopkins University Press. Baltimore, EE.UU., 1994.

Betts, J. *Returns to quality of education*. The World Bank, Washington, DC, EE.UU., 1999.

Beaud, M. y Dostaler, G. *Economic thought since Keynes. A History and dictionary of major economists*. Routledge, London, 1995

Blaug, M. *El método de análisis de costos-beneficios para el planeamiento de la educación en los países en desarrollo*. BIRF-Asociación internacional de fomento, 1967.

Blaug, M. *An introduction to the economics of education*. Allen Lane the Penguin Press. London, 19670.

Blaug, M. "Thoughts on the distribution of schooling and the distribution of earnings in developing countries" en *Planning education for reducing inequalities*. IIEP. The Unesco Press, París, 1981.

Blaug, M. "Where are we now in the Economics of Education?" en *Economics of Education Review*, vol. 4, N° 1, 1985.

Bowles, S. "Toward an educational production funtion" en Hanson (ed.) *Education, income, and human capital*. New York: Columbia University Press, 1970.

Bowles y Gintis. *Schooling in capitalist America: Educational Reform and the contradictions of economic life*. Basic Books, Inc. New York, 1976.

Becker, G. *Human Capital: a theoretical and empirical analysis with special reference to education*. Third Edition. The University of Chicago Press. EE.UU., 1975.

Burnside, Ch. "Is there merit in merit pay?" *TCCTA Messenger*. Texas, EE.UU., 1996.

Burtless, G. (ed.) *Does money matter?. The effect of school resources on student achievement and adult success*. Brookings Institution Press, Washington, EE.UU., 1996.

Carnoy, M. "Is privatization through education vouchers really the answer? A comment on West" en *The world Bank Research Observer*- Vol.12, N° 1, 1997.

Card, D. y Krueger, A. "Does school quality matter? Returns to education and the characteristics of public schools in the United States" en *Journal of Political Economy 100.*, 1992.

Clune, W. (ed.) *Equity and adequacy in Education: Issues for policy and finance*. Educational policy, Vol. 8, N° 4, Special Issue. Corwin Press, Inc. EE.UU., 1994.

Clune, W. "The Cost and management of program adequacy: an emerging issue in educational policy and finance", en Clune, W. (ed.), 1994.

Clune, W. y Witte, J. *Choice and control in american education*. The Stanford series on education and public policy. The Falmer Press, Gran Bretaña, 1990.

Cohn, E. y Geske, T. *The economics of education*, 3° Ed., Pergamon Press, 1990.

Cohen, D. y Farrar, E. "Power to the parents? The story of education vouchers." *The Public Interest N° 48, Summer*, 1997.

Cohen, D. "Rewarding teachers for student performance" en Fuhrman, S. y O'Day, J. (eds). *Rewards and reform. creating educational incentives that work*. San Francisco California, Jossey Bass Publishers. EE.UU., 1996.

Coleman J. et al *Equality of educational opportunity*. U.S. Government Printing Office. Washington, DC., 1966.

Coombs y Hallak. *Cost analysis in education*. John Hopkins University Press. Baltimore, M.D., 1988.

Coons, J.E. y Sugarman, S.D. (1978): *Education by choice: the case for family control*. University of California Press, citado por Van Gendt. 1980.

Coopers & Lybrand. *Economic dimension of edsucation and training in the member states of the European Union*. Final report, 1996.

Coraggio, J.L. *Las propuestas del Banco Mundial para la Educación: ¿sentido oculto o problemas de concepción?* – Ponencia presentada en el Seminario "O Banco Mundial e as Politicas de Educacao no Brasil", 1995.

Cotton, K. "School size, school climate, and student performance". *School Improvement Research Series*. Northest Regional Educational Laboratory. EE.UU., 1996.

Cullis, J. y Jones, P. *Public Finance and Public Choice*. Oxford University Press, New York, 1998.

Chubb, J. Y Moe, T. *Politics, markets and America's schools*, The Brookings Institution, Washington, 1990.

Davies, P. y Adnett, N. *Quasi-market reforms and vocational schooling in England and Wales: an economic analysis*. Working Paper 98.11. Staffordshire University Business Scool.

De Ibarrola, M. "Education and economic growth: Creating a culture of education". *Working group on educational reform*, Council on Foreign Relations, New York, 1996.

Doeringer, P. y Piore, M. *Internal Labor Markets and manpower analysis*, D.C. Heath, Lexington, MA., 1971.

Ellis, T. *Merit pay for teacher.- Eric Digest N° 10*. EE.UU., 1984.

Emmerj. "Inequalities in education and inequalities in employment" en *Planning education for reducing inequalities*. IIEP. The Unesco Press, París, 1981.

Espínola, V. "¿Es la autonomía la clave para una escuela

más efectiva" en *Revista de Tecnología Educativa*, Volumen XIV, N° 1-2, Santiago, Chile, 2000.

Filmus, D. "Educación y Trabajo en la Argentina de los '80" ¿Educación precaria para un empleo precarizado?" en *Las transformaciones de la educación en diez años de democracia*, 1993.

Filmus, D. *Estado, sociedad y educación en la Argentina de fin de siglo. Procesos y desafíos.* Troquel. Buenos Aires, Argentina, 1996.

Finkel, S. "El "capital humano":concepto ideológico". En Labarca *et.al, La educación burguesa*, Nueva imagen, México,1988.

Fortune, J.C. "Why production function analysis is irrelevant in policy deliberations concerning educational funding equity" en *Education Policy Analysis Archives* – Vol.1, N° 11, 1993.

Friedman, D. *The weak case for public schooling.* Mimeo, 1993.

Friedman, M. "The methodology of positive economics" en *Essays in Positive Economics*, University of Chicago Press, Chicago, 1953.

Friedman, M. "The role of government in education" en Sollow (ed.): *Economics and the public interest*, Rutgers University Press, 1955.

Gabris, G. "Monetary incentives and performance: Is there an administratively meaningful connection?" en *Public Productivity Handbook*. Marc Holzer (Ed.). Marcel Decker, Inc. New York, EE.UU., 1992.

Gallart, M. A. *et al. Educación y empleo en el GBA 1980-1991. Situación y perspectiva de investigación.* CENEP, Buenos Aires, 1993.

Glass et al *School Class Size: Research and Policy*, Sage, Beverly Hills, 1982.

Glass, G.V. "School choice: a discussion with Herbert Gintis" en *Education Policy Analysis Archives*, Vol. 2, N° 6, 1994.

Hantry, H., Greiner, J. y Ashford, B. *Issues and Case Studies in Teacher Incentive Plans. Second Edition*. The Urban Institute Press, Washington, D.C., 1994.

Hanushek, E. "Conceptual and empirical issues in the estimation of educational production functions" en *The Journal of Human Resources*, XIV-3, 1979.

Hanushek, E. "Throwing money at schools" en *Journal of Policy Analysis and Management*, Vol. 1, N° 1, 1981.

Hanushek, E. "The economics of schooling: production and efficiency in public sochools" en *Journal of Economic Literature 24, 1986*.

Hanushek, E. "The impact of differential expenditures on school performance" *en Educational Researcher 18*, 1989.

Hanushek, E. *et al Making schools work: Improving performance and controlling costs*. The Brookings Institution, Washingthon DC. EE.UU., 1994.

Hanushek, E. "Interpreting recent research on schooling in developing countries". *The World Bank Research Observer*, Vol.10, N°2, 1995.

Hanushek, E. "Outcomes, costs and incentives" *en Improving America's schools: the role of incentives* en Hanushek y Jorgenson (eds.). National Academic Press, Washington, DC. EE.UU., 1996.

Hartman, D. y Weil, R. *Developing a Perfomance Pay Plan for Teachers: A Process, Not an Event*. Mimeo, EE.UU., 1997.

Heckman, J. J. "What should our human capital investment policy be?", en *MIJCF, Jobs & Capital*,vol V, Spring, 1996.

Hedges, L., Laine, R. Y Greenwald, R. "Does money matter? A meta-analysis of studies of the effects of differential school inputs on student outcomes." En *Educational Researcher 23*, 1994.

Hirschman, A. *Exit, voice and loyalty. Responses to decline in firms, organizations, and states.* Harvard University Press, Cambridge, Massachusetts, 1970.

Hoxby, C. "Are efficiency and equity in school finance substitutes or complements?" en *Journal of Economic Perspectives*, Vol. 10, N° 4, 1996.

Howley, C. *The academic effectiveness of small-scale schooling: an update.* Eric Clearinghouse on rural education and small schools. EE.UU., 1994.

Howley, C. "The Matthew principle: a West Virginia Replication?" en *Education Policy Analysis Archives*, Vol. 3, N° 18. EE.UU., 1995.

Howley, C. *Ongoing dilemmas of school size: a short story..* Eric Clearinghouse on rural education and small schools. EE.UU., 1996.

Husen, T. "Second thoughts on equality in education" en *Planning education for reducing inequalities.* IIEP. The Unesco Press, París, 1981.

ILPES. *Guía para la identificación y formulación de proyectos de educación.* Mimeo. Santiago de Chile, 1994.

International Institute for Educational Planning - UNESCO. *Planning education for reducing inequalities.* The Unesco Press, París,1981.

Janey, C. "Incentive Pay". *Education Week.* EE.UU., 1996.

Johnes, G. *Economía de la educación. Capital humano, rendimiento educativo y mercado de trabajo.* Colección Economía y sociología del trabajo N° 78. Ministerio de Trabajo y Seguridad Social, España, 1995.

Johnson, S. "Merit pay for teachers: a poor prescription for

reform". *Harvard Educational Review. Vol. 54.* EE.UU., 1984.
Kelley, C. *Excellent teachers rewarded: re-designing compensation.* UCER highlights, 1995.
Kelley, C. "A new teacher-pay system could better support reform" - *Education Week.* EE.UU., 1996.
Kelley, C. y Odden, A. "Reinventing teacher compensation systems". *CPRE Finance Briefs* - Wisconsin, EE.UU., 1995.
Kerr, C. "Is education really all that guilty?", en *Ed. Week,* N° 30, 1991.
Klees, S. "Planning and policy analyis in education: what can economics tell us" en *Comparative Education Review,* vol. 30, N° 4, 1986.
Klees, S. "La economía de la educación: una panorámica algo más que ligeramente desilusionada de dónde estamos actualmente" en E. Oroval Planas (editor): *Economía de la Educación.* Ariel, 1996.
Koutsoyiannis, A. *Microeconomía moderna.* Amorrortu editores. Buenos Aires, 1985.
Ladd, H. *The Dallas School accountability and incentive program: an evaluation of its impacts on student outcomes.* Brookings Institution, Washington, EE.UU., 1996.
Lawler, E. *The new pay: a strategic approach. Compensation and Benefits* Review, 27 (4). EE.UU., 1995.
Levin, H. "Concepts of economic efficiency and educational production" en Froomkin et al (eds.): *Education as an industry.* Cambridge, MA, 1976.
Levin, H. "Educational choice and the pains of democracy" en James y Levin (ed.) *Public dollars for public schools: the case for tuition tax credits.* Philadelphia, 1983.
Levin, H. "Mapping the economics of education. An introductory essay" en *Educational Researcher.* 1989.

Levin, H. "The economics of educational choice" en *Economics of Education Review* –Vol.10, N° 2, 1991.

Levin, H. *Educational vouchers: effectiveness, choice, and costs.* Russell Sage Fundation. EE.UU., 1996.

Levin, H. y Kelley, C. "Can education do it alone?" en *Economics of Education Review*, Vol. XXX, N° 2, 1994.

Levin, H. y Mc Ewan, P. *Cost-Effedtiveness Analysis, 2nd edition.* Sage Publications, Thousand Oaks, 2001.

Liang, X. *Teacher Pay in 12 Latin American Countries: How does teacher compare to other professions? What determines teacher pay? Who are de tetachers?* LCSHD Paper Series N°49. Department of Human Development. The World Bank. Latin America and Caribbean Regional Office. EE.UU., 2000.

Lortie, D. *Schoolteacher. A sociological study.* Chicago. University of Chicago Press, 1975.

Marginson, S. *Markets in education.* Allen & Unwin. Australia, 1997.

McMahon, W. "Efficiency and equity criteria for educational budgeting and finance" en McMahon, W. y Geske T. (1982): *Financing education: overcaming inefficiency and inequity.* University of Illinois Press. Urbana, EE.UU., 1982.

Mizala, A. y Romaguera, P. *Sistemas de incentivos en educación y la experiencia del SNED en Chile.* Centro de Economía Aplicada, Departamento de Inegniería Industrial, Universidad de Chile, 2000.

Mohrman, S. y Lawler III, E. "Motivation for school reform", en *Rewards and Reform: Creating Educational Incentives that work.* S.Fuhrman y J.O'Day (eds.) Jossey-Bass Pub. San Francisco, EE.UU., 1996.

Mok, M. y Flynn, M. "School size and academic achievement in the HSC examination: is there a relationaship?". *Issues in educational research*, 6(1). EE.UU., 1996.

Monk, D. "The education Production Function: its evolving role in policy analysis" en *Educational Evaluation and Policy Analysis,* Vol.11, N°1, 1989.

Monk, D. *Education finance. An economic approach*. Mc Graw Hill, 1990.

Monk, D. "Education productivity research: an update and assessment of its role in education finance reform" en *Educational Evaluation and Policy Analysis,* Vol.14, N° 4, 1992.

Monk, D. *Resource allocation in schools and school systems*. Mimeo, 1992.

Monk, D. *Productivity issues in education finance: the connection between research and policy* – 86th Anual Conference on Taxation – St.Paul, Minnesota, 1993.

Monk, D. "A replay to Mr.Hodas" en *Education Policy Analysis Archives* Vol.1, N° 15, 1993.

Mulet, P. *Análisis coste-volumen-beneficio*. Colección Monografías. N° 13. Instituto de planificación contable. Ministerio de Economía y Hacienda. España, 1988.

Murnane y Cohen *Merit pay and the evaluation problem: why most merit pay plans fail and a few survive*. Harvard Educational Review. Vol. 56. EE.UU.,1986.

Murnane, R. y Levy, F. "What General Motors can teach U.S. schools about the proper role of markets in education reform". Phi Delta Kappa International, Inc., 1996.

OCDE *The knowledge based economy*, París, 1996.

Odden, A. "Incentives, School Organization and Teachers Compensation en *Rewards and Reform: Creating Educational Incentives that work*. S.Fuhrman y J.O'Day (eds.) Jossey-Bass Pub. San Francisco, EE.UU., 1996.

Odden A. y Conley, S. "Reestructuring teacher compensation systems" en A.Odden (ed) *Rethinking school finance an Agenda for the 1990s.* Jossey-Bass Pub. San Francisco, EE.UU., 1992.

Odden, A y Kelley, C. *Paying teachers for what they know and do. New and smart compensation strategies to improve schools.* Cowen Press, California. EE.UU., 1997.

Odden, A. y Picus, L. *School finance. A policy perspective.* Mc Graw Hill, 1992.

OIT. *Teacher's pay.* International Labor Office. Ginebra. Suiza, 1978.

Patrinos, H. A. *Things you wanted to know about rates of return on education...* Draft, 1995.

Patrinos, H.A. *Notes on education and growth: theory and evidence.* Mimeo. World Bank, 1996.

Patrinos, H. y Ariasingam, D. *Demand –Side Financing in Education in World Bank Education Projects 1993-1996.* Human Development Department, Word Bank, 1996.

Petersen, "The Principal-Agent Relationship" en *Organizations en Economic Approaches to Organizations and Institutions. An Introduction,* Pal Foss (ed.), Dartmouth Pub. Co. EE.UU., 1995.

Picus, L. "Using incentives to promove school improvement" en A.Odden (ed). *Rethinking school finance. An Agenda for the 1990s.* The Jossey-Bass, Inc.Pub. EE.UU., 1992.

Powell, A. "Motivating students to learn: an american dilemma" en Fuhrman, S. y O'Day, J. (eds). *Rewards and reform: creating educational incentives that work.* San Francisco, California, Jossey Bass Publishers. EE.UU., 1996.

Purkey, S. Y Smith, M. (1983): "Effective schools: a review" en *Elementary School Journal, 83.*

Psacharopoulos *Returns to investment in education: a global update.* World Development, 1994.

Psacharopoulos, G. "Returns to investment in educaction: a global update" *World Development,* Vol.22, N°9, World Bank, Washington, DC, 1996.

Psacharopoulos,G. ,Ying Chu Ng. *Earnings and education in Latin America - Assessing priorities for schooling investmentes.* World Bank Washington DC, 1992.

Psacharopoulos, G. y Woodhall, M. *Educación para el desarrollo. Un análisis de opciones de inversión.* Tecnos, 1987.

Rama, G. *Educación, participación y estilos de desarrollo en América Latina.* Kapelusz. Buenos Aires, Argentina, 1984.

Raywid, M. "Downsizing schools in big cities" en *ERIC Clearighouse on Urban Education Digest* N° 112, New York, 1996.

Raywid, M. "Reaching for equity. Synthesis of research. Small schools: a reform that works". *Educational Leadership.* EE.UU., 1998.

Reich, R. "Investing in human capital", artículo para el Star Tribune, mayo, 1997.

Roelke, C. *Curriculum adequacy and quality in high schools enrolling fewer than 400 pupils.* Eric Clearinghouse on rural education and small schools. EE.UU., 1996.

Roemer, J. "Equality and responsability" en *Boston Review,* Vol. 20, April/May, University of Illinois Press, 1995.

Schiefelbein y Tedesco. *Una nueva oportunidad: el rol de la educación en el desarrollo de América Latina.* Ediciones Santillana, Buenos Aires, Argentina, 1995.

Schultz. "Investment in Human Capital". *American Economic Review* 51, 1961.

Schultz, T.W. "The reckoning of education as human capital". En Lee Hansen, W. *Education, income and human capital,* Studies in income and wealth, volume thirty five

by the Conference of research in income and wealth, National Burteau of economic research, New York, 1970.
Segré,M., Tanguy,L., Lortic, M.F. "Una nueva ideología de la educación" en Labarca, g. (comp.), Economía Política de la educación, Ed. Nueva Imagen, México, 1987.
Stevenson, K. "Elementary school student capacity: what size is the right size?" *The educational facility planner*, 33(4). EE.UU.,1995.
Stiglitz, G. *La Economía del Sector Público*. Antoni Bosch, editor, Barcelona. España, 1992.
Stevenson, K. y Pellicer, L. "School facilities planning: at the crossroads of change" en *School business affairs*, Junio. EE.UU., 1996.
Stufflebeam, D. y Sanders, J. *Cómo utilizar los estándares de evaluación de personal para la evaluación del profesorado*. Barcelona. Editorial La Muralla, 1990.
Stufflebeam, D. y Shinkfield, A. *Evaluación sistemática. Guía teórica y práctica*. Barcelona. Paidós, 1993.
Sturm, R. *How do education and training affect a Country's economic performance? A literature survey*. Rand, 1993.
Swanson, A. y King, R. *School finance. Its economics and politics*. Longman, Second Ed, 1997.
Tedesco, J. C. "Desafíos de las reformas educativas en América latina" en *Propuesta Educativa* N°19. Buenos Aires, Argentina, 1998.
Tenti, E. *La escuela vacía: deberes del Estado y responsabilidades de la sociedad*. UNICEF/Losada, Buenos Aires, Argentina, 1992.
Thurow, L. "Education and economic inequality", *The Public Interest 28 (summer)*, 1972.
Thomas, H. *Education: costs and performance. A cost-effectiveness analysis*. Gran Bretaña. Page Bros, 1990.

Van Gendt, M. *The voucher concept and the publicness of basic education*. Krips Repro Meppel, Holanda, 1980.
Vanderberghe, V. *Políticas de Descentralización y Gestión de la Educación: Reformas y Regulación de los Sistemas Escolares*. Seminario CIDE-PIIE, Santiago de Chile, 1999.
Watts, R.K. "Education: the cornerstone of economic wealth." *The virtual global college human resource management*, Univerity of Zimbawe, 1995.
Weale, M. "A critical evaluation of rate of return analysis". *The economic Journal*, 103, 1993.
West, E. *Education and the State*, 2° ed. Londres, Institute of Economic Affairs, 1970.
Williams, P. *Planning teacher demand and supply*. Fundamentals of Educational Planning 49. IIEP-UNESCO, París, 1977.
Williams, D. *The dimensions of education: reecent research on school size*. Woking paper series, The Strom Thurmond Institute. EE.UU., 1990.
Williamson, O. *Mercados y Jerarquías: su análisis y sus implicaciones antitrust*. Fondo de Cultura Económica / Economía Contemporánea, México, 1975.
Windham, D. y Peng, W. "Incentive concepts and macrroeducational planning" en Kemmerer, F. Windham, D. (eds.), *Incentives analysis and individual decision making in the planning of education*, IIEP-UNESCO, París, Francia, 1997.
Witham, M. *The economic rationale for closing small country schools*. http://www.nexus.edu.au/teachstud/dexed/Articles.html. 1993.
Wolfe, B. Zuvekas, S. *Nonmarket outcomes of schooling*. Discussion paper N°1065-95, Institute for research on poverty. EE.UU., 1995.

Woodhall, M. "Cost analysis in education" en *Economics of education: research and studies*, G. Psacharopoulos (ed). Pergamon Press, EE.UU., 1987.

Woodhall, M. *Cost-benefit analysis in educational planning.* International Institute for educational planning. UNESCO, París, 1992.

Índice

Agradecimientos / 9

PRÓLOGO / 11
Emilio Tenti Fanfani

INTRODUCCIÓN / 17

CAPÍTULO 1
La economía de la educación / 25

CAPÍTULO 2
La asigación de recursos en educación / 77

CAPÍTULO 3
Los costos en el sector educativo / 123

CAPÍTULO 4
Los salarios docentes / 171

CAPÍTULO 5
Cómo se financia la educación / 221

CAPÍTULO 6
La equidad del gasto educativo / 257

CAPÍTULO 7
Estado o mercado en la prestación del servicio / 299

Bibliografía / 347

Se terminó de imprimir en
Artes Gráficas Piscis S.R.L., Junín 845,
(C1113AAA) Buenos Aires, Argentina,
en el mes de marzo de 2004